DROIT DES BIENS

COURS DALLOZ

Série Droit privé

Sous la direction de Marie-Anne Frison-Roche
Professeur à Sciences Po (Paris)

DROIT DES BIENS

10e édition

2021

Sophie Schiller
Professeur à l'Université Paris-Dauphine, PSL

DALLOZ

DALLOZ

31-35, rue Froidevaux - 75685 Paris Cedex 14

ISBN 978-2-247-20644-5

Abréviations

AJ	Actualité juridique
AJDI	*Actualité juridique Droit immobilier*
Ass. plén.	Assemblée plénière
Bull. Joly	*Bulletin Joly Sociétés*
C. aviat.	Code de l'aviation
C. communic.	Code de la communication
C. consom.	Code de la consommation
C. dom. Ét.	Code du domaine de l'État
C. envir.	Code de l'environnement
C. for.	Code forestier
C. mon fin.	Code monétaire et financier
C. pr. civ.	Code de procédure civile
CCH	Code de la construction et de l'habitation
CEDH	Cour européenne des droits de l'homme
CGCT	Code général des collectivités territoriales
CGPPP	Code général de la propriété des personnes publiques
Chron.	Chronique
Civ.	Cour de cassation, chambres civiles
CJCE	Cour de justice des Communautés européennes
CJUE	Cour de justice de l'Union européenne
COJ	Code de l'organisation judiciaire
D.	*Recueil Dalloz*

Defrénois	*Répertoire du notariat Defrénois*
DH	*Dalloz hebdomadaire*
DP	*Dalloz périodique*
Dr. fam.	*Droit de la famille*
Dr. sociétés	*Droit des sociétés*
GAJC	*Grands arrêts de la jurisprudence civile*
Gaz. Pal.	*Gazette du Palais*
IR	Informations rapides
J.-Cl.	*Juris-Classeur*
JCP	*Juris-Classeur périodique, édition Générale*
JCP N	*Juris-Classeur périodique, édition Notariale*
JCP E	*Juris-Classeur périodique, édition Entreprise et Affaires*
JO	*Journal officiel*
Lebon	*Recueil des arrêts du Conseil d'État*
Loyers et copr.	*Loyers et copropriété*
LPA	*Les Petites affiches*
obs.	Observations
P	Publié aux *Bulletins des arrêts de la Cour de cassation*
RCA	*Responsabilité civile et assurances*
RDI	*Revue de droit immobilier*
Rev. sociétés	*Revue des sociétés*
Req.	Requête
Rev. crit. législ. et jur.	*Revue critique de législation et de jurisprudence*
RID comp.	*Revue internationale de droit comparé*
RJ com.	*Revue de jurisprudence commerciale*
RJPF	*Revue juridique personnes et famille*
RLDC	*Revue Lamy de Droit civil*
RTD civ.	*Revue trimestrielle de droit civil*
RTD com.	*Revue trimestrielle de droit commercial*
S.	*Recueil Sirey*
Somm.	Sommaire commenté
v. ss	voir au paragraphe n°

INTRODUCTION

1 **Expression peu parlante dans le langage courant.** L'expression « droit des biens » est peu parlante dans le langage courant, contrairement à celle de « droit des contrats » ou de « droit de la famille ». L'ignorance ne concerne que la terminologie, car tout le monde connaît le contenu de cette matière du droit civil qui traite de la composition du patrimoine et du régime de ses composantes. Le droit des biens aborde des questions essentielles de la vie quotidienne et il utilise des mécanismes juridiques familiers et courants, même pour des non-juristes : la propriété, l'usufruit, la copropriété... Il est en revanche très difficile à cerner, car la notion de bien s'est progressivement éloignée des réalités matérielles. Un célèbre auteur dramatique du XXe siècle soulignait que « le droit est la plus puissante des écoles de l'imagination. Jamais poète n'a interprété la nature aussi librement qu'un juriste la réalité »[1].

2 **Sources du droit des biens.** L'étude de cette matière difficile à définir est facilitée par la richesse de ses sources.

Le droit des biens est largement présent dans les textes et en particulier dans le Code civil qui consacre deux de ses trois livres à son étude. Un tel intérêt s'explique par les caractéristiques économiques et sociales de la société de 1804. En effet, à l'époque de la rédaction du Code, la société française était essentiellement

1. J. Giraudoux, *La guerre de Troie n'aura pas lieu*, Acte II, scène 5.

rurale et l'organisation de la propriété était donc fondamentale. Les exemples cités et la terminologie employée par les articles encore en vigueur aujourd'hui attestent les liens privilégiés entre cette matière et le monde agricole. La notion d'immeuble par destination est encore définie en se référant aux « ustensiles aratoires, semences données aux fermiers ou métayers, ruches à miel, pressoirs... » (art. 524), le régime applicable aux fruits produits par une chose n'évoque que les « frais de labours, travaux et semences » (art. 548), l'accession ne semble envisagée que pour traiter « les îles et îlots se formant dans le lit des cours d'eau domaniaux » (art. 560). Aujourd'hui, le droit des biens est de plus en plus éclaté et ses dispositions sont insérées dans les nouveaux codes qui se sont multipliés au cours des dernières années : Code de la propriété intellectuelle, Code de l'environnement, Code de l'expropriation pour cause d'utilité publique, Code du patrimoine, Code général de la propriété des personnes publiques, Code de la voirie routière, Code de la construction et de l'habitation, Code minier (nouveau), Code forestier (nouveau)...

Le droit des biens a également donné lieu à une jurisprudence importante par la variété des juridictions saisies et le nombre des décisions rendues. Ces questions au cœur des préoccupations centrales de la vie quotidienne de chacun sont l'occasion de nombreux conflits qui permettent de créer une jurisprudence foisonnante. Cicéron déjà recommandait, « il convient de ne pas montrer de l'âpreté quand on réclame d'un autre quelque chose [...] qu'il s'agisse [...] de relations de voisinage ou de mitoyenneté, il faut être juste, accommodant, prêt à renoncer dans bien des cas à une grande partie de son droit, éviter les procès autant qu'il est possible sans se faire de tort... »[1]. Ce conseil n'est pas toujours suivi et de nombreuses actions en justice sont intentées pour délimiter une propriété, pour définir la propriété d'un mur, pour répartir les fruits d'un terrain ou les charges d'une copropriété... Ces multiples instances encombrent les prétoires par des affaires souvent insigni-

1. Cicéron, *Des devoirs*, II, XVIII, éd. Garnier-Flammarion, p. 197. Cité par A. Robert, « Appréciation du seuil à partir duquel des nuisances peuvent être qualifiées de troubles du voisinage et ouvrir droit à réparation », *D.* 1998. Somm. 60.

fiantes, mais elles ont pour avantage de donner aux juges judiciaires l'occasion de fixer avec grande précision les règles applicables à cette matière. Cet engouement judiciaire explique que le droit des biens ait été l'un des domaines de prédilection des questions prioritaires de constitutionnalité dès leur mise en place par la loi organique n° 2009-1523 du 10 décembre 2009 relative à l'application de l'article 61-1 de la Constitution. La plupart des questions sont filtrées par la Cour de cassation qui ne les transmet pas au Conseil constitutionnel. D'autres aboutissent à faire déclarer des dispositions contraires à la constitution[1]. D'autres enfin permettent de réaffirmer la force de certaines prérogatives et en particulier le caractère absolu du droit de propriété reconnu supérieur au droit au logement de l'occupant sans titre invoqué par des Roms expulsés de leur campement[2]. Après quelques années de recul, il semble que le Conseil constitutionnel défende une approche plutôt atténuée de la propriété privée qui tend à se rapprocher de la conception sociale, alors que le Cour de cassation montre son attachement à une conception plus individualiste[3]. Des juridictions non judiciaires contribuent également à enrichir la jurisprudence en droit des biens. Même en dehors des QPC, le Conseil constitutionnel assure la protection du droit de propriété et vérifie qu'il ne subit que « les limitations exigées par l'intérêt général »[4]. Les nouvelles lois sont presque systématiquement soumises à son contrôle et il vérifie la proportionnalité de l'atteinte à la propriété par rapport aux objectifs de la règle[5]. Les juridictions administratives

1. Pour ex. parmi de nombreux autres, ont été déclarés inconstitutionnels : l'art. L. 332-6-1 du Code de l'urbanisme imposant une cession gratuite de terrains destinés à être affectés à un usage public (Cons. const. 22 sept. 2010, n° 2010-33 QPC, *JO* 23 sept. 2010, p. 17292, *JCP* 2010. Chron. 1162, n° 4, obs. H. Périnet-Marquet) et l'art. L. 321-5-1 du Code forestier qui crée une servitude de passage au profit de l'État pour assurer la défense contre l'incendie déclaré inconstitutionnel en raison du caractère insuffisant de l'enquête publique prévue (Cons. const. 14 oct. 2011, n° 2011-182 QPC, *JCP* 2011. 1151), le droit de préemption bénéficiant à la commune dans l'hypothèse où le locataire n'exerce pas son droit de préemption (Cons. const. 9 janv. 2018, n° 2018-000069).

2. Cons. const. 30 sept. 2011, n° 2011-169 QPC, *JO* 1er oct. 2011, p. 16527, *D.* 2011. 2334, *Dr. et patr.* 2011. 98, obs. J.-B. Seube.

3. Sur ces différentes approches, v. ss 70.

4. Cons. const. 16 janv. 1982, *D.* 1983. 169, note L. Hamon, *JCP* 1982. II. 19788, note Nguyen Vinh et Franck, H. Capitant, F. Terré, Y. Lequette, *GAJC*, Dalloz, t. 1, 13e éd., 2015, n° 2, p. 12.

5. Par ex. Cons. const. 20 mars 2014, n° 2014-691 DC qui a validé la loi ALUR, Cons. const. 27 mars 2014, n° 2014-375, DC, qui a partiellement invalidé la loi Florange et Cons. const. 13 août 2015, n° 2015-718, DC qui a invalidé l'art. 6 de la loi du 18 août 2015 qui rendait impossible la vente d'un bien immobilier n'ayant pas fait l'objet d'une rénovation énergétique.

peuvent être saisies à l'occasion d'une expropriation pour cause d'utilité publique et prendront alors des décisions relatives à la propriété privée[1]. Enfin, les juridictions européennes participent à la création jurisprudentielle en droit des biens. La Cour européenne des droits de l'homme veille au respect des biens et protège en conséquence le droit de propriété[2]. Elle a ainsi considéré que les mesures d'encadrement des loyers constituaient une violation du droit de propriété au motif que « l'interdiction pour les propriétaires d'augmenter les loyers fait peser sur eux une charge disproportionnée par rapport à l'intérêt général de la communauté »[3]. Inversement, elle a souvent refusé de qualifier des textes d'atteinte à la propriété, à l'image de la loi Verdeille du 10 juillet 1964 qui permet à l'État d'obliger un propriétaire foncier à laisser les tiers chasser sur ses terres[4]. Elle procède souvent à un contrôle de proportionnalité comme par exemple entre le droit au respect des biens par le propriétaire et l'intérêt général[5]. La Cour de justice des communautés européennes garantit l'application des normes européennes, ce qui lui permet de se prononcer régulièrement en droit des biens et en particulier sur des questions de qualifications[6].

3 **Évolution de la composition des patrimoines.** Depuis le XIXe siècle où la plupart de ces règles ont été fixées, les objets sur lesquels elles portent ont fortement évolué. En effet, l'organisation sociale a changé, entraînant une modification de l'évaluation des richesses et de la nature des biens constituant les patrimoines.

Au XIXe siècle, les biens de valeur étaient immobiliers et corporels. L'immeuble était le bien précieux, le meuble présentant une valeur moindre. Ainsi un adage soulignait « *res mobilis, res vilis* ».

---

1. Sur l'expropriation, v. ss 84 s.
2. Pour des ex. de décisions, v. CEDH 31 mars 2005, *JCP* 2005. I. 181, n° 1, obs. H. Périnet-Marquet, qui a précisé la notion de propriété protégée et CEDH gr. ch. 30 août 2007, *D.* 2008. 2468, obs. B. Mallet-Bricout et N. Reboul-Maupin, qui a confirmé la validité du mécanisme de l'usucapion. V. aussi ss 17.
3. CEDH, sect. IV, 12 juin 2012, n° 13221/08, *D.* 2012. 1613, obs. Y. Rouquet, et 2007, note F. Marchadier.
4. CEDH, gr. ch., 4 oct. 2012, n° 57412/08, *RTD civ.* 2012. 703, obs. J.-P. Marguénaud, *JCP* 2012. 2266, note H. Surrel.
5. CEDH, 4e sect., 30 janv. 2018, n° 50570/13, *D.* 2018. 1772, obs. N. Reboul-Maupin, a ainsi qualifié le droit au maintien dans les lieux pour le locataire à Malte de charge disproportionnée pour le propriétaire.
6. CJCE 7 déc. 2004, aff. C. 1/03, *Van de Walle*, *RDI* 2005. 31, note F.G. Trébulle, *D.* 2005. 2353, obs. B. Mallet-Bricout et N. Reboul-Maupin.

Aujourd'hui, les plus grandes fortunes du monde sont possédées par des créateurs d'entreprise qui ont conservé des titres de leur société ou par des auteurs qui touchent des revenus de leurs droits de propriétés incorporelles. Bill Gates (société Microsoft) aux États-Unis, la famille Bettancourt (société L'Oréal) en France ou Joan K. Rowling (auteur de la fameuse série des Harry Potter) en Angleterre, sont toujours présentés comme les personnes les plus fortunées de leurs pays respectifs. Leurs patrimoines sont composés presque exclusivement de biens mobiliers, mais 58 % des Français restent propriétaires d'un bien immobilier.

Notre société se caractérise également par une dématérialisation des biens et un accroissement de l'importance économique des biens incorporels. Ce qui fait la valeur d'un grand groupe industriel, c'est la qualité de ses marques, brevets et autre *know-how*, plus que celle de ses bâtiments et ses machines. Les cessions les plus onéreuses ces dernières années ont porté sur des licences d'exploitation et non sur des terrains ou des objets d'art. Le droit ne peut manquer de prendre en considération l'évolution d'une société qui tend de plus en plus à devenir une société de l'incorporel, de l'immatériel, une société où la valeur essentielle réside désormais dans les supports dématérialisés et numérisés, eux-mêmes d'ailleurs transmis de façon dématérialisée. Dès lors, il semblait essentiel que « notre système juridique intègre dans ses raisonnements ces nouvelles formes de propriété et ces nouveaux modes de transmission de la propriété »[1]. L'ordonnance du 23 mars 2006 a entamé ce processus en posant une distinction entre sûretés portant sur des meubles corporels (C. civ., art. 2333 à 2354) et incorporels (C. civ., art. 2355 à 2366).

L'évolution des types de biens ayant une valeur reconnue s'est accompagnée de l'apparition de nouveaux biens : l'information, les quotas d'émission de gaz à effet de serre, les nanomatériaux, les droits sur la fibre optique, le numéro de carte bancaire[2]... Ce

1. A. Reygrobellet, « Le droit de propriété du titulaire d'instruments financiers dématérialisés », *RTD com.* 1999. 315 s.
2. La Chambre criminelle l'a considéré comme un bien susceptible d'appropriation frauduleuse. Crim. 14 nov. 2000, *D.* 2001. 1423, note B. de Lamy, *RTD civ.* 2001. 912, obs. Th. Revet.

mouvement rend parfois inadapté tant la distinction entre biens corporels et biens incorporels, que le régime classique des biens[1].

4 **Stabilité des textes.** En conservant une rédaction presque identique, les articles du Code civil régissent toujours le droit des biens malgré l'évolution des objets traités. Bien sûr, à l'image de nombreuses autres matières du droit, un droit des biens spéciaux s'est développé et a mis en place des règles nouvelles, souvent plus complexes et plus techniques. Cependant, le droit commun des biens conserve sa place primordiale de référence. La stabilité aurait pu être bouleversée si était entré en vigueur l'un des nombreux projets de réforme du droit des biens. À titre d'exemple, celui remis au ministère de la Justice le 31 octobre 2008 envisageait une totale réécriture du livre II du Code civil en divisant le volume des textes existant par deux et en posant un caractère d'ordre public aux nouvelles règles[2]. Le plan proposé comportait deux titres nouveaux, l'un aurait été consacré au patrimoine et aux biens qui le composent, permettant de donner un certain nombre de définitions fondamentales du droit des biens (patrimoine, bien, droit réel, droit personnel)[3] et l'autre aux obligations de voisinage où seraient regroupées toutes les dispositions relatives à ces questions. Sans être révolutionnaires, les propositions faites ne reprennent pas, à de nombreux égards, le droit existant[4].

5 **Plan de l'ouvrage.** En dépit de la diversification des biens, tous restent soumis au droit commun, ce qui justifie de tenter tout d'abord de cerner cette notion de bien (PARTIE PRÉLIMINAIRE), pour pouvoir définir ensuite la notion de propriété et décrire son acquisition (PREMIÈRE PARTIE), avant d'aborder la propriété démembrée lorsque sont dissociés usufruit et nue-propriété (DEUXIÈME PARTIE) et enfin la propriété collective, en particulier en cas d'indivision, de copropriété ou de mitoyenneté (TROISIÈME PARTIE).

1. H. Périnet-Marquet, « Regard sur les nouveaux biens », *JCP* 2010. 2071.
2. Ch. Atias, « L'enracinement du droit des biens dans la nouvelle ère du droit civil français (le futur article 516 du Code civil) », *D.* 2009. 1165.
3. C. Fruteau, « Les "nouvelles" définitions de la proposition de réforme du livre II du Code civil », *LPA* 2010, n° 241, p. 6.
4. H. Périnet-Marquet, « Propositions de réforme du droit des biens », *JCP* 2009. I. 127, n° 1.

Partie préliminaire

La notion de bien

6 **La notion de bien, retenue dans son aspect bénéfique.** Les biens auxquels le droit des biens fait référence sont pour l'individu une source d'avantages. Ils s'opposent à d'autres biens, qui sont visés par le droit en raison des dommages ou de la responsabilité qu'ils occasionnent. Le droit des biens appréhende donc les biens dans leur aspect bénéfique, parce qu'ils peuvent, pour l'individu, faire l'objet de droits individuels[1]. Au-delà de cette présentation très générale, l'étude du droit des biens nécessite que la notion de bien soit définie avec précision (titre 1), avant de déterminer le contenant des biens, le patrimoine, puis les différentes catégories de biens (titre 2).

1. J. Carbonnier, *Droit civil*, t. 3, *Les biens*, 19e éd., 2000, n° 45, p. 79.

TITRE 1

DÉFINITION DE LA NOTION DE BIEN

7 **Impossibilité de reprendre le sens courant.** Au sens courant, la notion de bien renvoie à celle de chose matérielle. Cette définition ne peut pas être reprise en droit, car elle est beaucoup trop restreinte. Nous tenterons de définir la notion de bien au sens juridique négativement, en expliquant ce qu'elle n'est pas (CHAPITRE 1), puis positivement, en tentant d'exposer ce qu'elle est (CHAPITRE 2).

CHAPITRE 1

Définition négative du bien

8 **Première approche de la notion de personne.** Le droit connaît deux grandes catégories, d'une part les personnes et, d'autre part, les biens. À partir de cette constatation, la définition des biens paraît donc simple : est bien tout ce qui n'est pas personne. Le débat serait alors déplacé, la définition du bien reposant sur celle de la personne. La catégorie des personnes est divisée en deux sous-catégories qui présentent des difficultés de définition bien différentes. Les personnes morales sont des « groupements pourvus d'une possibilité d'expression collective pour la défense d'intérêts licites, dignes, par suite d'être juridiquement reconnus et protégés »[1]. En dépit de cette définition théorique délicate à mettre en œuvre, la notion est facile à cerner, car elle est composée dans son immense majorité de groupements énumérés par la loi qui se sont vus reconnaître la personnalité juridique : les sociétés, les associations, les syndicats, les fondations, les groupements d'intérêt économique... Les personnes physiques ont également une personnalité facile à établir. Elles deviennent des sujets de droit dès leur venue au monde, à condition de naître vivant et viable. La catégorie des personnes semble donc facile à cerner, simplifiant

1. Civ. 2e, 28 janv. 1954, *Comité d'établissement de Saint-Chamond c/ Ray*, *D.* 1954. 217, note G. Levasseur, *JCP* 1954. II. 7978, concl. Lemoine.

l'élaboration d'une définition négative de la notion de bien. Mais, la simplicité de la présentation dichotomique distinguant les biens et les personnes a été remise en cause par l'évolution de la société et des techniques.

9 **Classification longtemps difficile des animaux.** Selon les mentalités actuelles, les animaux semblent aussi difficiles à rattacher à la catégorie des personnes qu'à celle des biens. Ne pouvant les qualifier de personnes, le Code civil les rattachait aux biens (C. civ., art. 528). Cette conception correspondait à une perception des bêtes comme des biens consommables. Elle est aujourd'hui rejetée par de nombreux propriétaires qui souhaitent retenir le lien sentimental avec l'animal. Le législateur a donc pris en compte l'évolution sociale. Il a admis dans une loi du 10 juillet 1976 que l'animal est un être vivant et sensible. Il lui a reconnu des droits en sanctionnant pénalement des actes de cruauté envers eux. Ces sanctions ont été ensuite alourdies par une loi du 6 janvier 1999. Un décret du 11 mai 2004, porte publication de la Convention européenne pour la protection des animaux de compagnie, faite à Strasbourg le 13 novembre 1987 et signée par la France le 18 décembre 1996. Cette convention est entrée en vigueur le 1er mai 2004. Elle fixe les principes pour la détention de tels animaux, qui concernent aussi bien leur bien-être, leur reproduction, leur dressage que le type d'interventions chirurgicales qui peuvent être pratiquées sur eux ou leur utilisation dans la publicité, les spectacles, les expositions, compétitions ou manifestations semblables. Des auteurs se sont fondés sur ces textes pour proposer de reconnaître une véritable personnalité juridique aux animaux[1]. Les tribunaux sont parfois saisis pour organiser la garde d'un animal de compagnie après un divorce[2], pour déterminer si un chien peut ester en justice[3] ou être titulaire de droits d'auteur[4].

1. J.-P. Marguénaud, « La personnalité juridique des animaux », *D.* 1998. Chron. 205 ; J.-P. Marguénaud et *alii*, « La protection juridique du lien d'affection envers un animal », *D.* 2004. Chron. 3009.

2. Paris 24e ch. sect. D, 13 sept. 2001, décidé que « *dès lors qu'un époux quitte le domicile conjugal en laissant le chien à son conjoint, ce dernier peut s'en voir attribuer la jouissance à titre provisoire* ». L'emploi du terme jouissance marque la volonté des juges de continuer à rattacher les animaux à la catégorie des biens.

3. TA Strasbourg 23 mars 2002, inédit, qui a rejeté cette requête.

4. Une juridiction américaine a refusé la reconnaissance d'un tel droit au profit d'un macaque indonésien ayant profité de l'inattention d'un photographe pour réaliser un selfie devenu viral. Ninth Circuit Court of appeals, 23 april 2018, n° 16-15469 cité par L. Neyret, *D.* 2018. 1772.

En 2002, le droit suisse a apporté une intéressante réponse au problème du statut juridique de l'animal[1]. L'article 614 A du Code civil suisse dispose que « les animaux ne sont pas des choses. Sauf disposition contraire, les dispositions s'appliquant aux choses sont également valables pour les animaux ». Ainsi, dans ce pays, les animaux domestiques sont désormais exclus d'une qualification de chose, mais soumis pour l'essentiel au régime applicable aux choses. Cette exclusion de la catégorie des choses produit plusieurs conséquences : leur garde sera confiée en cas de séparation à celui qui propose la meilleure solution affective, leur disparition pourra donner lieu à l'attribution de dommages-intérêts compensant la perte affective... Cependant, ils sont soumis au régime des choses. De ce fait, ils pourront être saisis et s'ils sont attribués par testament, la disposition sera interprétée comme étant une charge. Dans la continuité de cette solution, un rapport relatif au statut de l'animal avait proposé de le considérer comme un « bien protégé »[2].

10 **Choix du législateur sur la classification des animaux.** En réponse à une pression sociale matérialisée par une pétition de plus de 700 000 signatures en 2013, le législateur a décidé d'intervenir. La création, au profit des animaux, d'une catégorie intermédiaire entre les personnes et les biens n'a été prise en considération que pour être aussitôt écartée. La loi du 16 février 2015 a inséré un nouvel article 515-14 dans le Code civil, par lequel s'ouvre maintenant le Livre II du Code civil, relatif aux biens, et qui proclame : « Les animaux sont des êtres vivants doués de sensibilité. Sous réserve des lois qui les protègent, les animaux sont soumis au régime des biens ». La première phrase de l'article 515-14 du Code civil résulte d'un double emprunt au Code pénal et au Code rural, dans un souci d'harmonisation[3]. La sensibilité des animaux est affirmée par le Code rural (art. L. 214-1), tandis que, de son côté, le Code pénal réprime spécifiquement les sévices graves, les actes

1. Décision du 4 oct. 2002 de l'Assemblée fédérale de la Confédération suisse entrée en vigueur le 1er avr. 2003.
2. Rapport sur la réforme du statut de l'animal remis par Mme Suzanne Antoine au ministre de la Justice le 10 mai 2005.
3. C. Capdevielle : *JOAN CR*, 3e séance, 30 oct. 2014, p. 8206

de cruauté, les abandons (C. pén., art. 521-1) et les mauvais traitements (C. pén., art. R. 654-1). Est ainsi prise en compte la sensibilité non seulement physiologique mais aussi psychologique des animaux[1]. Le Code pénal punit encore les atteintes, volontaires ou involontaires, à la vie des animaux (C. pén., art. R. 655-1 et R. 653-1) ; ce qui justifie aussi qu'ait été rappelé, à la première phrase de l'article 515-14 du Code civil, que les animaux sont des êtres vivants. En revanche, force est de constater que l'harmonisation réalisée n'est que partielle ; le Code civil ne reprend pas l'obligation qui pèse sur le propriétaire de l'animal de placer celui-ci « dans des conditions compatibles avec les impératifs biologiques de son espèce » (C. rur., art. L. 214-1) ; il ne mentionne pas davantage la notion de bien-être animal (C. rur, art. L. 234-1, IV, et L. 642-22, al. 6). C'est dire la modestie de l'œuvre législative, à laquelle la jurisprudence devra suppléer[2].

La réforme a également modifié plusieurs autres articles du Code civil. L'article 528 du Code civil, qui définit les meubles par nature, ne mentionne plus les animaux ; ceux-ci ne sont plus des meubles par nature ; ils prennent place, en effet, à côté des êtres humains, dans la nouvelle catégorie des êtres vivants doués de sensibilité. Aussi les chevaux ont-ils été retirés de la liste de l'article 533. Par exception, les animaux sont « soumis au régime des immeubles » lorsqu'ils sont placés, par le propriétaire d'un fonds de terre, au service de celui-ci (C. civ., art. 522, al. 1er, et 524, al. 2). Le législateur a cependant ôté de la liste dressée par l'article 524 du Code civil, les « animaux attachés à la culture », les « pigeons des colombiers », les « lapins des garennes » et les poissons des étangs. La désuétude de ces exemples explique leur suppression.

Faute de précision du texte, il faut a priori admettre que le nouvel article 515-14 s'appliquerait à tous les animaux, leur reconnaissant une sensibilité à tous, indépendamment de l'espèce à laquelle ils appartiennent. Le débat demeure très vif. Pour certains, au vu des aspirations d'une catégorie significative de la

1. J.-P. Marguénaud, *L'animal en droit privé*, PUF 1992, p. 321.
2. Ph. Reigné, « Les animaux et le Code civil », *JCP* 2015. 242.

population française, « l'apport de la loi du 16 février 2015 paraît particulièrement modeste »[1], alors que, pour d'autres, « introduire l'animal dans le Code civil est une fausse bonne idée qui relève de l'émotion »[2].

11 **Classification difficile des embryons.** L'évolution de notre société a été à l'origine d'une nouvelle difficulté de qualification. Les progrès de la médecine et le développement de la procréation médicalement assistée ont permis la création d'embryons en dehors du corps de leur mère. Le régime applicable à ces nouveaux éléments devait être fixé, afin de savoir s'il était éventuellement possible de les détruire. Il convenait alors de déterminer si ces embryons étaient des personnes ou des choses. Empruntant une voie médiane, le Comité national consultatif d'éthique a affirmé que « l'embryon ou le fœtus doit être reconnu comme une personne humaine potentielle qui est ou a été vivante et dont le respect s'impose à tous »[3]. Cette position est ambiguë. Elle constitue une absence de choix et ne détermine pas si les embryons doivent ou non recevoir une qualification de personnes. Elle rejoint celle de la CEDH qui a affirmé, dans un arrêt de grande chambre en 2015, que « les embryons humains ne sauraient être réduits à des biens »[4].

12 **Conclusion : rejet de la définition négative des biens.** Ces deux entités, les animaux et les embryons, sont identiquement difficiles à qualifier de bien ou de personnes. Elles appartiendraient à une sorte de troisième catégorie, intermédiaire, dont l'existence empêche de qualifier de biens tout ce qui n'est pas une personne.

1. Ph. Reigné, « Les animaux et le Code civil », art. préc.
2. Ph. Malinvaud, « L'animal va-t-il s'égarer dans le Code civil ? », *D.* 2015. 87.
3. Avis du 23 mai 1984.
4. CEDH, gr. ch., 27 août 2015, n° 46470/11, *Parillo c. Italie*, *D.* 2015. 1700 et 2016, 752, obs. J.-C. Galloux et 1781, obs. L. Neyret.

CHAPITRE 2

Définitions positives du bien

13 **Distinction des biens et des choses.** La définition de la notion de bien peut être recherchée dans l'histoire du Droit. Le Droit romain n'avait recours qu'à la terminologie de chose (*res* en latin) et assimilait donc deux notions : celle de bien et celle de chose. La doctrine actuelle distingue les deux notions. Elle préfère donner à la notion de chose une signification physique, d'objet matériel au sens courant et à celle de bien une signification juridique, correspondant en quelque sorte à l'image juridique de la chose. Elle a proposé plusieurs critères pour déterminer le rattachement à la catégorie des biens.

14 **Les biens définis par le critère de l'utilité.** Les auteurs du XVIIIe et du XIXe définissent majoritairement le critérium de la notion de bien par son utilité pour l'Homme.

Ainsi Portalis, dont la terminologie est encore proche du Droit romain, affirme : « les choses ne seraient rien pour le législateur sans l'utilité qu'en tirent les hommes ». De la même façon, Demolombe explique : « Il n'y a de bien pour nous Jurisconsulte que ce qui peut servir à l'Homme »[1].

Ce renvoi à la conception utilitariste est repris par la plupart des grands auteurs actuels. Pour certains, le mot « bien » aurait

1. *Cours du Code Napoléon*, Livre II, titre 2, t. IX, 2e éd., Paris, 1861.

plusieurs sens et dans un premier, qualifié de plus ordinaire, il désignerait « les choses qui appartiennent à l'usage de l'homme et permettent à celui-ci de satisfaire à ses besoins, en les utilisant ou en les échangeant »[1]. Pour un autre auteur, « les biens étymologiquement sont des choses qui ont une utilité pour l'homme »[2].

Mais ce critère de l'utilité est insuffisant. Il est impossible de qualifier de bien toute chose qui est utile pour l'homme. Ainsi, des éléments du corps humain, comme le sang ou des organes, sont très utiles pour l'homme, mais ne pourront jamais être qualifiés de biens en raison de leur caractère indissociable de la personne.

Le critère doit donc être affiné et la doctrine a proposé de rajouter une autre condition à la qualification de bien : que l'élément soit susceptible d'appropriation.

15 **Les biens définis par le critère de l'appropriation.** La plupart des auteurs, classiques ou contemporains, ajoutent ce critère de l'appropriation. Les biens seraient « des choses dont l'utilité justifie l'appropriation »[3] et « toutes choses qui pouvant procurer à l'Homme une certaine utilité sont susceptibles d'appropriation privée »[4]. De même, « les choses deviennent des biens, au sens juridique du mot, non pas lorsqu'elles sont utiles à l'Homme mais lorsqu'elles sont appropriées »[5] ou les choses « ne sont des biens que si elles ont une valeur et sont susceptibles d'appropriation »[6] ou, enfin, « utile et rare une valeur au sens économique du terme devient un bien au sens juridique du mot lorsque la société répond par le droit aux soucis complémentaires de réservation et de commercialisation de son maître du moment, objet de droit de propriété la chose est conceptualisée au rang de bien »[7].

L'utilisation de ce double critère d'utilité et d'appropriation présente plusieurs avantages. Il permet d'exclure de la catégorie

1. F. Terré, Ph. Simler, *Droit civil, les biens*, Dalloz, 10e éd., 2018, n° 29, p. 37.
2. F. Zenati-Castaing Th. Revet, *Les biens*, coll. « Droit fondamental », PUF, 3e éd., 2008, n° 2, p. 18.
3. F. Zenati-Castaing, Th. Revet, *op. cit*, n° 2, p. 19.
4. Ch. Atias, *Droit civil, les biens*, Litec, 12e éd., 2014, n° 1, p. 1, reprenant la définition de Baudry-Lacantinerie, *Traité théorique et pratique de droit civil : les biens*, Paris, 1re éd., 1896, n° 10, p. 10.
5. Planiol et Ripert, *Traité pratique de Droit civil français*, t. II *Les biens*, par M. Picard, 1926, n° 51, p. 57.
6. Ph. Malaurie et L. Aynès, *Droit civil, les biens, Defrénois*, 8e éd., 2019, n° 12, p. 21.
7. J.-M. Mousseron, J. Raynard, Th. Revet, « De la propriété comme modèle », *Hommage Colomer*.

des biens, des éléments que le Code civil refuse de qualifier comme tel, car ce sont des choses communes. « Il est des choses qui n'appartiennent à personne et dont l'usage est commun à tous » (C. civ., art. 714). Cet article se réfère expressément aux notions d'appartenance et d'usage pour définir les choses qu'il convient d'intégrer à la catégorie des biens et celles qu'il faut exclure. L'utilisation du double critère d'utilité et d'appropriation présente un second avantage : elle permet de qualifier de bien une notion plus abstraite que les auteurs incluent dans cette catégorie : les droits mêmes qui portent sur les choses. Les deux notions de bien et de droit doivent être regroupées, car un bien serait « la valeur résultant d'un droit sur une chose déterminée »[1]. La catégorie des biens comprendrait donc, d'une part, les choses et, d'autre part, les droits.

Ce regroupement des droits et des biens dans la même catégorie est critiqué par un auteur qui considère que « ce serait tautologique et absurde de s'approprier le rapport d'appropriation »[2]. Il y aurait donc une contradiction à reconnaître que des droits puissent à la fois porter sur des biens et être des biens. Une telle contradiction est le premier inconvénient de l'utilisation du double critère de l'utilité et de l'appropriation.

Cette utilisation présente un autre inconvénient, c'est son inadaptation au monde actuel. En effet, il existe aujourd'hui de nombreuses choses utiles et susceptibles, d'une certaine façon, d'appropriation, mais que le droit refuse actuellement d'intégrer à la catégorie des biens. Ainsi, traditionnellement, l'air et l'eau ne sont pas des biens. Or, ils sont, sans conteste, utiles à l'homme et sont susceptibles d'une appropriation non pas privative, mais collective. L'air est géré par une Agence de l'Air et l'eau fait l'objet de contrats conclus entre des collectivités locales et des sociétés de concessions. De même, les ondes ont fait l'objet de licences accordées pour des montants faramineux par l'État[3]. Ces choses sont utiles à l'homme, mais elles ne sont pas intégrées dans la

1. R. Cabrillac, *Introduction au droit*, Cours Dalloz, 7e éd., 2009, n° 63, p. 67.
2. F. Zenati-Castaing, Th. Revet, *Les biens*, *op. cit.*, *n°* 3, p. 21.
3. Le 6 février 2009, le prix du tiers des fréquences de la quatrième licence a été fixé à 206 millions d'euros.

catégorie actuelle des biens. Ces exemples montrent que même combinés entre eux, les critères d'utilité et d'appropriation ne peuvent servir à définir la notion de bien.

16 **Les biens définis par le critère de la valeur.** Seraient des biens les choses qui ont une certaine valeur. Ainsi, selon une doctrine traditionnelle, « la notion moderne de bien tend nécessairement à traduire dans le patrimoine toute richesse »[1]. Cette idée est reprise par un auteur contemporain qui souligne : « la monnaie, dans le sens d'instrument d'évaluation, domine le droit des biens »[2]. De même le terme valeur figure dans plusieurs définitions doctrinales de la notion de bien. Est-il possible pour autant de ramener la notion de bien à toute chose ayant de la valeur ? Cette assimilation est impossible, car il existe des choses ayant une valeur, mais qui ne sont pas des biens. Par exemple, le sang humain a une valeur, étant la matière première de plusieurs produits pharmaceutiques, mais il n'est pas un bien. De la même façon, le contrôle d'une société a une valeur. En effet, l'action qui permet de dépasser le seuil de la majorité et d'acquérir ainsi le pouvoir est valorisée beaucoup plus que les autres titres. Le contrôle en lui-même aurait donc une valeur importante, mais il n'est pas intégré à la catégorie des biens, car des tabous ancestraux ont toujours empêché de considérer le pouvoir comme un bien. La Cour de cassation a également refusé de qualifier de bien les quotas laitiers alors qu'ils ont une valeur reconnue par un décret au motif qu'ils sont incessibles et insaisissables[3].

17 **Conclusion : difficulté de poser un critère unique de la notion de bien.** La notion de bien se révèle aussi difficile à cerner et à caractériser par un critère défini qu'elle s'est révélée délicate à définir négativement par opposition à celle de personne. Il paraît donc impossible de retenir une conception unitaire de cette notion. C'est pourquoi, la doctrine renonce souvent à établir un critère unique

1. Savatier, « Les métamorphoses économiques et sociales du droit privé d'aujourd'hui », 3e série, *Approfondissement d'un droit renouvelé*, Paris, 1924, n° 473, p. 151.

2. Ch. Larroumet et B. Mallet-Bricout, *Traité de droit civil*, t. 2, *Les biens et droits réels principaux*, Economica, 6e éd., 2019, n° 7, p. 8.

3. Civ. 3e, 31 oct. 2012, n° 10-17.851, P, *RTD civ.* 2013. 157, obs. W. Dross.

de rattachement à cette catégorie[1]. Elle préfère parler de « biens » au pluriel.

La Cour européenne des droits de l'homme a rendu plusieurs décisions relatives à la notion de bien. En 2004, elle a reconnu cette qualification à une habitation érigée sur une décharge publique appartenant à l'État turc qui en avait concédé l'usage pour 99 ans à la mairie d'Istanbul[2] et en 2009 à une pension octroyée par erreur dont le retrait a été considéré comme une atteinte au droit de propriété[3]. En 2010, elle a précisé sa jurisprudence en reconnaissant un droit de propriété sur son bien au titulaire d'une autorisation d'occupation du domaine public, qui avait perdu sa possibilité d'occupation[4]. De façon générale, elle retient une conception large de la notion de bien en y intégrant l'espoir de la concrétisation d'un droit dans le futur, tel un droit à la retraite. La Cour de cassation s'inscrit dans son sillage. Elle a ainsi pu qualifier de « bien, pour un assureur en responsabilité, l'absence d'obligation à garantie », résultant de la jurisprudence de la haute juridiction[5]. Le Conseil constitutionnel adopte une position bien différente, beaucoup plus restrictive, qui l'a conduite à affirmer lors de l'examen de la loi ayant refusé l'exploration des gaz de schiste que « les autorisations de recherche minière accordées dans les périmètres définis et pour une durée limitée par l'autorité administrative ne sauraient être assimilées à des bien objets pour leurs titulaires d'un droit de propriété »[6]. Ces différentes décisions ne permettent pas de cerner précisément la notion de bien, car le propriétaire peut parfois en être privé et ne se voit alors reconnaître que des droits provisoires et partagés, contraires à la conception traditionnelle de la propriété.

---

1. V. cependant P. Berlioz, *La notion de bien*, préf. L. Aynès, LGDJ, 2007, qui définit les biens « comme une chose appropriée et saisissable ».
2. CEDH 30 nov. 2004, *Önervyildiz c. Turquie*, J.-P. Marguénaud, Les *grands arrêts de la Cour européenne des droits de l'homme*, coll. « Thémis », PUF, 2007, 4e éd., p. 659, Th. Revet, *RTD civ.* 2005. 422.
3. CEDH 15 sept. 2009, *Maskal c. Pologne*, *JCP* 2009. 337, obs. H. Périnet-Marquet, *RLDC* 2010/69, obs. B. Parance.
4. CEDH 29 mars 2010, *Depalle c. France* et *Brosset-Triboulet c. France*, *LPA* 2010, n° 204, p. 4, note G. Beaussonie, *JCP* 2010. Chron. 1162, n° 6, obs. H. Périnet-Marquet.
5. Civ. 1re, 17 févr. 2016, n° 15-12.805, *P*, *D.* 2016. 1779, obs. L. Neyret.
6. Cons. const. 11 oct. 2013, n° 2013-346, *D.* 2014. 1846, obs. B. Mallet-Bricout.

TITRE 2

DÉTERMINATION DE LA NOTION DE BIEN

18 **Étude de la notion par une démarche inductive.** Devant la difficulté à poser une définition unique ou un critère unique de la notion de bien, il convient se détacher de cette approche conceptuelle pour revenir à une étude à partir de la réalité. Cette démarche conduit à une double observation. Les biens se présentent rarement à l'état isolé et ils sont en général liés à une personne grâce à un concept appelé patrimoine, qui serait alors le contenant des biens (CHAPITRE 1). Si la catégorie des biens s'est avérée impossible à cerner par un critère unique, des sous-catégories sont apparues. Une classification des biens permettrait ainsi de déterminer le régime applicable à chacun (CHAPITRE 2).

CHAPITRE 1

Le contenant : le patrimoine

19 **Le patrimoine est une enveloppe.** Comme le mot bien, le terme patrimoine a un sens juridique différent de celui que lui donne le langage courant. Traditionnellement, « avoir du patrimoine », c'est avoir de la richesse, des actifs. Juridiquement, le patrimoine correspond plutôt à une enveloppe, au contenant de l'ensemble des droits et des biens appartenant à une personne, dès lors qu'ils sont pourvus d'une valeur pécuniaire. « Le patrimoine est un sac que chaque homme porte, sa vie durant, sur son épaule et dans lequel viennent s'enfourner pêle-mêle, tous ses droits, ses créances et ses dettes »[1]. À la différence du sens courant, le patrimoine au sens juridique n'est pas forcément positif. Il peut également être vide, c'est-à-dire égal à zéro ou même être négatif s'il n'est composé que de dettes.

Ignorée en tant que telle par le Code civil, la notion de patrimoine a été mise en lumière et analysée par deux illustres auteurs du XIXe siècle, Aubry et Rau. Elle est indissociablement liée à la personne, étant souvent considérée comme sa représentation pécuniaire. Ce lien détermine la qualification (SECTION 1) et les caractères (SECTION 2) du patrimoine.

1. H. Vialleton, *Traité pratique de droit civil français*, t. 3, *Les biens*, 1925.

SECTION 1

QUALIFICATION DU PATRIMOINE

20 **Le patrimoine est composé d'actifs et d'un passif.** Le patrimoine d'une personne comprend deux volets. D'une part, l'actif est composé de tous ses biens, comprenant ceux qu'elle a reçus au moment de sa naissance complétés des biens futurs, c'est-à-dire ceux qu'il acquerra par la suite. D'autre part, le passif comprend la totalité des dettes. Ces deux aspects du patrimoine sont appréhendés comme un tout, une universalité juridique (**§ 1**) et ils ne peuvent pas être divisés en sous-groupes, le droit civil français ayant rejeté la notion de patrimoine d'affectation (**§ 2**).

§ 1. Universalité juridique

21 **Le patrimoine est une universalité.** La notion de patrimoine a été élaborée par Aubry et Rau pour poser le principe d'une obligation pour chaque personne de répondre de tout son passif sur l'intégralité de son actif. En effet, ces auteurs ont construit leur théorie à partir de l'article 2284 du Code civil « quiconque s'est obligé personnellement, est tenu de remplir son engagement sur tous ses biens mobiliers et immobiliers, présents et à venir ».

À l'intérieur du patrimoine, il existe un lien obligatoire : toutes les dettes peuvent être recouvrées sur tous les actifs. Le patrimoine est donc considéré comme un tout. De ce fait, il a été qualifié d'universalité, cette notion étant définie juridiquement comme un « ensemble d'éléments composés de droits et d'obligations et qui sont soumis à un système juridique global »[1]. Il existe deux types d'universalités. Les universalités de fait sont composées par la volonté de l'homme qui décide de réunir des biens pour les soumettre à un régime global. Par exemple, le commerçant décide de réunir tous les biens susceptibles d'attirer sa clientèle dans une notion globale appelée « fonds de commerce » qui pourra être cédé

1. *Lexique des termes juridiques 2019-2020*, T. Debard, S. Guinchard, Dalloz, *V. Universalité de droit.*

par une opération unique. Les universalités juridiques sont établies par la loi qui les considère dans leur globalité. Le droit français ne connaît qu'une seule universalité juridique : le patrimoine.

22 **Conséquences de cette qualification.** Cette qualification permet au créancier de faire exécuter son obligation sur n'importe quel droit, indépendamment de la nature et de la date de naissance de la dette.

Ainsi, quelle que soit la nature de la dette contractée, qu'elle soit professionnelle ou personnelle, elle pourra être recouvrée sur n'importe quel élément d'actif. Si un boucher exerce son métier sous forme d'entreprise individuelle, il répondra de l'achat de sa camionnette de livraison sur tous ses biens, y compris la maison de compagne qu'il a acquise pour se détendre avec sa famille. S'il n'est pas payé, le vendeur de camionnette pourra donc faire vendre la maison de campagne pour recouvrer sa créance.

En outre, grâce à cette qualification d'universalité, le créancier pourra recouvrer sa dette sur des éléments d'actifs entrés dans le patrimoine postérieurement à sa créance. Il bénéficiera également, sur les biens composant le patrimoine, d'une subrogation réelle. Cela signifie que si un bien est remplacé par un autre, le créancier pourra faire valoir ses droits sur le nouveau bien.

§ 2. Acceptation des divisions patrimoniales

23 **Longue réticence du droit français à admettre les patrimoines d'affectation.** Le patrimoine ayant été qualifié d'universalité, il semble impossible d'admettre que cet ensemble soit divisé. La notion de patrimoine d'affection, appliquée par de nombreux pays étrangers, paraît incompatible avec le droit français. Elle consiste à regrouper chaque affectation particulière de biens au sein d'un patrimoine propre. Par exemple, les biens affectés à un usage professionnel composent le patrimoine professionnel, alors que les biens affectés à un usage privé composent le patrimoine privé. Chaque enveloppe forme un tout et les créanciers de chaque patri-

moine ne pourront faire exécuter leur obligation que sur les biens composant ce patrimoine.

De telles divisions patrimoniales sont connues par le droit allemand (Zweckvermögen) et sous une autre forme par le droit anglo-saxon grâce à l'utilisation des trusts. Le droit français ne les a introduites que timidement et progressivement. Ainsi, l'article 49 de la loi du 2 juillet 1996 sur la modernisation des activités financières[1], a accepté que les donneurs d'ordre puissent faire des dépôts auprès d'adhérents d'une chambre de compensation et que ces dépôts soient transférés à ceux-ci en pleine propriété. Au sein du patrimoine des chambres de compensation, il existerait donc des ensembles patrimoniaux constitués par les dépôts réalisés par chaque donneur d'ordre. Cette pratique pourrait être interprétée comme la mise en place d'une division patrimoniale[2]. Selon la même logique, l'article 1387-1 du Code civil issu de la loi du 2 août 2005 a permis au juge, à la suite d'un divorce, de faire supporter les dettes ou sûretés consenties par les époux dans le cadre de la gestion d'une entreprise par « le conjoint qui conserve le patrimoine professionnel ». L'autonomie du patrimoine professionnel serait ainsi consacrée. Cependant, longtemps, l'acceptation de ces diverses divisions patrimoniales ne correspondait pas à une réelle acceptation de la théorie du patrimoine d'affectation, en raison des caractères toujours reconnus au patrimoine[3]. C'est en introduisant deux nouveaux outils, la fiducie et l'EIRL, que le droit français va réellement renoncer au principe de l'unicité du patrimoine.

24 **La fiducie.** Après plusieurs tentatives législatives, la fiducie a été introduite dans notre droit par une loi du 19 février 2007. Le texte a inséré vingt nouveaux articles dans le Code civil (2011 à 2031) et comprenait également de très nombreuses dispositions décrivant le régime fiscal applicable. L'article 2011 du Code civil définit la fiducie comme « l'opération par laquelle un ou plusieurs constituants transfèrent des biens, des droits ou des sûretés, ou un

1. L. n° 96-597, 2 juill. 1996, devenu C. mon fin., art. L. 440-7.
2. Sur cette loi, v. P. Decheix, *La fiducie ou du sens des mots*, *D.* 1997. Chron. 35.
3. Au-delà des patrimoines distincts, le droit français reconnaissait également des biens insaisissables au sein du patrimoine, v. ss 81.

ensemble de biens, de droits ou de sûretés, présents ou futurs, à un ou plusieurs fiduciaires qui, les tenant séparés de leur patrimoine propre, agissent dans un but déterminé au profit d'un ou plusieurs bénéficiaires ». Bien que la loi ne le précise pas expressément, il faut distinguer deux types de fiducie : d'une part celle destinée à gérer des biens, appelée fiducie gestion et, d'autre part, celle qui permet de transmettre un bien à titre de garantie, appelée fiducie sûreté. Afin d'éviter que la fiducie ne soit utilisée dans le but de détourner les règles relatives aux libéralités et aux dévolutions successorales, la loi a posé deux limites importantes à l'utilisation de cet outil en le déclarant « nul s'il procède d'une intention libérale au profit du bénéficiaire » (C. civ., art. 2013), en interdisant donc la fiducie-libéralité et en affirmant que « le contrat de fiducie prend fin par le décès du constituant personne physique », excluant ainsi la fiducie pour réaliser des transmissions dans le cadre de successions.

Entre août 2008 et mai 2009, quatre textes ont successivement modifié le régime de la fiducie, complétés par un décret du 23 décembre 2009[1]. Grâce à ce mille-feuille, le régime est désormais fixé avec une certaine précision. Une fiducie peut être constituée avec tous types de « biens, droits ou sûretés ou ensemble de biens, droits ou sûretés » (C. civ., art. 2011), qu'ils soient mobiliers, immobiliers, corporels, incorporels etc., qu'ils soient présents ou futurs dès lors qu'ils sont déterminables, avec ou sans dépossession, la fiducie sans dépossession ayant été validée par l'article 2018-1 du Code civil relatif à la mise en fiducie du fonds de commerce. Le constituant peut être une personne morale ou une personne physique, qui peut même être mise ultérieurement en tutelle ou en curatelle (dans ce cas, il y a incompatibilité entre les qualités de fiduciaire et celles de tuteur ou curateur), qui peut mourir (il y a alors révocation de la fiducie, sauf en cas de fiducie-sûreté). Le fiduciaire peut être un banquier, un assureur ou un avocat (C. civ., art. 2015) et il peut conserver la propriété des biens pour une durée maximale de 99 ans (C. civ.,

1. Loi LME, 4 août 2008, Ord. 18 déc. 2008, Ord. 30 janv. 2009 et L. 12 mai 2009.

art. 2018, 33 ans avant la loi du 4 août 2008). L'article 2018 du Code civil énonce le contenu obligatoire, à peine de nullité, du contrat de fiducie, qui doit déterminer tous les éléments transférés, la durée du transfert, l'identité du ou des constituants, l'identité du ou des bénéficiaires ainsi que la mission du ou des fiduciaires et l'étendue de leur pouvoir d'administration et de disposition. Il est également préférable de préciser l'objet de la fiducie et les objectifs recherchés, les conditions qui permettent la modification de la mission de fiduciaire, les obligations de reporting du fiduciaire et sa rémunération, les éventuelles clauses de représentation et le régime qui pourrait permettre de dénouer la fiducie. Plusieurs dispositions visent à organiser le régime lorsque la fiducie est constituée à titre de garantie. Dans ce cas, un acte notarié est imposé lorsqu'elle porte sur un bien commun ou indivis, elle ne prend pas fin avec le décès du constituant et elle constitue une sûreté « rechargeable » permettant de garantir de nouveaux crédits postérieurement à sa constitution. Le patrimoine fiduciaire occupe une place tout à fait originale. Il n'est pas vraiment séparé de celui du constituant et « en cas d'insuffisance du patrimoine fiduciaire, le patrimoine du constituant constitue le gage commun de ces créanciers, sauf stipulation contraire du contrat de fiducie mettant tout ou partie du passif à la charge du fiduciaire » (C. civ., art. 2025, al. 2). Il n'est pas non plus intégré à celui du fiduciaire qui ne pourra pas toujours réaliser la fiducie en cas de sauvegarde ou de redressement judiciaire du constituant (C. com., art. L. 622-23-1). Le contrat de fiducie prend fin par la survenance du terme, ou par la réalisation du but poursuivi, ou par une révocation à l'initiative soit du constituant tant que le contrat n'a pas été accepté, soit du bénéficiaire, ou par l'accord des deux parties ou par une décision de justice, après accord du bénéficiaire ou suite à la disparition du fiduciaire.

En dépit de ce régime précis et novateur, la fiducie a longtemps peiné à rencontrer son public. Cette réticence s'expliquait peut-être par le trop grand nombre de textes à l'origine de sa mise en œuvre, par les craintes face à un mécanisme au régime ressenti parfois comme complexe et incertain, par l'absence d'utilisations intéressantes identifiées, notamment après les vagues de réformes de ces dernières années en droit des sûretés, des successions et du financement et, enfin, par une difficulté à trouver un fiduciaire[1]. La situation a évolué et la fiducie a désormais quitté la sphère des réflexions universitaires pour entrer de plain-pied dans la pratique. Plusieurs milliers de fiducies ont été signées et les actifs sous gestion fiduciaire dépassent désormais 4 milliards d'euros[2].

25 **EIRL.** Soucieux de développer l'entreprise individuelle et d'en assurer la pérennité, le législateur a créé une autre affectation patrimoniale : l'EIRL (Entrepreneur Individuel à Responsabilité Limitée) pour permettre de séparer un patrimoine personnel du patrimoine professionnel, sans constituer de personne morale[3]. Ce statut s'adresse aux commerçants, artisans, professions libérales, exploitants agricoles et auto-entrepreneurs, qu'ils soient ou non déjà en activité (C. com., art. L. 526-6). Pour créer une EIRL, il suffit de réaliser une simple déclaration d'affectation publiée au RCS pour les commerçants, au répertoire des métiers pour les artisans et à un registre spécial tenu au greffe du tribunal de commerce pour les auto-entrepreneurs et les professions libérales (C. com., art. L. 526-7). La loi précise les biens à inclure dans le patrimoine professionnel : les biens nécessaires à l'activité doivent obligatoirement y être affectés et les biens utiles à l'activité peuvent y être affectés, la différence étant parfois ténue, ce qui risque de constituer une source de contentieux. Les biens affectés sont décrits dans un inventaire qui sera joint à la déclaration d'affectation et ils feront l'objet d'une évaluation s'ils dépassent 30 000 € (C. com., art. L. 526-10) ainsi que d'une déclaration au registre des hypothèques s'ils sont immobiliers (C. com., art. L. 526-9). Par opposition à la jurisprudence antérieure qui y avait vu un manquement grave de nature à justifier la réunion des patrimoines, la loi du 22 mai 2019 prévoit désormais : « En l'absence de bien, droit, obligation ou sûreté affectés en applica-

1. Dossier « S'approprier la fiducie... enfin ! », dir. S. Schiller et A. Raynouard, *Actes pratiques et stratégie patrimoniale* 2011, n° 1, p. 4 s.
2. Dossier « Les utilisations pratiques de la fiducie-gestion », *Dr. et patr.* 4/2012. 212 ; Dossier « La fiducie : retour sur des utilisations réussies », *Dr. et patr.* 9/2013. 227.
3. Pour une description complète du statut de l'EIRL, v. *EIRL, L'entrepreneur individuel à responsabilité limitée*, dir. F. Terré, Litec, coll. « Droit 360° », 2011.

tion du deuxième alinéa de l'article L. 526-6, aucun état descriptif n'est établi » (C. com., art. L. 526-8, I, al. 8). Selon la règle prévue dès 2007, « la déclaration d'affectation mentionnée à l'article L. 526-7 est opposable de plein droit aux créanciers dont les droits sont nés postérieurement à son dépôt » (C. com., art. L. 526-12). En conséquence, la création de l'EIRL permet à l'entrepreneur de protéger une partie de son patrimoine, car les droits de chaque catégorie de créanciers, qu'ils soient personnels ou professionnels, deviendront limités au patrimoine qui les concerne. Il y a donc, corrélativement à la protection de l'entrepreneur, une atteinte aux droits des créanciers qui justifie non seulement de les informer de la création de l'EIRL, mais de leur reconnaître un droit d'opposition (C. com., art. L 526-12). Pour renforcer l'attractivité du régime, le législateur s'est efforcé de restreindre au maximum les contraintes imposées à l'EIRL (nécessité d'afficher sa dénomination EIRL, d'ouvrir un compte en banque et de remplir des obligations comptables simplifiées), tout en offrant à l'entrepreneur la possibilité de choisir un régime fiscal avantageux (possibilité d'opter pour une imposition à l'IR ou à l'IS) et un régime social intéressant. Enfin, le nouvel outil vise à pallier l'un des inconvénients majeurs du statut d'entrepreneur, la difficulté à permettre l'évolution et la transmission de l'entreprise. Ainsi, la loi a prévu, d'une part, une procédure simplifiée pour l'apport de l'EIRL à une société et, d'autre part, la possibilité de transmettre son activité, par cession, donation ou succession.

Ce statut a répondu à un besoin politique précis. Il permet d'offrir aux entrepreneurs individuels une protection de leurs biens personnels qu'ils réclament depuis longtemps et de proposer une solution attractive destinée à développer l'entreprenariat en offrant ainsi une possibilité d'activité à une population croissante qui ne trouve plus d'emploi salarié. Néanmoins, il présente plusieurs faiblesses. En premier lieu, son inutilité. En droit français, tout entrepreneur qui souhaitait protéger son patrimoine personnel pouvait déjà créer une affectation patrimoniale en constituant une société qui pouvait même prendre la forme d'une EURL ou d'une SASU s'il voulait rester seul maître à bord. Créer une EIRL est moins sûr, car le régime est parfois ambigu et difficile à interprêter en raison de son absence de lien avec nos mécanismes juridiques d'affectation patrimoniale traditionnels fondés sur la personnalité morale. Par ailleurs, ce n'est ni vraiment plus simple, ni plus protecteur, étant soumis à des contraintes identiques, aussi lourdement sanctionnées par le droit des sociétés et le droit des procédures collectives, en cas de non-respect de la séparation patrimoniale. En deuxième lieu, son irréalisme. Il est impossible d'exercer une activité économique sans courir de risques. Si l'entrepreneur protège trop son patrimoine personnel en restreignant fortement le contenu de son patrimoine professionnel, ses partenaires réclameront d'autres garanties, sous forme de sûretés[1]. Enfin, en troisième lieu sa faible efficacité. Le droit de l'EIRL en difficultés ne permet la mise à l'écart du principe d'unicité du patrimoine que dans le strict respect des conditions légales. À titre d'exemple, si la procédure collective n'a pas précisé qu'elle ne visait que les éléments du patrimoine affecté à l'activité en difficultés, l'étanchéité du patrimoine ne pourra pas opérer[2].

SECTION 2
CARACTÈRES DU PATRIMOINE

26 **Le principe de l'unicité du patrimoine et son évolution.** La théorie de l'unicité du patrimoine a été élaborée par Aubry et Rau à la fin du XIXe siècle. Elle constitue encore un principe reconnu et devant être respecté par notre système juridique (**§ 1**). Cependant, les exigences pratiques et l'évolution de la société ont été à l'origine de critiques de ce principe (**§ 2**).

§ 1. Théorie de l'unicité

27 **La théorie d'Aubry et Rau.** L'affirmation de l'existence d'un lien entre le patrimoine et la personne a permis à Aubry et Rau de

1. S. Schiller, « L'EIRL et les créanciers », *Dr. et patr.* 4/2011. 202.
2. Com. 6 mars 2019, n° 17-26.605, *D.* 2019. 1803, obs. Y. Strickler.

déduire les caractères devant être reconnus au patrimoine. Quatre règles ont donc été posées.

– Seules les personnes ont un patrimoine.

Il est impossible de concevoir des patrimoines isolés, non liés à une personne. Cette affirmation pose parfois des problèmes. Ainsi, en droit des régimes matrimoniaux, le droit a reconnu l'existence de trois masses de biens : les biens propres de la femme, ceux du mari et ceux de la communauté. Une réelle autonomie de chacune de ces masses nécessiterait leur qualification de patrimoine, ce qui est impossible, car la communauté n'est pas une personne.

– Toute personne a nécessairement un patrimoine.

La justification de cette règle est claire, c'est la raison d'être de l'ensemble de la théorie. Pour garantir le crédit, le créancier doit être protégé en ayant la certitude de pouvoir exercer ses droits sur les biens éventuels de son débiteur. Il faut donc lui assurer l'existence d'un patrimoine qui comprendra, dans le meilleur des cas, des biens présents et, dans le pire des cas, un potentiel de biens futurs. Le patrimoine n'est pas seulement un ensemble d'actifs, c'est une aptitude, une potentialité à posséder quelque chose. Donc toute personne, même un nouveau-né, en est pourvue.

– Le patrimoine reste lié à la personne aussi longtemps que dure sa personnalité.

Chaque bien composant le patrimoine peut faire l'objet d'une cession, d'une donation ou d'une transmission. Mais le patrimoine dans son entier, en tant qu'enveloppe, ne peut pas être transmis, chacun devant toujours conserver une aptitude à être titulaire de biens. Seule la fin de la personnalité, c'est-à-dire la mort, met fin à cette situation et permet une transmission du patrimoine aux héritiers qui recevront l'ensemble, comprenant à la fois l'actif et le passif.

– Une personne n'a qu'un patrimoine.

Cette règle, appelée théorie de l'unicité du patrimoine, est l'aspect le plus célèbre et le plus riche en conséquence de toute la construction doctrinale. Elle a interdit l'introduction en droit français de toute division patrimoniale et donc a privé de protection ceux qui souhaitaient mettre certains biens à l'abri des poursuites potentielles de leurs créanciers. Elle a donc fait l'objet de violentes critiques.

§ 2. Critiques de la règle de l'unicité du patrimoine

28 **Inconvénients de la règle de l'unicité du patrimoine.** Les besoins d'assouplissement du principe de l'unicité du patrimoine étaient apparus à Aubry et Rau dès les rééditions de leur célèbre traité.

L'application avec une grande rigueur de cette règle a un double inconvénient.

D'une part, elle ne correspond pas à notre système juridique qui connaît des situations de patrimoines sans maître (le patrimoine du défunt accepté à concurrence de l'actif net[1]) ou de division patrimoniale (lorsque l'armateur crée une masse autonome appelée fortune de mer, distincte du reste de ses biens appelé fortune de terre[2]), etc.[3]

D'autre part, la règle présente un autre inconvénient. Elle obligeait celui qui souhaite diviser son patrimoine pour en protéger une partie, à utiliser d'autres outils juridiques détournés de leur objet. Ainsi, le commerçant qui souhaite protéger ses biens familiaux des risques de poursuites de ses créanciers professionnels va séparer ses biens familiaux en les regroupant dans un patrimoine distinct. Ne pouvant créer de patrimoine sans le rattacher à une personne, il devait créer une personne uniquement pour servir de port d'attache à ce patrimoine. Cette personne était le plus souvent une société, parfois unipersonnelle, parfois pluripersonnelle grâce à l'intervention d'associés de complaisance. Cependant, le plus souvent, le commerçant n'avait aucune conscience d'avoir réellement créé une personne et il ne percevait donc pas du tout le besoin de respecter les intérêts de cette personne, en particulier

1. C. civ., art. 787 s.
2. L. 3 janv. 1967.
3. V. ss 23.

de ne pas disposer de son patrimoine comme si c'était le sien. La règle de l'unicité du patrimoine entraînait donc la création de nombreuses personnes morales totalement fictives, qui n'avaient pour objectif que de permettre une séparation patrimoniale. Leurs fondateurs, par absence de conscience de la personnalité juridique distincte qu'ils ont créée, utilisaient parfois les biens de cette personne morale à des fins personnelles, se rendant ainsi coupable d'abus de biens sociaux[1]. Cette situation a bien sûr été bouleversée par les remises en cause successives de la règle de l'unicité du patrimoine[2].

1. C. com., art. L. 241-3, 5° et L. 242-6, 3°, etc.
2. V. ss 24 et 25.

CHAPITRE 2

Le contenu : les différents biens

29 **Distinction biens patrimoniaux, biens extra-patrimoniaux.** Le patrimoine est composé de biens et de droits extrêmement variés, mais qui ont tous en commun d'avoir une valeur économique. En dehors du patrimoine, on trouve les droits sans caractère pécuniaire comme les droits politiques, les droits à exercer un pouvoir familial, social ou politique et les droits de la personnalité. Le clivage paraît donc simple. D'un côté, des éléments seront qualifiés de patrimoniaux, car ils sont évaluables en argent, pourront être vendus, cédés et transmis. De l'autre côté, des éléments sont très liés à la personne et ne pourront pas faire l'objet de telles opérations.

La simplicité de cette distinction entre droits patrimoniaux et droits extra-patrimoniaux doit cependant être nuancée.

30 **Distinction nuancée par les biens vénaux, incessibles, intransmissibles.** Les clientèles civiles, développées par des personnes exerçant des professions libérales comme les médecins ou les avocats, ont une valeur économique, mais, longtemps, les tribunaux ont refusé qu'elles fassent l'objet de cessions et le principe a été

maintes fois réaffirmé par la Cour de cassation[1]. Le lien entre ces professionnels et leur client était considéré comme trop personnel pour pouvoir être l'objet d'un commerce. Les clients auraient choisi une personne précise et n'admettraient pas son caractère interchangeable. L'achat d'une clientèle ne présenterait donc aucun avantage pour le successeur. Elle serait nulle, car dépourvue d'objet et de cause. Une évolution a finalement été réalisée. Le principe de la cession a été accepté, bien qu'aucune décision n'ait encore validité de cession. Ainsi, la Cour de cassation a affirmé que « si la cession de la clientèle médicale, à l'occasion de la constitution ou de la cession d'un fonds libéral d'exercice de la profession, n'est pas illicite, c'est à la condition que soit sauvegardée la liberté de choix du patient »[2].

Les souvenirs de famille bénéficient également d'un statut spécial, étant également vénaux non cessibles, mais pour une autre raison. Là encore la relation établie avec ces objets a été considérée comme trop personnelle. Cette situation ne faisait pas disparaître la cause ou l'objet de l'obligation, mais elle permettait seulement aux juges de s'octroyer le droit d'interdire leur cession. Ainsi, la Cour de cassation a accepté que les enfants du comte et la comtesse de Paris puissent s'opposer à une vente projetée par leurs parents, parce qu'un « certain nombre d'objets proposés présente un rapport direct avec la famille »[3].

31 **Distinction nuancée par les conventions à objet lié à la personne.** Depuis l'abolition de l'esclavage en 1848, notre morale et nos tabous interdisent de considérer que la personne et ses attributs puissent être présentés comme des valeurs économiques. La catégorie des droits extra-patrimoniaux comprend les biens et les droits trop liés à la personne et cette qualification imposerait d'interdire toute convention dont ils seraient l'objet. Ce raisonnement est contredit par la réalité, car il existe aujourd'hui plusieurs

---

1. Pour une application, v. Civ. 1re, 3 juill. 1996, *D.* 1997. 531, note N. Descamps-Dubaele, *D.* 1997. Somm. 171, obs. R. Libchaber.
2. Civ. 1re, 7 nov. 2000, *D.* 2000. IR 290.
3. Civ. 2e, 29 mars 1995, *D.* 1995. Somm. 330, obs. M. Grimaldi ; *JCP* 1995. II. 22477, 2e esp., note S. Hovasse-Banget, v. ss 81.

exemples de droits fortement liés à la personne, qui font l'objet de contrats.

L'article 16-5 du Code civil semble poser un principe clair : « les conventions ayant pour effet de conférer une valeur patrimoniale au corps humain, à ses éléments et à ses produits sont nulles ». Mais cette affirmation doit être nuancée. En premier lieu, les juges ont admis à plusieurs reprises que des éléments du corps humain soient considérés comme des biens, pouvant faire l'objet de confiscation ou de rétention[1]. En deuxième lieu, le principe de l'évaluation en argent du préjudice moral subi suite à l'ablation d'une main ou d'un pied correspond en quelque sorte à une tarification de chaque partie du corps. Enfin, en troisième lieu, les sommes payées lors de certains transferts de joueurs d'une équipe sportive à une autre, pourraient être vues comme le prix d'un bras ou d'une paire de jambes.

De même, les droits à l'image et au nom, à l'origine qualifiés uniquement de droits de la personnalité, ont connu une réification progressive. Il existe aujourd'hui parfois une véritable commercialisation de l'image, en particulier lorsque la personne a acquis une célébrité par son activité professionnelle. Un auteur a donc souligné que « les droits de la personnalité sont nés sous le signe de leur origine extra-patrimoniale, pour accéder progressivement au marché d'échange généralisé qui caractérise les sociétés marchandes »[2].

32 **Maintien de la distinction entre droits patrimoniaux et extra-patrimoniaux.** En dépit de ses défauts, la distinction entre droits patrimoniaux et droits extra-patrimoniaux demeure et elle facilite la détermination du régime applicable à ces droits. L'existence d'autres différences de régime justifie de classer les éléments composant le patrimoine, que ce soit par des classifications des biens (SECTION 1) ou des classifications des droits (SECTION 2).

1. Pour une confiscation pénale d'un doigt, TGI Avignon 24 sept. 1985, *Gaz. Pal.* 1986. 1. Doctr. 96. Pour l'exercice d'un droit de rétention sur une prothèse de dent, TGI Lille 21 avr. 1981, *Gaz. Pal.* 1983. 2. 416, note X. Labbée, rejeté par jurisprudence ultérieure de la Cour de cassation, Civ. 1re, 9 et 29 oct. 1985, *D.* 1986. 417, note J. Penneau.

2. F. Rigaux, « La liberté de la vie privée », *RID comp.* 1990. 539 s., spéc. 563.

Section 1
Classifications des biens

33 **Pluralité des classifications des biens.** Il existe de nombreuses classifications des biens. Ne seront exposées ici que celles dont les conséquences pratiques sont importantes, en commençant par ce qui a été qualifié de *summa divisio* du droit des biens, la distinction entre les meubles et les immeubles (**§ 1**), avant de voir les distinctions secondaires (**§ 2**).

§ 1. Distinction entre biens mobiliers et biens immobiliers

34 **Origine de la distinction des meubles et des immeubles.** L'article 516 du Code civil énonce que « tous les biens sont meubles ou immeubles ». Cette distinction remonte au Droit romain, mais elle n'a pris son importance que sous l'ancien droit. Seule la terre avait alors une valeur économique reconnue, alors que les autres biens, reconnaissables par leur mobilité, étaient sans valeur. Un célèbre adage affirmait ainsi « *res mobilis, res vilis* ». Les fondements sociologiques de cette distinction étaient simples : le régime appliqué aux biens immobiliers devait permettre de les conserver au maximum dans les familles nobles qui les possédaient, les biens mobiliers devant seuls subir les saisies, dévolutions successorales en dehors de la famille... Les conséquences de la qualification de bien meuble ou de bien immeuble ont évolué, mais elles continuent d'imposer de s'interroger sur la qualification de nouveaux biens comme les éoliennes[1]. Elles restent si nombreuses (**B**), qu'elles justifient la difficile recherche d'un critère de distinction (**A**).

1. A. Reygrobellet *et a.*, « De la nature juridique des éoliennes au regard de la distinction meubles/immeubles », *RDI* 2015, n° 12, p. 567.

A. Critère de distinction

35 **Qualification mobilière de principe.** La doctrine admet en général que tous les biens sont des meubles, sauf ceux qui reçoivent la qualification d'immeubles. La catégorie des immeubles est donc l'exception, alors que celle des meubles est la règle. En conséquence, il convient de décrire les immeubles dont la liste est donnée par l'article 517 du Code civil (**1**). Si un bien ne peut pas être rattaché à cette catégorie, par défaut, il devra être qualifié de meuble (**2**).

1. Les immeubles

a. Les immeubles par nature

36 **Description des immeubles par nature.** Le premier critère de reconnaissance d'un immeuble est un critère physique correspondant à la terminologie même de cette catégorie. Est immeuble ce qui est immobile. Ce critère permet de justifier les immeubles décrits par les articles 518 à 521 du Code civil : le sol et tout ce qui a une attache avec le sol, que ce soit des constructions ou des végétaux.

Ce critère physique est celui que le Code civil pose en priorité. Cependant, des biens mobiles ont été qualifiés d'immeubles lorsqu'ils étaient liés physiquement ou juridiquement à un immeuble, car les soumettre à un régime identique constituait une simplification.

b. Les immeubles par destination

37 **Description des immeubles par destination.** Ils sont décrits dans les articles 522 à 525 du Code civil et comprennent deux catégories de biens.

– Les biens affectés au service d'un fonds.

Selon l'article 524 du Code civil « les animaux et les objets que le propriétaire du fonds y a placés pour le service et l'exploitation de ce fonds sont immeubles par destination ». Cette définition générale est suivie d'une énumération d'illustrations empruntées au monde rural et qui paraissent tout à fait désuètes aujourd'hui.

Deux éléments sont à retenir dans cette définition. D'une part, la qualification d'immeuble par destination est réservée aux biens affectés au service du fonds et non pas ceux qui servent uniquement le propriétaire. Cette affectation peut être au service d'une exploitation agricole, commerciale ou industrielle. En conséquence, des meubles meublants seront des meubles s'ils sont placés dans une maison d'habitation, alors qu'ils seront qualifiés d'immeubles par destination s'ils garnissent un hôtel. D'autre part, ces biens doivent être au service du fonds, la jurisprudence ayant précisé que cette qualification était réservée aux biens « indispensables » à cette exploitation[1].

– Les biens attachés au fonds à perpétuelle demeure.

L'article 525 énonce que « le propriétaire est censé avoir attaché à son fonds des effets mobiliers à perpétuelle demeure quand ils y sont scellés en plâtre ou à chaux ou à ciment, ou lorsqu'ils ne peuvent être détachés sans être fracturés et détériorés, ou sans briser ou détériorer la partie du fonds à laquelle ils sont attachés ». Cette hypothèse correspond au cas où « le bâtiment n'est pas complet sans le meuble considéré »[2] comme l'expliquaient Aubry et Rau. La qualification d'immeuble par destination suppose que le lien avec le support soit très fort, ce qui exclut les biens uniquement fixés ou attachés au mur. Cette catégorie comprend traditionnellement les glaces et les plaques de cheminée, les statues figurant dans une niche ou les boiseries ornant une pièce.

38 **Justification de l'immobilisation par destination.** Ces biens sont mobiles, mais ils sont soumis à une qualification immobilière, afin de leur faire bénéficier d'un régime plus protecteur et plus simple. Quand un bien est considéré comme immeuble par destination, il se produit une sorte de fiction qui crée un ensemble en cas de saisie, d'hypothèque ou de vente, sauf précision contraire. L'attribution d'une qualification identique à l'immeuble par nature et à un bien mobile qui lui est affecté ou incorporé permet d'appliquer un régime identique à tout l'ensemble et de lui conserver ainsi une cohérence. Si le support est vendu, la glace scellée dans un mur est présumée également vendue, si une usine est saisie, les machines nécessaires à son activité de production pourront être saisies par la même procédure, etc.

1. Req. 23 mars 1926, *DP* 1928. 22.
2. T. II, 6e éd. par P. Esmein.

39 **Conditions de l'immobilisation par destination.** L'immobilisation par destination est la conséquence, soit d'une manifestation de volonté[1], soit de la réunion de deux conditions matérielles :

– l'immeuble et le meuble doivent appartenir au même propriétaire. Cette première condition est imposée par la raison d'être des immeubles par destination. La recherche d'un régime identique appliqué à des biens différents n'a de sens que si les biens sont la propriété d'une même personne qui aura le pouvoir d'agir sur l'ensemble ;

– le meuble doit être affecté au service de l'immeuble. Un lien physique correspondant à ceux qui sont décrits dans la loi doit pouvoir être constaté. En l'absence de ces liens, la volonté seule de qualifier un bien d'immeuble par destination ne suffit pas.

En revanche, la loi ne définit pas avec précision les modalités de la transformation dans l'autre sens, lorsque l'immeuble par destination devient meuble. Dans un célèbre arrêt où les juges devaient établir la nature mobilière ou immobilière de fresques après le détachement de leur support, la Cour de cassation a considéré que l'opération de transformation d'un immeuble par destination en meuble devait respecter les mêmes exigences que la transformation de meuble en immeuble[2]. En conséquence, il faut qu'à chacune de ces opérations, une action matérielle réalisant ou détruisant un lien soit constatée et que les propriétaires de biens affectés et recevant soient identiques.

c. Les immeubles par l'objet auquel ils s'appliquent

40 **Description des immeubles par l'objet auquel ils s'appliquent.** Une liste des immeubles de cette catégorie est donnée par l'article 526 du Code civil qui énonce « sont immeubles, par l'objet auquel ils s'appliquent : l'usufruit des choses immobilières ; les servitudes ou services fonciers, les actions qui tendent à revendiquer un immeuble ». En dépit de la rédaction du texte, la liste a toujours

1. Cette qualification peut être précisée dans l'acte de vente du support, Civ. 1re, 7 avr. 1998, *D.* 1998. Somm. 334, obs. A. Robert, *JCP* 1998. I. 171, n° 1, obs. H. Périnet-Marquet.
2. Ass. plén. 15 avr. 1988, *Des fresques catalanes*, *D.* 1988. 325, concl. J. Cabannes, note J. Maury, *JCP* 1988. II. 21066, rapport Grégoire, note J.-F. Barbieri.

été considérée comme indicative et non exhaustive. Cette catégorie comporte tous les droits portant sur une chose immobilière. Ainsi l'hypothèque reçoit une qualification immobilière, car c'est un droit qui se rattache à un immeuble.

2. Les meubles

a. Meubles par nature

41 **Description des meubles par nature.** L'article 528 distinguait deux types de meubles par nature, « les animaux et les corps qui peuvent se transporter d'un lieu à un autre ». Par cette différentiation, le législateur marquait son souhait de ne pas assimiler totalement les animaux aux choses[1]. La loi du 16 février 2015 a modifié l'article 528 : « sont meubles par leur nature les biens qui peuvent se transporter d'un lieu à un autre ». Néanmoins, elle a également inséré un nouvel article 515-14 qui précise que « sous réserve des lois qui les protègent, les animaux sont soumis au régime des biens ». Avec quelques nuances de protection, les animaux restent donc des meubles par nature, presque au même titre que les meubles meublant, les objets d'art et les livres[2].

b. Meubles par détermination de la loi

42 **Description des deux catégories de meubles par détermination de la loi.** L'article 529 énonce que sont meubles par détermination de la loi « les obligations et actions qui ont pour objet des sommes exigibles ou des effets mobiliers... ». Cette liste permet d'accorder une qualification mobilière :

– aux droits ou actions portant sur un meuble.

Cette catégorie est le symétrique des immeubles par l'objet auquel ils s'appliquent. En conséquence, l'usufruit d'un immeuble sera un droit immobilier et l'usufruit d'un meuble sera un droit mobilier ;

– aux parts d'intérêts et actions des sociétés.

En application de ce principe, tous les titres émis par les sociétés ont une qualification mobilière, quels que soient la forme et l'objet social de la société. Ainsi, les parts d'une société civile

1. V. ss 9.
2. V. ss 10.

immobilière dont la vocation est de posséder et de gérer un bien immobilier seront qualifiées de biens mobiliers. Néanmoins, le droit fiscal, matière plus réaliste, refusera cette qualification et appliquera à la cession de ces parts le régime fiscal des ventes du bien corporel possédé par la société, c'est-à-dire le plus souvent appliquera à ces parts mobilières une fiscalité de biens immobiliers.

c. Meubles par anticipation

43 **Description des meubles par anticipation.** La notion de meuble par anticipation n'existe pas dans le Code civil. C'est une création de la jurisprudence, largement développée par la doctrine[1] et consacrée par la Cour de justice des communautés européennes[2], qui permet de donner une qualification mobilière à des biens actuellement immobiliers, destinés à devenir des meubles. L'exemple traditionnel est celui des récoltes sur pied, qui sont cédées selon le régime des cessions de biens mobiliers, car elles sont encore accrochées à la terre, mais sont déjà considérées comme des meubles[3].

La qualification mobilière est conférée à ces biens par un acte de volonté. Cette situation a deux conséquences. D'une part, cette catégorie est le seul exemple de qualification mobilière ou immobilière déterminée par la volonté. D'autre part, étant une convention, elle n'aura a priori d'effet qu'entre les parties contractantes, c'est-à-dire qu'elle ne s'imposera pas aux tiers.

B. Intérêt de la distinction

44 **Nombreux intérêts de la distinction.** L'intérêt de la distinction entre les meubles et les immeubles est établi par les nombreuses différences de régimes entre ces deux notions. Des biens mobiliers et immobiliers seront soumis à un régime différent, pour prouver et acquérir sa propriété (**1**), pour donner ce bien en garantie (**2**),

1. M. Frejaville, *Des meubles par anticipation*, thèse, Paris, 1927.
2. CJCE 7 déc. 2004, décis. préc. ss 2.
3. Montpellier 23 juin 1927, *DH* 1927. 472.

pour satisfaire des exigences formelles lors du transfert de propriété (**3**), pour établir le tribunal compétent en cas de conflit sur le bien (**4**), pour saisir ce bien (**5**) ou pour annuler son éventuelle cession pour lésion (**6**).

1. La preuve et l'acquisition de la propriété

45 **Différences en matière d'acquisition de la propriété par possession.** La possession est l'apparence d'un droit. Le plus souvent, le possesseur est titulaire du droit qu'il possède. Essentiellement dans un souci de simplification pratique, le droit fait produire à la possession un effet créateur de droit et un effet probatoire de droit[1].

Dans certaines conditions bien spécifiques et strictement décrites par la loi, la possession a pour effet de créer des droits en conférant la qualité de propriétaire. Or, cette possession ne sera pas attribuée dans les mêmes conditions lorsqu'elle porte sur un meuble ou sur un immeuble. En matière de meuble, un célèbre adage repris dans l'article 2276 du Code civil énonce « en fait de meuble, possession vaut titre »[2]. En revanche, la possession sur les immeubles est soumise à une action beaucoup plus longue de 10 à 30 ans suivant les situations[3]. La possession permet une prescription acquisitive beaucoup plus rapide pour les meubles que pour les immeubles. Elle est également soumise à un régime distinct suivant la nature du bien, lorsqu'elle permet d'établir la preuve d'une situation de propriétaire.

46 **Différences en matière de preuve de la propriété par possession.** La preuve de la propriété est toujours difficile à apporter[4]. En conséquence, le possesseur est présumé propriétaire d'un bien[5]. En matière immobilière, parmi tous les modes de preuves disponibles, le plus efficace est la possession lorsque les conditions de la prescription acquisitive sont réunies. La possession ne constituera un bon moyen de preuve d'un droit de propriété immobilier que si elle est longue. Cette condition n'est pas exigée pour établir la

1. Pour les justifications de cette règle, v. ss 146 s.
2. Sur la possession des meubles, v. ss 160 s.
3. Sur la possession des immeubles, v. ss 171 s.
4. V. ss 198 s.
5. V. ss 204.

preuve de la propriété d'un bien mobilier, car le lien très fort entre la possession et la propriété permet au possesseur mobilier d'avoir immédiatement une preuve facilitée. Ainsi, une personne de bonne foi pourra prouver sa propriété d'un bien meuble par une toute possession de la chose, alors qu'elle devra être en possession d'un immeuble pendant de longues années pour établir la preuve de sa propriété.

2. Les garanties

47 **Différence de régime selon l'objet de la garantie.** Une garantie accordée sur un bien ne sera efficace que si les tiers en ont connaissance. Le créancier sera protégé par la garantie, si le débiteur ne peut pas faire sortir ce bien de son patrimoine, sans que le créancier n'en soit informé. L'information des tiers est donc primordiale. Elle pourra être organisée différemment suivant la nature mobilière ou immobilière d'un bien.

Les biens immobiliers pourront être représentés symboliquement par un emplacement dans un registre décrivant tous les biens de cette nature situés dans une certaine zone géographique. Leur caractère immobile permettra de mettre en place un registre que tous pourront situer (les immeubles localisés à Paris seront décrits dans le registre parisien...) Ces registres de publicité sont tenus par le conservateur des hypothèques qui assure la publicité foncière[1]. La plupart des biens mobiliers ne peuvent pas utiliser de tel procédé, car leur caractère mobile empêcherait de situer le lieu du registre enregistrant les opérations inhérentes à chaque bien.

Grâce à ces registres, les garanties accordées sur les immeubles pourront avoir des caractéristiques très différentes de celles qui sont accordées sur les meubles. En effet, elles pourront être octroyées, sans que le débiteur ne soit obligé de se déposséder du bien. Des textes récents ont consacré la notion générale de gage sans dépossession[2]. Néanmoins, ce point demeure généralement la grande différence de régime entre les garanties portant sur des

1. V. ss 130 s.
2. C. civ., art. 2337, issu de l'Ord. 23 mars 2006.

biens meubles qui nécessitent la dépossession et celles qui sont accordées sur des biens immeubles qui peuvent se faire sans dépossession.

3. Modalités du transfert de propriété

48 **Différences de contraintes lors du transfert de propriété.** L'existence des registres de publicité oblige à assurer leur mise à jour. Doivent y être consignées toutes les opérations relatives aux biens immobiliers. Cette obligation s'impose lors des transferts de propriété, qui sont particulièrement susceptibles de porter atteinte aux droits du débiteur.

Ainsi, tous les transferts de propriété de biens immobiliers seront soumis à publicité foncière. Cette formalité s'accompagnera de la perception de droits fiscaux, ce qui justifie sa qualification de « formalité fusionnée » par l'article 647 du Code général des impôts.

Cette double contrainte formelle et financière ne sera pas imposée aux transferts de propriété de biens mobiliers, qui sont donc soumis à un régime plus léger que les transferts de propriété de biens immobiliers.

4. Le tribunal compétent

49 **Différences de règles de compétence juridictionnelle.** Les règles de compétence varient suivant que l'objet d'un litige est un bien mobilier ou immobilier.

En matière mobilière, il convient d'appliquer le principe de procédure civile selon lequel le tribunal compétent est celui du domicile du défendeur (C. pr. civ., art. 42). Cette règle est écartée en matière immobilière. Dans ce domaine, le tribunal compétent est celui de situation de l'immeuble.

5. La saisie

50 **Différences de règles applicables en cas de saisie d'un bien meuble ou immeuble.** La différence de réglementation entre les saisies visant des biens mobiliers et celles visant des biens immobiliers est une survivance de l'ancien droit qui reconnaissait une valeur plus importante aux immeubles qu'aux meubles. Les victimes de saisies de biens immobiliers devaient donc bénéficier d'une protection plus importante, car elles subissaient une atteinte à des

biens de plus grande valeur. Cette justification explique que les saisies immobilières soient beaucoup plus lourdes à exécuter que les saisies mobilières.

6. La lésion

51 **Différence d'application des règles de nullité pour lésion.** La même reconnaissance d'un écart de valeur entre les deux catégories de biens explique leur différence d'appréhension de la lésion. Pour préserver la sécurité des transactions, le droit positif n'a jamais facilement admis que l'erreur sur la valeur soit une cause de nullité du contrat. Cependant, il semblait équitable d'admettre la possibilité de remettre en cause des opérations trop déséquilibrées, lorsqu'elles portaient sur les biens constituant l'essentiel de la valeur d'un patrimoine. Les biens immobiliers correspondaient à cette description. En conséquence, les rédacteurs du Code civil ont admis qu'un vendeur qui cédait un bien immobilier pour moins des cinq douzièmes de sa valeur devait pouvoir invoquer la lésion (C. civ., art. 1674). Dans cette logique, les biens mobiliers étant considérés comme « *res vilis* », la lésion ne fut jamais admise pour des ventes mobilières.

§ 2. Classifications secondaires des biens

52 **Portée moindre des classifications secondaires des biens.** Les biens peuvent être classés selon d'autres critères que leur caractère mobilier ou immobilier. Ces classifications ne revêtent pas la même importance pratique et théorique que la *summa divisio*, ce qui explique leur appellation de classification secondaire. Le rattachement à l'une ou l'autre de ces catégories entraîne cependant des différences de régimes, ce qui justifie l'étude de ces classifications.

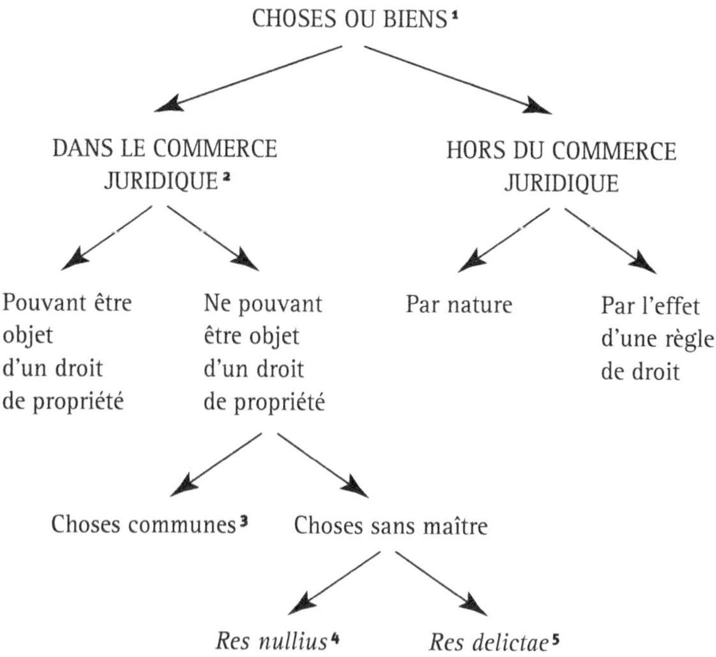

A. Biens appropriables et biens non appropriables

1. Critère de distinction

53 **Description des biens non appropriables.** Suivant leurs caractéristiques, certains biens ne sont parfois pas susceptibles d'être l'objet de droits. Cette situation peut résulter de deux causes.

– La nature physique du bien.

Plusieurs raisons liées à la nature physique d'un bien justifient de déclarer ce bien non appropriable. Certains biens ne peuvent être appropriés, car leur usage doit être commun à tous. Ces biens sont appelés les choses communes (C. civ., art. 714). Appar-

---

1. V. ss 13 s.
2. Tout contrat doit avoir un « contenu licite », C. civ., art. 1128.
3. Choses qui ne sont pas susceptibles d'appropriation et qui sont à l'usage de tous.
4. Choses qui n'appartiennent à personne.
5. Choses abandonnées par leur propriétaire et susceptibles d'être acquises par un tiers avant l'occupation. Cette notion nécessite une volonté d'abandon par leur propriétaire. Ainsi, un sac de pièces d'or trouvé par un clochard dans une poubelle ne fut pas qualifié de *res delictae*, car son propriétaire n'avait pas pu s'être dépossédé volontairement de cet objet.

tiennent à cette catégorie : l'air, l'eau, la mer et les eaux courantes. D'autres biens ne peuvent être l'objet de droits, car ils sont trop proches de la personne. Des tabous ataviques interdisent de reconnaître à ces biens un caractère appropriable[1]. Ces biens étaient qualifiés de « *hors du commerce* » (C. civ., anc. art. 1128). Il est toujours interdit de conclure des contrats à leur objet au nom du principe général posé par le nouvel article 1128 qui impose « un contenu licite ». Appartiennent à cette catégorie : les personnes, les éléments du corps humain...

– Le rattachement du bien au domaine public.

La doctrine reconnaît en général que les droits exercés sur les biens du domaine public ne sont pas des droits de propriété au sens civil[2]. Le rattachement au domaine public se fait par un classement décidé par un acte administratif lorsque « l'immeuble comporte des aménagements indispensables à l'exécution du service public » selon la formule de l'ordonnance du 21 avril 2006[3]. Appartiennent à cette catégorie : les rivages de la mer, les ports, les fleuves navigables, les routes...

2. Intérêts de la distinction

54 **Intérêt de la qualification de bien non appropriable.** Les biens non appropriables ne peuvent être l'objet de transactions juridiques. Ils peuvent être utilisés, mais pour l'essentiel sont inaliénables, insaisissables, imprescriptibles et ne peuvent faire l'objet d'une hypothèque (C. civ., art. 2397). Ce régime connaît néanmoins des assouplissements. Ainsi, le domaine public peut désormais être l'objet de baux emphytéotiques[4]. Il continue à ne pas pouvoir être objet de baux commerciaux traditionnels[5], mais la loi du 18 juin 2014 a admis qu'un fonds de commerce « peut être exploité sur le domaine public sous réserve de l'existence d'une clientèle propre » (CGPPP, art. L. 2124-32-1). Comme l'utilisateur ne bénéficie que d'une autorisation d'occupation privative et personnelle, toute personne qui souhaite acquérir ce fonds « peut, par

1. V. ss 31.
2. V. Par ex. F. Terré, Ph. Simler, *Droit civil, les biens*, *op. cit.*, n° 542, p. 438.
3. CGPPP, art. 2111-1.
4. L. 5 janv. 1988, CGCT, art. L. 1311-1 s., suivi L. 25 juill. 1994, C. dom. Ét., art. R. 66.
5. Civ. 3e, 18 mars 1998, *D.* 1998. IR 105.

anticipation, demander à l'autorité compétente une autorisation d'occupation temporaire du domaine public pour l'exploitation de ce fonds » (CGPPP, art. L. 2124-33).

B. Biens consomptibles et biens non consomptibles

1. Critère de distinction

55 **Distinction entre biens consomptibles et non consomptibles.** Les biens consomptibles sont ceux qui se détruisent par leur utilisation. Appartiennent à cette catégorie : les produits alimentaires, les combustibles, la monnaie...

Les biens non consomptibles peuvent faire l'objet d'un usage répété. Appartiennent à cette catégorie : les véhicules, les titres...

2. Intérêts de la distinction

56 **Intérêt de la distinction entre biens consomptibles et non consomptibles.** Les biens consomptibles ne peuvent pas être restitués après usage. En conséquence, les contrats comprenant une restitution de la chose ne pourront avoir pour objet un bien consomptible lorsque la restitution doit se faire en nature (contrat de prêt à usage, bail) et entraînera une restitution par équivalent dans les autres cas (usufruit).

C. Biens fongibles et biens non fongibles

1. Critère de distinction

57 **Distinction entre biens fongibles et non fongibles.** Les biens fongibles ou choses de genre sont des biens non susceptibles d'une individualisation particulière, qui ne peuvent être caractérisés que par leur espèce et leur quantité. Appartiennent à cette catégorie : une tonne de blé au milieu d'un silo de blé de vingt tonnes, une somme d'argent...

Les biens non fongibles ou corps certains sont des biens susceptibles d'être individualisés. Appartiennent à cette catégorie : un sac de blé comprenant un numéro, une voiture...

2. Intérêts de la distinction

58 **Triple intérêt de la distinction entre biens fongibles et non fongibles.**
– Seules les choses fongibles de la même espèce peuvent être compensées entre elles (C. civ., art. 1347-1).

– Les contrats comportant une obligation de restitution doivent entraîner la remise de la chose elle-même s'ils portent sur un corps certain et une chose équivalente s'ils ont pour objet un bien fongible.

– Le droit commun de la vente prévoit que le transfert de propriété aura lieu lors de la conclusion du contrat, si la convention a pour objet un corps certain et lors de l'individualisation de la chose si la convention a pour objet une chose de genre (C. civ., art. 1196 et 1585). Cette règle permet de ne faire peser les risques sur l'acheteur que lorsque les biens sont individualisés. Ainsi, si cinquante tonnes de blé déjà vendues, mais non encore individualisées, brûlent dans un entrepôt comprenant cent tonnes de blé, les parties n'ont pas à déterminer si les marchandises détruites appartenaient à la partie déjà vendue.

D. Fruits et produits

1. Critère de distinction

59 **Distinction entre les fruits et les produits.** Certains biens appelés capitaux produisent des revenus. Il existe deux types de revenus. Les premiers, appelés fruits, sont renouvelés périodiquement par le bien, sans entraîner d'altération du capital. Seront donc qualifiés de fruits, les récoltes produites par les champs, les loyers générés par biens immobiliers... Les seconds, appelés produits, sortent du capital en l'altérant ou en le diminuant sensiblement. Recevront cette qualification les pierres extraites d'une carrière ou d'une mine.

2. Intérêts de la distinction

60 **Intérêt de la distinction entre les fruits et les produits.** Plusieurs articles du Code civil prévoient un régime spécifique d'attribution des fruits. Ainsi, selon l'article 582 du Code civil, « l'usufruitier a le droit de jouir de toute espèce de fruits, soit naturels, soit industriels, soit civils, que peut produire l'objet dont il a l'usufruit ». De même, l'article 549 énonce que « le simple possesseur ne fait les fruits siens que dans le cas où il possède de bonne foi ». Dans ces deux cas, la loi dicte une règle particulière aux fruits, qui ne semble pas devoir s'appliquer aux produits.

SECTION 2
CLASSIFICATIONS DES DROITS

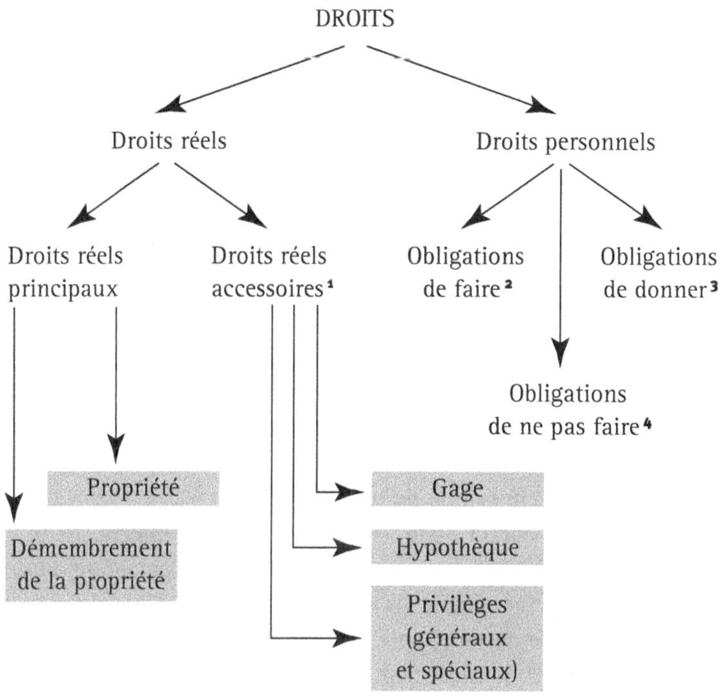

§ 1. Droits réels et droits personnels

1. Critères de distinction

61 **Distinction des droits réels et des droits personnels.** Un droit réel confère à son titulaire un pouvoir direct et immédiat sur une chose, sans passer par l'entremise d'un individu.

---

1. Les droits réels accessoires ne permettent pas d'user la chose, mais seulement de servir de garantie à une créance.
2. Dans une obligation de faire, un débiteur doit accomplir un fait positif.
3. Dans une obligation de donner, le débiteur doit transférer une propriété.
4. Dans une obligation de ne pas faire, un débiteur doit s'abstenir d'accomplir quelque chose.

Un droit personnel ou droit de créance est le droit d'une personne appelée *créancier* d'exiger d'une autre personne appelée *débiteur* l'exécution d'une créance appelée obligation.

Le droit de propriété est un droit réel, car il permet au propriétaire d'habiter dans les lieux, de les louer, de les vendre, en exerçant un pouvoir direct sur la chose... Le droit du locataire est un droit personnel, car il permet à son titulaire d'exiger du propriétaire une jouissance d'un bien et s'exerce envers une personne, le propriétaire et non envers une chose, l'immeuble.

Parfois, le rattachement à l'une de ces deux catégories est plus complexe et certains biens semblent délicats à qualifier[1]. Ainsi, les parts sociales, droits des associés dans les sociétés de personnes, sont qualifiées par certains auteurs de droits de créances, car leur cession a des effets limités aux seules parties contractantes et ne sont opposables aux tiers que si les formalités de l'article 1690 du Code civil sont accomplies[2]. Cette qualification est rejetée par d'autres auteurs, qui considèrent que les parts sociales sont des droits réels en raison du lien de propriété entre l'associé et le capital de la société[3].

62 **Caractère limitatif de la liste des droits réels établie par le législateur ?** La distinction entre droit réel et droit personnel pourrait se réduire à une simple lecture de la loi si le législateur se voyait reconnaître un monopole de qualification d'un droit. Une volonté privée peut certainement créer un droit personnel, il lui suffit de conclure un contrat fondé sur l'article 1103 du Code civil. Peut-elle également créer un droit réel ?

L'enjeu pratique de cette question est énorme, car il est beaucoup plus favorable d'être titulaire d'un droit réel que d'un droit personnel[4] ? Par exemple, un copropriétaire se fait conférer un droit de jouissance sur une partie commune de l'immeuble. Soit ce droit est qualifié de droit réel et il sera opposable à tous, soit il est qualifié de droit personnel et ne s'imposera alors qu'aux

1. Cette difficulté explique l'émergence de la catégorie autonome des droits portant sur des objets incorporels, v. ss 64.
2. F.-X. Lucas, « Retour sur la notion de valeurs mobilières », *BJS* 2000. 765.
3. D.-R. Martin, « Valeurs mobilières : défense d'une théorie », *D.* 2001. Chron. 1228.
4. V. ss 63.

signataires de l'acte. Si ce droit ne figure pas parmi les droits réels reconnus par la loi, les parties peuvent souhaiter lui conférer cette qualification par contrat et il convient alors de déterminer si elles ont ce pouvoir.

Leur reconnaître constituerait l'application du principe de liberté qui gouverne notre système juridique et permettrait de satisfaire des intérêts nombreux en multipliant la création de droits efficacement protégés. Leur refuser répondrait à un argument de texte. L'article 543 du Code civil énonce, « on ne peut avoir sur les biens, ou un droit de propriété, ou un simple droit de jouissance, ou seulement des services fonciers à prétendre » et beaucoup d'auteurs ont vu dans cette rédaction une liste limitative. Refuser aux parties le pouvoir de créer des droits réels a été présenté comme une défense du droit de propriété auquel tout droit réel porterait atteinte et comme une application d'une règle de bon sens qui interdit aux particuliers de créer des droits opposables à tous constitutifs d'une gêne pour la collectivité tout entière.

La jurisprudence a répondu avec peu de clarté à cette question, par un arrêt du 13 février 1834[1], qui ne serait pour certains auteurs qu'un banal aménagement d'une copropriété[2]. La portée de cet arrêt est restée très faible, certainement pour l'essentiel faute d'imagination créatrice et de besoin des utilisateurs. Quelques décisions ultérieures assez clairsemées ont confirmé la possibilité de créer des droits réels en l'absence de disposition législative expresse. Dans la continuité de sa jurisprudence, la Cour de cassation l'a expressément admis à deux reprises en 2012. Tout d'abord, elle a consacré un droit réel d'exploiter perpétuellement le bois qui poussera sur une portion de terrain[3]. Par la suite, dans un arrêt de principe fondé sur les articles 544 et anc. 1134 (auj. 1103) du Code civil, elle a affirmé que « le propriétaire peut consentir, sous réserve des règles d'ordre public, un droit réel

1. Req. 13 févr. 1834, *DP* 1834. 1. 118 ; F. Terré, Y. Lequette, *GAJC*, t. 1, n° 66, p. 403.
2. J. Carbonnier, *Droit civil*, t. 3, *Les biens*, *op. cit.*, n° 44, p. 77.
3. Civ. 3e, 23 mai 2012, n° 11-13.202, P, *RTD civ.* 2012. 553, obs. Th. Revet. *Contra*, J.-F. Barbiéri, « Propriété et droits réels dérivés : la perpétuité pour toujours ! », *LPA* 2012, n° 213, p. 12, qui considère que l'arrêt ne repose pas sur une qualification de droit réel.

conférant le bénéfice d'une jouissance spéciale de son bien »[1]. Face à cette confirmation du principe, plusieurs interrogations demeureraient sur le régime applicable à ces droits. Un arrêt ultérieur a précisé que « lorsque le propriétaire consent un droit réel, conférant le bénéfice d'une jouissance spéciale de son bien, ce droit, s'il n'est pas limité dans le temps par la volonté des parties, ne peut être perpétuel et s'éteint dans les conditions prévues par les articles 619 et 675 du Code civil »[2] et un autre que le droit de jouissance donné à une personne morale pour la durée de sa vie ne peut être considéré comme illimité et n'obéit donc pas aux règles de l'usufruit quant à sa durée[3]. À propos d'un autre droit réel créé *sui generis*, en l'espèce « le droit attaché à un lot de copropriété conférant le bénéfice d'une jouissance spéciale à un autre lot », la Cour de cassation a affirmé son caractère perpétuel[4]. L'opposabilité de ces droits aux tiers demeure problématique[5]. Néanmoins, la qualification de droit réel spécial ne permet pas d'écarter un régime légal et en particulier celui des servitudes[6].

2. Intérêt de la distinction

63 **Quadruple intérêt de la distinction entre droits réels et droits personnels.** L'intérêt de la distinction entre les droits réels et les droits personnels tient à leur différence de régime.

– Le titulaire d'un droit réel a un pouvoir direct sur la chose. Il pourra donc faire exécuter directement son droit sans passer par l'intermédiaire d'un patrimoine qui pourrait perdre son contenu ou d'une monnaie qui pourrait perdre sa valeur. Il sera ainsi à l'abri du risque d'insolvabilité et d'érosion monétaire.

– Le titulaire d'un droit réel a un droit absolu sur la chose. Il peut l'opposer à tous, alors que le créancier d'un droit personnel

1. Civ. 3e, 31 oct. 2012, n° 11-16.304, *Maison de la Poésie*, *D.* 2012. 2596, obs. A. Tadros et 2013. 53 note L. d'Avout et B. Mallet-Bricout, *JCP* 2012. 2352, note F.-X. Testu.
2. Civ. 3e, 28 janv. 2015, n° 14-10.013, *JCP N* 2015. 1083, comm. M. Julienne et J. Dubarry.
3. Civ. 3e, 8 sept. 2016, n° 14-26.953, *JCP* 2016. Chron. 1191, n° 5, obs. H. Périnet-Marquet, *RTD civ.* 2016. 894, obs. W. Dross.
4. Civ. 3e, 7 juin 2018, n° 17-17.240, P, *JCP* 2018. 982, extr. du rapport du conseiller référendaire L. Jariel et 893, note H. Périnet-Marquet, *D.* 2018. 1776, note N. Reboul-Maupin ; Fl. Masson, « Liberté de créer des droits réels *sui generis* perpétuels en copropriété : la promesse de l'aube », *D.* 2018. 1577. v. ss 412.
5. J.-F. Barbiéri, « Libre constitution de droits réels, *nihil nove sub sole* ! », *LPA* 2013, n° 117, p. 11.
6. Civ. 3e, 6 juin 2019, n° 18-14.547, *RLDC* 2019, n° 174, obs. V. Perruchot-Triboulet.

ne peut agir que contre son débiteur. En conséquence, le titulaire d'un droit réel peut en exiger le respect de tous, sans avoir à établir que l'auteur du trouble apporté à sa jouissance connaissait l'existence de son droit. Cet attribut est appelé opposabilité *erga omnes*.

– Le titulaire d'un droit réel a la faculté de suivre la chose, objet du droit, en quelques mains qu'elle se trouve. Le propriétaire peut, par exemple, revendiquer son bien entre les mains d'un tiers acquéreur ou entre celles d'un possesseur quelconque. La personne qui invoque un droit réel sur un bien l'emportera toujours sur celle qui invoque un droit personnel sur ce même bien. Cette prérogative est appelée droit de suite.

– Le titulaire d'un droit réel doit être désintéressé en priorité sur l'éventuel prix de vente de la chose, objet du droit réel. Cette prérogative rompt l'égalité entre les créanciers et elle est qualifiée de droit de préférence.

– Un droit réel ne peut porter que sur des choses existantes et individualisées, alors que pour le droit personnel, peu importe l'existence actuelle et l'individualisation de l'objet. Certes, la vente de choses futures, telle des immeubles à construire, a été admise par le législateur[1]. Mais, tant que la chose n'est pas réalisée et individualisée, le droit accordé n'est qu'un droit personnel, une créance de l'acquéreur envers le constructeur. « La position personnelle prépare la position réelle »[2]. Tant que la chose n'existe pas, seuls des droits qui auront été qualifiés de personnels pourront être exercés sur elle.

§ 2. Droits portant sur des objets corporels et droits portant sur des objets incorporels

64 **Développement des droits portant sur des objets incorporels.** À côté des droits portant sur des objets corporels, mobiliers ou immobiliers, se sont développés depuis un siècle les droits portant des

1. C. civ., art. 1601-1 s.
2. Ch. Atias, *Droit civil, les biens*, *op. cit.*, n° 74, p. 57.

objets incorporels. Leur liste est longue et hétéroclite. Elle comprend des œuvres de l'esprit (dessins et modèles, brevets d'invention) ou des fruits de l'activité professionnelle (la clientèle du commerçant, les banques de données), des droits mobiliers (les droits d'associé) ou des droits immobiliers (le droit sur le volume qui est le droit accordé au locataire d'un bail de longue durée pour lui permettre de construire dans le cube d'air recouvrant le terrain dont il a la jouissance), etc.

65 **Régime original des droits portant sur des objets incorporels.** Les objets incorporels sont pour partie régis par des règles de droit commun[1], mais les droits portant sur eux ont pour particularité d'être soumis à un régime original, qui n'est assimilable ni au régime des droits réels, ni à celui des droits personnels.

À l'image des droits réels, ils portent directement sur un bien.

À la différence des droits réels :

– ils accordent un monopole d'exploitation qui n'est le plus souvent que temporaire (le droit d'auteur ne dure que 50 ou 70 ans, le monopole du breveté 20 ans...) ;

– ils ne peuvent pas faire l'objet de possession en raison de leur absence de caractère corporel ;

– ils sont souvent intimement liés à une personnalité, soit celle de leur titulaire (par exemple des droits de propriété littéraire et artistique), soit celle des personnes sur lesquelles ils reposent (par exemple, droit sur la clientèle). En conséquence, il sera impossible de leur appliquer strictement le régime des droits réels. Parfois, les titulaires de droits incorporels devront disposer de droits supplémentaires, afin de pouvoir défendre leur personnalité (à cet effet, les auteurs détiendront des droits moraux). Parfois, des droits leur seront retirés, pour protéger d'autres personnalités (la clientèle est de ce fait incessible pour marquer que les clients sont libres de ne pas continuer à travailler avec le repreneur).

1. Ils peuvent ainsi être l'objet d'un vol défini comme « la soustraction frauduleuse de la chose d'autrui » (C. pén., art. 311-1).

PREMIÈRE PARTIE

LA PROPRIÉTÉ

66 **Plan du Code civil.** Dans le Code civil, dans le titre II du livre deuxième consacré au droit des biens, l'exposé de la notion de biens et des différentes catégories de biens est suivi de développements sur la propriété. Le plan de cette deuxième partie sera suivi et seront successivement décrites la notion de propriété (TITRE 1) puis les modes d'acquisition de la propriété (TITRE 2), en terminant par l'étude de la preuve de la propriété (TITRE 3).

TITRE 1

NOTION DE PROPRIÉTÉ

67 **Approche théorique et pratique de la propriété.** L'étude de la notion de propriété comprend deux aspects. D'une part, un aspect théorique qui consiste à tenter de cerner ce concept dans une perspective historique, sociologique, philosophique, mais également juridique. Cette approche doit permettre de définir la notion (CHAPITRE 1), de déterminer ses composantes (CHAPITRE 2) et ses caractères (CHAPITRE 3). Mais la propriété n'est pas seulement un concept théorique. C'est, d'autre part, également un droit réel qui s'applique à des biens concrets. Dans cet aspect pratique, il faut en fixer l'étendue, positivement en délimitant les dimensions de ce droit et négativement en posant des restrictions aux prérogatives du propriétaire (CHAPITRE 4).

Chapitre 1

Définition de la propriété

68 **Origine historique de la propriété.** En 1804, dans l'exposé des motifs sur son projet de Code civil, Portalis affirmait « nous demeurons convaincus qu'il y a des propriétaires depuis qu'il y a des hommes. Le sauvage n'est-il pas maître des fruits qu'il a cueillis pour sa nourriture, de la fourrure ou du feuillage dont il se couvre pour se prémunir contre les injures de l'air, de l'arme qu'il porte pour sa défense et de l'espace dans lequel il construit sa modeste chaumière ? »[1]. À la même époque et suivant la même logique, l'article 2 de la Déclaration des droits de l'homme et du citoyen classait la propriété dans la catégorie des « droits naturels et imprescriptibles ».

Aujourd'hui, contrairement aux affirmations des hommes des Lumières, le droit de propriété est considéré comme ni ancestral, ni naturel. La plupart des historiens s'accordent pour dater la naissance de la propriété vers 2500 avant Jésus-Christ, lorsqu'apparaît le découpage des terrains en champs individuels. Ces subdivisions seraient à l'origine de notre cadastre actuel. Ses manifestations varient suivant les civilisations. Au Ve siècle avant Jésus-Christ, en Grèce et à Rome, la propriété est évoquée dans une forme

1. J.E.M. Portalis, « Exposé de motifs du projet de loi sur la propriété (26 nivôse an XIII) », *in Écrits et discours juridiques et politiques*, PUAM, 1988, p. 112-113.

proche de celle que nous connaissons aujourd'hui en France. En revanche, les sociologues décrivent des propriétés collectives et familiales en Inde, d'autres susceptibles d'appropriation que par les divinités ou par les esprits en Afrique[1].

La propriété ne serait ni ancestrale, ni universelle et elle serait dès lors difficile à qualifier de droit naturel. Il convient donc de chercher la définition propre à notre système juridique.

69 **Définition de la propriété dans le Code civil.** « Pilier »[2] de notre droit, la propriété est définie par l'un des plus célèbres articles du Code civil[3]. L'article 544 énonce que « la propriété est le droit de jouir et de disposer des choses de la manière la plus absolue, pourvu qu'on n'en fasse pas un usage prohibé par les lois ou par les règlements ». Par le choix de chacun des termes utilisés, cette définition a une signification philosophique, politique et juridique.

70 **La propriété est un droit.** Cette terminologie a une résonance idéologique. En effet, deux conceptions de la propriété s'opposent. Pour certains, elle est un droit subjectif, inhérent à la nature de l'homme, accordé en vue de la satisfaction des intérêts individuels de son titulaire, sans considération de l'intérêt général[4]. Chacun pourrait en user comme il le souhaite, afin de satisfaire sans contrainte ses propres intérêts. Pour d'autres, elle serait une fonction sociale attribuée pour accomplir un devoir envers la collectivité[5]. Il serait interdit d'en faire un usage purement égoïste qui violerait les besoins de la société. Les rédacteurs du Code civil indiqueraient par la terminologie utilisée que la propriété est un droit et qu'elle n'est donc pas une fonction.

71 **La propriété est un droit absolu.** L'emploi de ce terme renvoie à quatre idées :

– il est destiné à mettre fin définitivement à la division du droit de propriété en vigueur sous l'ancien régime. La propriété était alors décomposée entre le « domaine éminent » qui devait

1. Pour une description de ce droit comparé, v. F. Terré, Ph. Simler, *Droit civil, les biens*, *op. cit.*, n° 88 s., p. 105 s.
2. J. Carbonnier, *Pour une sociologie du droit sans rigueur*, 10e éd., Flexible droit, 2001, p. 345 s.
3. Pour une glose de cet article, v. J. Carbonnier, *Droit civil*, t. 3, *Les biens*, *op. cit.*, n° 68, p. 128 s.
4. E. Gounot, *Le principe de l'autonomie de la volonté en droit privé. Contribution à l'étude critique de l'individualisme juridique*, 1912.
5. L. Duguit, *Les transformations générales du droit privé depuis le Code Napoléon*, 1912, 2e éd., 1920.

toujours appartenir aux seigneurs et le « domaine utile » que pouvaient acquérir ceux qui exploitaient la terre. Ces tenanciers avaient la jouissance de la terre, en tiraient les profits, en assumaient les charges, mais ils ne pouvaient jamais en devenir pleinement propriétaire, car leur position sociale le leur interdisait. L'affirmation du caractère absolu du droit de propriété mettait fin à ce système ;

– il est destiné à rassurer les récents propriétaires qui ont acquis des droits lors des ventes de biens nationaux. En 1804, le retour d'un pouvoir de type monarchique leur fait craindre une remise en cause de la nouvelle répartition des biens. L'emploi de l'adjectif « absolu » pour définir leur actuelle propriété était destiné à les rassurer et à confirmer leur situation envers les anciens propriétaires ;

– il est destiné à donner un accent politique fort à cette définition. « Chaque citoyen monarque absolu dans sa maison, tout français devenu Louis XIV, n'est-ce pas une révolution ? »[1]. Au détour de cet article donnant a priori une simple définition technique d'un droit, les auteurs du Code civil ont donc réaffirmé une idéologie libérale et individualiste ;

– il est destiné à protéger la propriété contre les éventuelles atteintes et usurpations dont elle pourrait faire l'objet, notamment du fait de la puissance publique. Cette protection est aujourd'hui assurée par les tribunaux de l'ordre judiciaire ainsi que par le Conseil constitutionnel et les juridictions européennes[2].

72 **Définition juridique de la propriété par rapport à la possession.** Au-delà de ces affirmations politiques et philosophiques, l'article 544 du Code civil donne une définition juridique de la propriété en décrivant ses composantes et ses caractères[3]. Le droit de propriété serait un « droit subjectif qui confère à son titulaire un pouvoir de droit sur un bien, consistant en un rapport direct entre une chose et son titulaire et permettant à celui-ci de tirer toutes les

1. J. Carbonnier, *Droit civil*, t. 3, *Les biens*, *op. cit.*, n° 68, p. 130.
2. V. ss 2.
3. V. ss 75 s.

utilités possibles »[1]. Pour reconnaître l'existence d'un droit de propriété, il ne suffit donc pas de constater qu'un titulaire exerce certaines prérogatives, il faut également que ce titulaire les exerce en application d'un pouvoir de droit. Pouvoir de droit, la propriété peut donc se distinguer d'un pouvoir de fait. Le propriétaire est titulaire du titre sur la chose, mais il n'a pas toujours le pouvoir de fait, il n'en assure pas nécessairement la maîtrise physique. Ce pouvoir de fait sur la chose est appelé possession. Le plus souvent le pouvoir de droit et le pouvoir de fait coïncident et le propriétaire d'une chose en usera et en disposera. Mais, dans certains cas, une personne se comporte comme un propriétaire sur un bien, exerce dans les faits une maîtrise de la chose, sans en être propriétaire. Il faut régler la cohabitation de ces deux pouvoirs, l'un de droit sur la chose qui sera appelé propriété et l'autre de fait sur la même chose qui sera appelé possession. Les deux situations sont reconnues et protégées en droit français. La possession n'est pas toujours sacrifiée au profit de la propriété. Cette absence de protection systématique de la situation de propriétaire peut paraître choquante, car le légitime propriétaire est parfois privé de son droit au profit d'un usurpateur profiteur. Ce premier sentiment doit être dépassé par un examen plus précis de la situation de fait et des précédents de droit.

73 **La protection de la possession permet d'éviter certaines injustices.** Dans les faits, le possesseur non-propriétaire est rarement un voleur qui se retrouve avoir la maîtrise d'un bien grâce à un acte de violence ou un squatter qui s'est installé dans un immeuble contre la volonté du propriétaire. En général, la dissociation entre la possession et la propriété est le résultat d'une succession de négligences, d'habitudes et de comportements s'étalant sur plusieurs générations. Il serait alors tout aussi injuste de régler ce conflit de façon péremptoire au profit de l'un ou de l'autre protagoniste. Il convient de poser des règles nuancées pour trouver la solution la plus équitable pour chaque individu et la plus efficace pour la société. Dans ce but, des règles ont été fixées pour accor-

1. J.-L. Bergel, M. Bruschi, S. Cimamonti, *Traité de droit civil, les biens*, LGDJ, 2e éd., 2010, no 57, p. 58

der des droits respectifs aux propriétaires et aux possesseurs, pour définir la propriété comme un pouvoir de droit par opposition au pouvoir de fait et pour régler ainsi des problèmes de preuve qui seraient insolubles autrement[1]. La paix publique sera rétablie, en évitant de remettre en cause des situations si anciennes qu'elles sont considérées comme légitimes[2].

74 **Autres exemples de protections de situations de fait.** Le droit français connaît de nombreux autres exemples de reconnaissance de situations de fait. Ponctuellement, on trouve de tels exemples dans plusieurs matières juridiques : le droit de la famille fait produire des effets à la possession d'état qui correspond à un simple comportement, le droit des sociétés reconnaît les notions de dirigeants de fait et de société de fait[3]... De façon plus générale, le droit français admet la théorie de l'apparence qui permet aux tiers de se prévaloir d'une situation apparente, même non fondée sur des titres légitimes, si deux conditions sont réunies. Pour se prévaloir d'une croyance erronée, il faut avoir commis une erreur commune[4] et être de bonne foi. Grâce à cette théorie, l'acquéreur d'un propriétaire apparent pourra conserver le bien si les circonstances de l'opération étaient de nature à tromper une personne même vigilante et qu'il était de bonne foi, c'est-à-dire qu'il a cru traiter avec le véritable propriétaire. « Les tiers de bonne foi qui agissent sous l'empire de l'erreur commune ne tiennent leur droit ni du propriétaire apparent, ni du propriétaire véritable. Ils sont investis par l'effet de la loi »[5].

Par opposition à ces situations de faits, la propriété peut être définie négativement comme un pouvoir de droit. Positivement, elle se définit surtout par ses composantes et ses caractères.

1. V. ss 198 s.
2. V. ss 159.
3. L. Leveneur, *Situation de fait et droit privé*, thèse, Bibl. dr. privé, t. 212, LGDJ, 1990.
4. Selon l'adage latin « *error communis facit jus* ».
5. Civ. 1re, 3 avr. 1963, *D.* 1964. 306, note J. Calais-Auloy.

CHAPITRE 2

Composantes de la propriété

75 **Trois attributs du droit de propriété : *usus, fructus, abusus*.** À l'époque de Justinien, le droit romain a reconnu au propriétaire un plein pouvoir sur la chose en décomposant trois attributs du droit de propriété : l'*usus* ou droit d'usage (SECTION 1), le *fructus* ou droit de jouir (SECTION 2) et l'*abusus* ou droit de disposer (SECTION 3). La réunion de ces trois éléments permet de constater une situation de propriétaire. Seuls deux, le *fructus* et l'*abusus*, ont été expressément repris par la définition de l'article 544 du Code civil. Le troisième est considéré comme implicitement visé. Il serait « virtuellement contenu dans jouir, car il désigne cette sorte de jouissance qui consiste à retirer personnellement l'utilité (ou le plaisir) que peut procurer par elle-même une chose non productive et non exploitée »[1].

1. J. Carbonnier, *Droit civil*, t. 3, *Les biens*, *op. cit.*, n° 68, p. 129.

SECTION 1
DROIT D'USER DE LA CHOSE

76 **L'*usus* permet d'user ou de ne pas user de son bien.** Le droit de propriété sur la chose se traduit tout d'abord par la possibilité d'utiliser le bien, d'en user. Traditionnellement, ce droit d'*usus* se décompose en deux aspects.

D'une part, il se traduit par un droit accordé au propriétaire de se servir de la chose en y habitant, en l'utilisant... Mais cet *usus* varie suivant les biens. Il n'est pas envisageable pour les choses non corporelles comme les valeurs mobilières et pour les biens consomptibles qui ne peuvent être l'objet d'un usage successif. Pour ce type de biens, il se confond avec l'*abusus.*

D'autre part, il permet négativement au propriétaire de ne pas se servir de la chose. Ne pas user de son bien est un droit, cela n'entraînera aucune conséquence négative. Le propriétaire ne sera pas privé de sa qualité par un non-usage.

SECTION 2
DROIT DE JOUIR DE LA CHOSE

77 **Le *fructus* permet une perception des fruits.** Le droit de jouir de la chose ou *fructus* permet au propriétaire d'en percevoir les fruits. Il ne permet pas de percevoir les produits qui ne pourront être retirés de la chose qu'en lui imposant une altération[1]. Tous les biens ne sont pas frugifères et les biens de consommation ne serviront qu'à être utilisés sans jamais générer de revenus.

Lorsque le bien produit des fruits, ces derniers peuvent être de plusieurs sortes. L'article 582 du Code civil distingue les fruits naturels, produits spontanément par la chose sans intervention de l'homme (pommes qui tombent des arbres), les fruits industriels, produits grâce à l'industrie de l'homme (blé cultivé dans un champ) et les fruits civils qui sont retirés d'un bien grâce à un

1. V. ss 59.

contrat (loyers d'un immeuble). Cette distinction permet de décrire en détail les droits précis de l'usufruitier[1], mais elle n'a pas d'autre incidence pratique.

78 **Le *fructus* confère le droit d'exploiter le bien sous forme de photographie.** Parmi les multiples aspects contenus dans le droit de jouir de la chose, les juges avaient inclus un « droit d'exploiter le bien sous forme de photographie »[2]. En l'espèce, le café Gondrée, situé à Benouville, avait acquis une notoriété historique à l'occasion du débarquement. Son propriétaire avait demandé la saisie des cartes postales reproduisant l'image de cet immeuble sans son autorisation, en se fondant sur son droit réel sur la chose. Les juges du fond avaient refusé, après avoir souligné que les clichés avaient été pris depuis un lieu public et que son droit de propriété n'était donc pas en cause. La Cour de cassation cassa cette décision, sur le visa de l'article 544 du Code civil, « le propriétaire a seul le droit d'exploiter son bien, sous quelque forme que ce soit [...] ; l'exploitation du bien sous la forme de photographies porte atteinte au droit de jouissance du propriétaire »[3]. La solution fut très novatrice. Traditionnellement, on distinguait deux droits de propriété lorsqu'une forme originale était créée par un auteur : celui portant sur l'objet matériel, la matière, régi par le Code civil et celui portant sur la création, l'œuvre, constitutive d'une propriété incorporelle et réglementé par le Code de propriété intellectuelle. Ainsi, un tableau est réalisé par un peintre. Sa propriété matérielle pourra être transmise indéfiniment à des acquéreurs successifs de la toile. Sa propriété incorporelle, qualifiée de droit d'auteur, sera attribuée à l'artiste puis ses héritiers pendant 70 ans après son décès. Elle comprendra, entre autres, le droit de reproduire l'œuvre. Pour accorder ce droit de reproduction au propriétaire du bien matériel, les juges ont fait une interprétation très extensive de l'article 544 en considérant que le *fructus* sur une

---

1. V. ss 238.
2. À distinguer de l'image qui porte sur un bien public, soumis à un régime tout à fait distinct, v. CE 29 oct. 2012, *Commune de Tours*, n° 341173 complété par CE, ass., 13 avr. 2018, *Ets publ. Du domaine de Chambord*, n° 397047.
3. Civ. 1re, 10 mars 1999, *JCP* 1999. II. 10078, note P.-Y. Gautier, I. 175, n° 2, obs. H. Périnet-Marquet ; *D.* 1999. 319, concl. J. Sainte-Rose et note E. Agostini ; F. Terré, Y. Lequette, *GAJC*, *op. cit.*, n° 70, p. 423.

chose corporelle s'étend à sa dimension incorporelle, en l'espèce son image.

Cette solution a suscité de vives critiques par son opposition avec les solutions du droit de la propriété intellectuelle, qui, en tant que droit spécial, aurait compétence exclusive pour régler ces questions[1]. Sa portée fut limitée par plusieurs décisions ultérieures. D'une part, les juges n'ont accepté de retenir l'atteinte au droit de propriété par des photographies que si un trouble certain au droit à l'usage du propriétaire était démontré[2]. D'autre part, ils ont considéré que ce droit à l'image du bien matériel ne lui permettait que d'empêcher des exploitations commerciales de cette image. Ils ont pu admettre la reproduction de l'image d'un château dans un ouvrage sur le patrimoine français, car « il répond à un souci pédagogique d'information relevant de la liberté d'expression »[3].

La résistance contre cette solution s'est poursuivie au sein même de la Cour de cassation. Tout d'abord, la deuxième chambre civile s'est écartée insidieusement mais de façon certaine de la position de la première chambre, en déclarant faire abstraction du motif erroné mais surabondant selon lequel le droit à l'image serait un attribut du droit de propriété[4]. Puis, l'assemblée plénière fut saisie suite à la demande du propriétaire d'un hôtel particulier classé dont l'image avait été utilisée sans autorisation par un promoteur immobilier dans une brochure promotionnelle destinée à vanter l'environnement de la résidence qu'il se proposait d'édifier. La demande du propriétaire de l'hôtel particulier fut rejetée, car « le propriétaire d'une chose ne dispose pas d'un droit exclusif sur l'image de celle-ci ; qu'il peut toutefois s'opposer à l'utilisation de cette image par un tiers lorsqu'elle lui cause un trouble anormal »[5]. L'assemblée plénière a entendu détacher la protection de l'image d'un bien du droit de propriété sur ce bien dont elle n'est

1. P.-Y. Gautier, note préc., Civ. 1re, 10 mars 1999.
2. Civ. 1re, 2 mai 2001, *JCP E* 2001. 824.
3. Paris 31 mars 2000, *D.* 2001. 770, note B. Edelman.
4. Civ. 2e, 5 juin 2003, *Gaz. Pal.* 29 avr. 2004, note H. Vray.
5. Ass. plén. 7 mai 2004, *Bull. ass. plén.* n° 10, *RTD civ.* 2004. 528-533, obs. T. Revet ; *Defrénois* 2004. 38058, obs. S. Piedelièvre et A. Tenenbaum.

pas l'attribut. Elle ne distingue plus entre exploitation commerciale, pédagogique ou culturelle de l'image du bien et semble vouloir donner une portée large à sa décision[1]. Un arrêt de 2015 pourrait marquer une certaine inflexion, en ne reliant plus le trouble anormal au propriétaire, mais au droit de propriété[2]. En tout état de cause, le propriétaire qui n'aurait pas été en mesure de s'opposer à l'utilisation de l'image de sa chose resterait fondé, s'il est placé devant le fait accompli, à demander réparation de son préjudice si cette utilisation lui a causé un trouble anormal[3].

SECTION 3
DROIT DE DISPOSER DE LA CHOSE

79 **Caractère fondamental du droit de disposer de la chose.** Le droit de disposer de la chose permet au propriétaire d'accomplir discrétionnairement tous les actes juridiques ou matériels entraînant pour lui la perte de tout ou partie du bien. C'est la composante essentielle du droit de propriété, cela signifie :

- qu'il ne peut y avoir de droit de propriété privé définitivement d'*abusus* ;
- qu'il peut y avoir des droits de propriété en l'absence d'*usus* ou de *fructus*, à condition qu'existe un *abusus*.

Comme l'*usus* et le *fructus*, l'*abusus* prend, d'une part, une forme positive, correspondant à la possibilité de réaliser des actes de cession, de donation de destruction ou d'abandon et, d'autre part, une forme négative, correspondant à la possibilité de refuser que son bien soit détruit ou vendu.

80 **Limites du droit de disposer de la chose.** Si le propriétaire ne peut pas être privé totalement et définitivement de son *abusus*, il peut en revanche en être privé partiellement. Il pourra perdre son droit de céder et le bien serait alors inaliénable (**§ 1**). Il pourra

1. H. Vray, note Ass. plén. 7 mai 2004, *Gaz. Pal.* 21-23 nov. 2004, p. 17.
2. Com., 31 mars 2015, n° 13-21.300, *JCP* 2015. Chron. 546, n° 2, obs. H. Périnet-Marquet, *D.* 2015. 1867, obs. N. Reboul-Maupin.
3. Pour un ex. de trouble anormal caractérisé, v. Civ. 1re, 28 juin 2012, n° 10-28.716, *D.* 2012. 2218, note F. Pollaud-Dulian.

être privé du droit de conserver si la destruction du bien était ordonnée ou si le propriétaire en était exproprié (**§ 2**).

§ 1. Limites au droit de céder un bien

81 **Inaliénabilité causée par une disposition légale ou jurisprudentielle.** Il existe une liste longue et hétéroclite de cas où, soit la loi, soit la jurisprudence, ont privé le propriétaire de certains droits d'*abusus* sur son bien. Quelques exemples non exhaustifs seront présentés[1].

– Les biens objets de substitution successorale fidéicommissaire.

Ce mécanisme est « une disposition par laquelle l'auteur d'une libéralité impose à la personne gratifiée, (le grevé), l'obligation de conserver sa vie durant les biens donnés ou légués, afin de les transmettre à sa mort à une seconde personne nommément désignée (l'appelée) »[2]. La loi n'autorisait ces dispositions que si elles concernaient certaines personnes et certains biens spécifiquement désignés. La loi du 23 juin 2006 sur les successions a permis de les consentir au profit de n'importe quelle personne et sur n'importe quel bien[3]. Doivent être distinguées deux périodes : pendant la première, le grevé doit conserver le bien et, à partir du début de la seconde, en général à la mort du grevé, l'appelé reçoit le bien. Quelle est la nature du droit du grevé ? La doctrine lui reconnaît en général une qualité de propriétaire[4], qui est assortie d'une double obligation de conservation de bien sa vie durant et d'interdiction de les transmettre à cause de mort. Il est donc propriétaire, bien que privé de ses droits de disposition entre vifs et à cause de mort et donc dépourvu de son *abusus*.

– Les biens qualifiés de souvenirs de famille.

1. Pour des exemples en droit commercial, v. « L'inaliénabilité en droit commercial », *Études Sayag*, Litec, Droit et vie des affaires, 1998, p. 267.
2. *Lexique des termes juridiques*, dir. S. Guinchard et G. Montagnier, *op. cit.*, *v°* *Substitution fidéicommissaire*.
3. C. civ., art. 1048 s.
4. A. Colin et H. Capitant, *Cours élémentaire de droit civil français*, t. 3, par L. Julliot de la Morandière, 10ᵉ éd., 1950, n° 1995 ; G. Ripert et J. Boulanger, *Traité de droit civil d'après le traité de Planiol*, t. 4, 1959, n° 3922 ; J. Flour et H. Souleau, *Les libéralités*, n° 514.

Cette expression désigne les biens chargés d'une valeur morale qui éclipse leur valeur patrimoniale, même si celle-ci peut être importante. Cette qualification est rarement retenue. Elle a été refusée par la Cour de cassation pour biens vendus par des héritiers d'Orléans : « pas plus le caractère historique des biens litigieux, ou la seule perpétuation de leur possession par la famille d'Orléans, que l'apposition des armes de la famille sur ces objets, ne suffisaient à établir que chacun de ces meubles ait revêtu pour celle-ci une valeur morale telle qu'ils pourraient être qualifiés de souvenirs de famille »[1]. Elle permet au propriétaire du bien de le faire échapper aux règles de dévolutions successorales en imposant qu'il soit transmis à certains membres de la famille seulement, en général les fils aînés ou au moins les utilisateurs du nom patronymique. En outre, elle rend ces biens indisponibles, interdisant leur transmission[2]. Là encore l'*abusus* du propriétaire est devenu très limité.

– Les biens inclus dans le « bien de famille ».

Une loi du 12 juillet 1909 a introduit un régime destiné à accorder une protection renforcée à une certaine masse patrimoniale. Ce « bien de famille » est un immeuble que son propriétaire, le plus souvent commerçant individuel, soumet à un régime d'insaisissabilité pour en assurer la conservation dans l'intérêt de la famille. Dès lors, son propriétaire ne peut plus ni le vendre, ni l'hypothéquer, ni renoncer à son insaisissabilité. Cette situation de propriété assortie d'un *abusus* fort limité avait un faible impact pratique, car l'ordonnance du 21 décembre 2000 a inséré ce texte à l'article L. 215-1 du Code de l'action sociale et des familles mais a maintenu son montant maximum limité à 50 000 francs[3]. Il a finalement été abrogé par la loi du 13 décembre 2011.

L'expression « bien de famille » a été reprise avec une autre signification dans la loi du 4 décembre 2001 réformant le régime des successions. Elle permet d'éviter que l'héritage passe à la famille par alliance plutôt qu'à la famille du sang dans les succes-

1. Civ. 1re, 12 nov. 1998, *D.* 1999. 624, note J. Robichez.
2. Civ. 2e, 29 mars 1995, préc. ss 30.
3. Une proposition de loi n° 1988 du 1er déc. 1999, déposée par le député Accoyer, demandait que ce montant soit porté à 800 000 francs.

sions où certains biens ont été recueillis par succession ou donation. Le législateur a voulu éviter que des biens venant de la famille de sang soient transmis à des parents par alliance. La restriction de l'*abusus* est alors plus limitée, seuls certains droits de transmission à cause de mort sont supprimés.

Le concept de bien de famille au sens de la loi de 1909 a été repris par la loi sur l'initiative économique du 1er août 2003, codifiée aux articles L. 526-1 et suivants du Code de commerce. Ce texte élargit la protection du patrimoine familial en permettant à tous les entrepreneurs, qu'ils soient commerçants, agriculteurs ou professionnels libéraux, de déclarer insaisissables les droits sur l'immeuble constituant leur résidence principale. Cette déclaration doit être obligatoirement notariée et publiée au bureau des hypothèques du lieu de situation de l'immeuble, ainsi que sur un registre de publicité légale professionnelle (RCS, Répertoire des métiers...) ou dans un journal d'annonces légales si la personne n'est pas tenue de s'immatriculer sur un tel registre. Elle n'est pas opposable aux créanciers non liés à l'exercice professionnel de l'entrepreneur. La loi LME du 4 août 2008 a encore renforcé la possibilité de protéger le patrimoine des entrepreneurs en étendant la possibilité de déclarer insaisissable « tout bien foncier bâti ou non bâti » non affecté totalement à un usage professionnel (C. com., art. L. 526-1). Poursuivant ce mouvement, la loi du 6 août 2015 a posé une insaisissabilité de principe, « de droit », la déclaration servant désormais à y déroger. Pour rendre cette déclaration opposable à tous les créanciers postérieurs, la seule contrainte est qu'elle soit reçue par notaire et publiée au fichier immobilier ainsi qu'au registre du commerce ou au répertoire des métiers si le débiteur est commerçant ou artisan. La jurisprudence a assuré une efficacité maximale à cette disposition en refusant de reconnaître au liquidateur qualité à agir pour contester l'irrégularité de la publicité de la déclaration[1] ou pour attaquer la déclaration sur le fondement de la fraude paulienne[2].

1. Com. 13 mars 2012, n° 11-15.438, *D.* 2012. 807, obs. A. Lienhard, *BJS* juin 2012, n° 263, obs. critiques M.H. Monsérié-Bon.
2. Com. 23 avr. 2013, n° 12-16.035, *Gaz. Pal.* 2013, n° 262, p. 21, obs. S. Cabrillac.

82 **Inaliénabilité posée par une disposition contractuelle.** Parmi toutes les restrictions conventionnelles possibles de l'*abusus*, la plus fréquemment stipulée est la clause d'inaliénabilité. Son régime varie suivant son support :

– Clause d'inaliénabilité insérée dans une donation ou un testament.

Le plus souvent l'inaliénabilité est prévue dans un testament ou une donation. Une personne donne un bien ou une collection à un musée ou à un membre de sa famille, « à condition qu'il ne le vende pas ». La jurisprudence a admis la validité de cette disposition dès le milieu du XIXe siècle[1] et cette solution a été consacrée par la loi du 3 juillet 1971 dans l'article 900-1 du Code civil. Ces clauses d'inaliénabilité sont désormais valables sous la double condition d'être temporaires et justifiées par un intérêt sérieux et légitime. Mais, même si ces deux conditions sont réunies, l'article 900-1 accorde au juge un pouvoir de disposer du bien « si l'intérêt qui avait justifié la clause a disparu ou s'il advient qu'un intérêt plus important l'exige ». La loi tente ainsi de restreindre au maximum la portée et les conséquences de la clause d'inaliénabilité testamentaire.

– Clause d'inaliénabilité insérée dans une cession.

Les clauses d'inaliénabilité sont fréquentes dans les actes de cession, en particulier pour limiter les ventes de titres en droit des sociétés. Une inaliénabilité totale du bien est contraire à des principes de droit civil, car elle entraîne la création d'engagements perpétuels dont la validité n'a jamais été admise. La jurisprudence a toujours subordonné la validité de ces clauses d'inaliénabilité à la double condition d'une limitation de leur durée et de leur justification par un intérêt légitime[2]. Ces deux exigences ont cependant été appréciées avec beaucoup d'indulgence par les juges qui ont admis la validité de clauses d'inaliénabilité d'une durée de 40 ans[3].

1. Civ. 20 avr. 1858, *DP* 1858. 1. 154 ; F. Terré, Y. Lequette, *GAJC, op. cit.*, n° 75, p. 443.
2. Civ. 16 févr. 1953, *Bull. civ.* I, n° 61, *D.* 1961. 282, confirmé expressément par Civ. 1re, 31 oct. 2007, *Rev. sociétés* 2008. 321, note S. Schiller.
3. T. civ. Seine 22 mars 1881, *Rev. Not. et Enreg.* 1881, n° 6274.

Que la clause d'inaliénabilité soit stipulée dans un acte de donation, dans un testament ou dans un acte de cession, sa transgression aura les mêmes effets : la nullité de l'aliénation.

§ 2. Limites au droit de conserver un bien

83 **Obligation de détruire ou de céder le bien.** Toute limite au droit de conserver un bien fait disparaître le droit de propriété, qui devient privé de son objet. La plus radicale et la plus exceptionnelle de ces atteintes est la destruction forcée du bien. La loi impose la démolition des bâtiments menaçant ruine[1], des animaux dangereux[2], des animaux non récupérés dans leur lieu de dépôt[3]... Le plus souvent, la disparition du droit de conserver le bien se traduit moins catégoriquement par une obligation pour le propriétaire de le céder, parfois au profit de personnes privées[4], mais en général au profit de personnes publiques. La privation de propriété résultera alors de quatre causes possibles qui seront successivement exposées.

84 **Obligation de céder le bien suite à une expropriation d'utilité publique.** L'expropriation pour cause d'utilité publique a pour effet de dépouiller le propriétaire de son immeuble ou d'une partie de celui-ci, moyennant une juste et préalable indemnité. Elle est désormais décrite dans le Code de l'expropriation pour cause d'utilité publique[5], mais également contrôlée par la CEDH[6]. Ces textes sont fréquemment modifiés par le législateur, souvent pour étendre les pouvoirs de l'administration[7], parfois pour tenter d'améliorer la défense de l'administré[8]. Le terrain ne pourra être

1. L. 21 juin 1898.
2. C. rur., art. L. 211-11.
3. C. rur., art. L. 211-25.
4. Pour une cession obligatoire en cas de mitoyenneté, v. ss 431.
5. Pour une synthèse sur ce sujet, V. R. Hostiou, « Propriété privée et action publique. Le droit de l'expropriation en France : entre permanence et changement », *RDI* 2016, n° 7, p. 380.
6. Par ex. sur le montant de l'indemnisation : CEDH, 11 oct. 2018, n° 71306/11, *Osmanyan et Armiraghyan c/ Arménie*, *JCP* 2018. 1928.
7. L. 18 juill. 1985, puis L. 14 nov. 1996, puis L. 13 déc. 2000...
8. L. n° 2002-276, 27 févr. 2002 relative à la démocratie de proximité.

utilisé que pour les objectifs initialement fixés et dans un délai raisonnable. Plus le délai entre l'expropriation et l'utilisation du terrain par la collectivité expropriante est long, plus l'utilité publique devra être forte et strictement démontrée. Au nom de la défense de son droit de propriété, un propriétaire exproprié pourra être indemnisé si l'utilité publique s'est prolongée de façon excessive et que la valeur du bien exproprié a augmenté[1]. En l'absence d'expropriation préalable, l'élargissement d'un chemin public au détriment d'un fonds privé constitue une emprise irrégulière qui ouvre droit à une indemnisation sans qu'il soit nécessaire d'établir un préjudice[2].

85 **Obligation de céder le bien suite à une réquisition.** La réquisition est une opération de puissance publique par laquelle une autorité administrative ou militaire impose à une personne physique ou morale de droit privé ou, éventuellement de droit public, l'accomplissement de certaines prestations en vue d'un but d'intérêt général. La réquisition est peu encadrée par des règles générales, étant déclarée et organisée par des lois successives qui répondent à des besoins particuliers[3]. Suivant les cas, elle permet, soit un usage temporaire du droit et correspond alors à une location forcée, soit un usage définitif du bien s'analysant en une vente forcée. Les biens immeubles ne peuvent faire l'objet que d'une réquisition temporaire.

86 **Obligation de céder le bien suite à une nationalisation.** Une nationalisation est une « expropriation législative, subordonnée à une juste et préalable indemnisation, des propriétaires ou actionnaires de firmes industrielles ou commerciales sous l'impulsion de considérations diverses, avec transfert du pouvoir de direction à des organes généralement censés représenter la collectivité nationale, et, pour la doctrine dominante, attribution de leur patrimoine à

1. Civ. 3e, 19 oct. 2008, *JCP* 2009. I. 127, n° 2, obs. H. Périnet-Marquet.
2. Civ. 3e, 15 juin 2016, n° 15-21.628, *RTD civ.* 2016. 889, obs. W. Dross.
3. Par ex., L. n° 87-1132, 31 déc. 1987, autorisant l'application de la procédure d'extrême urgence et la réquisition temporaire en ce qui concerne la prise de possession des immeubles nécessaires à l'organisation ou au déroulement des XVIe Jeux Olympiques d'hiver d'Albertville et de la Savoie. Décret autorisant ponctuellement la réquisition de compagnies aérienne (n° 91-42, 14 janv. 1991, abrogé par n° 93-389, 18 mars 1993) ou de compagnies d'armement maritime (n° 91-60, 17 janv. 1991, abrogé par n° 93-388, 18 mars 1993).

l'État »[1]. Ainsi, bien qu'elles soient assorties d'une indemnisation, les nationalisations portent une atteinte directe au droit de propriété. Cependant, le Conseil constitutionnel a admis leur validité. Il a d'abord rappelé que l'article 17 de la Déclaration des droits de l'homme et du citoyen de 1789 proclame : « la propriété étant un droit inviolable et sacré, nul ne peut en être privé si ce n'est lorsque la nécessité publique, légalement constatée, l'exige évidemment et sous la condition d'une juste et préalable indemnité ». Il a ensuite accepté les nationalisations, car « le législateur a entendu fonder les nationalisations opérées par ladite loi sur le fait que ces nationalisations seraient nécessaires pour donner aux pouvoirs publics les moyens de faire face à la crise économique, de promouvoir la croissance et de combattre le chômage et procéderaient donc de la nécessité publique au sens de l'article 17 de la Déclaration de 1789 »[2]. Les nationalisations ont ainsi été reconnues compatibles avec le caractère sacré du droit de propriété à partir du moment où elles sont justifiées par une nécessité publique dûment exposée.

87 **Obligation de céder le bien suite à une confiscation.** La confiscation est une sanction pénale qui permet de transférer autoritairement à l'État des biens. Elle frappe par exemple ceux qui n'ont pas exécuté une mesure de réquisition[3]. Elle est obligatoire pour retirer de la circulation des objets qualifiés, par la loi ou le règlement, de dangereux ou nuisibles[4].

1. *Lexique des termes juridiques*, dir. S. Guinchard et G. Montagnier, *op. cit.*, *v° Nationalisation.*
2. Cons. const. 16 janv. 1982, préc. ss 2.
3. CCH, art. R. 651-2.
4. Par ex., L. n° 96-130, 21 févr. 1996, autorisant l'approbation de la convention relative au blanchiment, au dépistage, à la saisie et à la confiscation des produits du crime, faite à Strasbourg le 8 nov. 1990.

Chapitre 3

Caractères de la propriété

88 **Caractères absolu, exclusif et perpétuel.** Dans sa définition du droit de propriété, l'article 544 du Code civil évoque ses caractères, exposant de quelle « manière » s'exerce ce droit. Cependant, cette description reste très incomplète, par l'absence de référence au caractère absolu. En effet, non seulement, le droit de propriété est absolu (section 1), mais il est également exclusif (section 2) et perpétuel (section 3), ce qui est parfois présenté comme englobé dans le caractère absolu[1].

Section 1

Caractère absolu de la propriété

89 **Signification du caractère absolu.** L'affirmation du caractère absolu du droit de propriété est très symbolique, car il est le seul caractère indiqué par les rédacteurs du Code et il est précédé d'un superlatif indiquant sa grande force. Ce terme a une signification historique

1. J. Carbonnier, *Droit civil*, t. 3, *Les biens*, *op. cit.*, n° 68, p. 129.

et philosophique importante[1], mais il n'apporte que peu d'éléments pratiques par rapport aux autres indications du Code :

– « absolu » détermine les composantes de ce droit et rappelle que le propriétaire étant le seul à concentrer entre ses mains toutes les prérogatives possibles sur le bien : l'*usus*, le *fructus* et l'*abusus*[2] ;

– « absolu » détermine l'étendue de ce droit, le propriétaire a une vocation très large pour le dessus et le dessous du bien[3] ;

– « absolu » détermine certaines règles d'acquisition de la propriété. Ainsi, le propriétaire a un droit le plus large, ce qui justifie sa vocation à étendre son droit à tout ce que produit son bien ou à tout ce qui s'unit accessoirement à son bien[4] ;

– « absolu » ne signifie pas illimité, l'alinéa 2 de l'article 544 donnant lui-même une limite au droit de propriété (pourvu qu'on n'en fasse pas un usage prohibé par les lois et les règlements) qui a été complétée et précisée par d'autres règles[5].

Section 2
Caractère exclusif de la propriété

90 **Signification du caractère exclusif.** Le caractère exclusif paraît si proche du caractère absolu qu'il est même difficile de les distinguer. Quand exclusif est pris dans un sens différent d'absolu, il signifie « qui exclut le partage ». Le propriétaire est donc seul à exercer un droit complet sur le bien. Des partages appelés démembrements peuvent être créés, mais ils interdisent de constater une situation de pleine propriété. Cela signifie que si un titulaire a la qualité de plein propriétaire, personne d'autre ne pourra invoquer ni *usus*, ni *fructus*, ni *abusus* sur ce bien. Inversement, si quel-

1. V. ss 71.
2. Cet élément est une redite des autres apports de l'article 544 ; v. ss 75.
3. Cet élément est expliqué de façon plus précise dans d'autres articles du Code ; v. ss 109 s.
4. Cet élément est expliqué de façon plus précise dans d'autres articles du Code ; v. ss 186 s.
5. V. ss 113 s.

qu'un se prévaut d'un *usus*, d'un *fructus* ou d'un *abusus*, personne ne pourra alors se prévaloir d'une qualité de plein propriétaire sur ce bien.

91 **Exceptions au caractère exclusif.** Le caractère exclusif du droit de propriété souffre cependant certaines exceptions. Ainsi, des mécanismes très courants permettent de mettre en place une propriété collective, sous forme d'indivision, de copropriété ou de mitoyenneté[1]. À côté de ces vraies exceptions à l'exclusivité du droit de propriété, des situations ont été qualifiées de « fausses exceptions » à ce caractère[2]. La propriété conditionnelle et la multipropriété peuvent recevoir cette appellation.

92 **La propriété conditionnelle, fausse exception du caractère exclusif.** La propriété conditionnelle correspond au cas où une propriété est transférée sous condition, soit suspensive, soit résolutoire. Je vends ma maison sous condition d'obtenir un prêt (condition suspensive). Je te donne ma maison, mais la donation sera annulée si tu te maries avant un an (condition résolutoire). Les régimes applicables varient suivant les situations.

En cas de condition suspensive, pendant la période *pendente conditione*, la propriété n'est pas encore transférée. Ensuite :

– soit la condition se réalise, l'acquéreur obtient son prêt et devient propriétaire avec possibilité contractuelle de prévoir une rétroactivité à la conclusion de la cession ;

– soit la condition ne se réalise pas, l'acquéreur n'obtient pas son prêt et le vendeur reste propriétaire.

En cas de condition résolutoire, pendant la période *pendente conditione*, la propriété est déjà transférée. Ensuite :

– soit la condition se réalise, le bénéficiaire de la donation se marie et le donataire redevient propriétaire avec possibilité contractuelle de prévoir une rétroactivité à la conclusion de la donation ;

– soit la condition ne se réalise pas, le bénéficiaire de la donation ne se marie pas et il reste propriétaire.

1. V. ss 315 s.
2. V. Ranouil, « Propriété, éléments, caractères, limitations », *J.-Cl. Civ.*, fasc. 10, n° 64, p. 12.

En cas de réalisation d'une condition, la propriété change alors de mains et elle peut rétroagir à la date de la cession sous condition. Cette rétroactivité semble créer une exception au caractère exclusif du droit de propriété, car pendant cette période *pendente conditione*, deux personnes peuvent être considérées comme propriétaire : l'actuel et le futur dont les droits vont éventuellement rétroagir. Ainsi, dans nos exemples, si l'acquéreur obtient son prêt, pendant la période *pendente conditione*, le vendeur aura été propriétaire et l'acquéreur sera également rétroactivement considéré comme propriétaire. De même, si le bénéficiaire de la donation se marie, pendant la période *pendente conditione*, il aura été propriétaire et le donataire sera également rétroactivement considéré comme propriétaire Cette dualité n'est qu'apparente, car la rétroactivité permet d'anéantir le droit de l'actuel propriétaire et ne laisse donc subsister qu'une seule propriété pendant chaque période.

93 **La multipropriété, fausse exception du caractère exclusif.** La multipropriété[1] est également une fausse exception au caractère exclusif du droit de propriété. Cette situation de fait où plusieurs personnes useront successivement du même bien immobilier à des périodes calendaires figées correspond juridiquement à la création d'une « société d'attribution d'immeubles en jouissance à temps partagé », forme sociale mise en place par la loi du 6 janvier 1986. Chaque utilisateur du bien acquiert une part de cette société, qui lui donne un droit de jouissance. La propriété du bien immobilier n'appartient donc qu'à la personne morale et n'est aucunement partagée.

1. V. ss 359.

Section 3
Caractère perpétuel de la propriété

94 **La propriété est le seul droit réel perpétuel.** La propriété est perpétuelle. Elle s'oppose ainsi aux autres droits réels, qui sont tous soit viagers (usufruit, droit d'usage et d'habitation...), soit temporaires (concession immobilière, bail emphytéotique, bail à construction...). Deux conséquences sont classiquement déduites de ce caractère : l'absence d'extinction de la propriété par le non-usage et son maintien aussi longtemps que dure la chose. La seconde étant aujourd'hui fortement contestée.

95 **Le droit de propriété ne s'éteint pas par le non-usage.** Cette règle, affirmée solennellement par le Cour de cassation dès 1905[1], a été appliquée dans une espèce originale où le propriétaire n'avait pas fait usage de son bien pendant 70 ans. Les circonstances de cet arrêt étaient exceptionnelles. Une famille était propriétaire d'un étang depuis 1824 et, suite à une énorme tempête, une communication fut ouverte entre la mer et cet étang qui étant alors rempli d'eau de mer, devint partie intégrante du domaine public. Puis, petit à petit, le cordon littoral se reconstitua. Au bout de 70 ans, l'étang réapparut et avec lui, la nécessité de désigner son propriétaire. La Cour de cassation considéra que « le propriétaire qui a été privé de ses droits par la perte de son immeuble sous le seul effet des forces de la nature, se trouve réintégré dans sa propriété lorsque, de la même manière, l'obstacle qui l'en avait privé a disparu »[2]. Le principe est clair. Une absence d'usage, quelle qu'en soit la durée, n'empêche pas un propriétaire de conserver son bien. Cette solution a permis à un propriétaire de faire reconnaître ses droits sur un chemin d'exploitation qu'il n'avait ni utilisé ni entretenu pendant plus de trente ans[3], à un autre de récupérer un droit réel d'usage pour de l'eau[4]. Elle a même été appliquée en matière

1. Req. 12 juill. 1905, *DP* 1907. 1. 141, obs. Pothier, *GAJC*, *op. cit.*, n° 68, p. 415.
2. Ass. plén. 23 juin 1972, *JCP* 1973. II. 17331, concl. av. gén. Lindon.
3. Civ. 2e, 14 nov. 1979, *JCP* 1981. II. 19507, note G. Goubeaux.
4. Civ. 3e, 1er avr. 1992, *D.* 1993, Somm. 35, obs. A. Robert.

mobilière, permettant ainsi aux successeurs du collectionneur de tableaux Ambroise Vollard de revendiquer des peintures lors de leur vente aux enchères en 1981, alors que ces toiles avaient disparu avant la Seconde Guerre mondiale[1]. Elle peut se révéler défavorable au propriétaire. Ainsi, une parcelle composée de rochers avait été omise lors de la cession de plusieurs lots. De nombreuses années plus tard, la falaise s'écroule et les propriétaires initiaux ont dû assumer les conséquences, faute de pouvoir prouver leur absence de propriété[2].

Cette règle a plusieurs justifications :

– la limitation temporelle de l'action en revendication n'aurait pas de fondement textuel, car « malgré la généralité des termes de l'article 2262 du Code civil, qui décide que toutes les actions tant réelles que personnelles sont prescriptibles par trente ans, ce texte ne s'applique pas à l'action en revendication intentée par le propriétaire »[3] ;

– l'extinction du droit de propriété par un non-usage créerait des situations de propriétés perdues par le propriétaire et non acquises par un possesseur ou un détenteur. Trop de biens abandonnés seraient alors attribués à l'État ;

– si la propriété s'éteignait par le non-usage, cela obligerait le propriétaire à exercer son droit d'usage. Cette obligation est contradictoire avec une présentation de l'*usus* qui permet positivement d'user de la chose et négativement de ne pas s'en servir[4].

96 **Le droit de propriété dure aussi longtemps que la chose.** Traditionnellement, la propriété était présentée comme étant le seul droit réel, avec les servitudes, qui dure aussi longtemps que le bien. Cette conception est aujourd'hui remise en cause par les auteurs qui qualifient certaines propriétés de temporaires. Les propriétés temporaires ne sont pas celles mises en place par les stipulations contractuelles limitant la propriété dans le temps, car ces contrats

1. Civ. 1re, 2 juin 1993, *D.* 1993. Somm. 306, obs. A. Robert, *JCP* 1994. I. 3750, n° 1, obs. H. Périnet-Marquet.
2. Civ. 3e, 5 nov. 2015, *JCP* 2016. Chron. 446, n° 3, obs. H. Périnet-Marquet.
3. Civ. 2e, 14 nov. 1979, préc.
4. V. ss 76.

aménagent la transmission du droit de propriété et non son existence. Si par exemple, j'ai accepté contractuellement de ne rester propriétaire que pendant cinq ans, je suis obligée de vendre ma propriété au bout de cinq ans, mais mon droit de propriété ne disparaît pas à cette échéance. En revanche, les droits de propriétés industrielles, littéraires ou artistiques pourraient être qualifiés de propriétés temporaires, si on admet qu'elles sont des propriétés[1].

1. Pour une qualification de propriété, F. Terré, Ph. Simler, *Droit civil, les biens, op. cit.*, n° 152, p. 156. Contre une qualification de propriété, Ph. Malaurie, L. Aynès, *Droit civil, les biens, op. cit.*, n° 207, p. 80 ; J.-L. Bergel, M. Bruschi, S. Cimamonti, *Traité de droit civil, les biens, op. cit.*, n° 100, p. 116.

Chapitre 4

Étendue de la propriété

97 **Nécessité de déterminer l'étendue du droit de propriété.** La propriété ayant pour caractère fondamental d'être absolue, il semble superflu de s'interroger sur son étendue. Cette conception est erronée et les droits des propriétaires ne sont pas illimités. Ils connaissent une limite matérielle liée à la dimension du bien (Section 1) et des restrictions posées par la jurisprudence pour respecter les droits des tiers (Section 2).

Section 1

Dimension du droit de propriété

98 **Difficulté de délimiter la propriété sur un bien immobilier.** La détermination de la dimension matérielle de la propriété ne pose aucun problème lorsqu'elle porte sur un objet incorporel ou sur un objet corporel mobilier. En revanche, lorsqu'il s'agit de propriété immobilière, l'étendue du droit de propriété doit être établie dans les différentes dimensions de l'espace, car les immeubles se touchent les uns les autres. Ainsi, doivent être définies sa largeur et sa longueur (**§ 1**), mais également sa hauteur et sa profondeur (**§ 2**).

§ 1. Délimitation du périmètre de la propriété

99 **Modes de délimitation de la propriété.** Comment connaître les délimitations de sa propriété ? Il convient de procéder, d'une part, négativement par rapport aux fonds voisins, en réalisant un bornage (**A**) qui se manifestera parfois par des clôtures (**B**) et, d'autre part, positivement grâce à la représentation cadastrale (**C**).

A. Le bornage

100 **Première approche du bornage.** Le bornage est la détermination de la ligne séparative de deux fonds, à l'aide de signes matériels. La possibilité d'effectuer un bornage est soumise à des conditions précises (**1**). Cette opération présente de singulières particularités tant dans ses caractères (**2**) que dans ses effets (**3**).

1. Conditions pour réaliser un bornage

101 **Présence de deux terrains nus appartenant à des propriétaires différents.** L'opération de bornage permet de délimiter les frontières de sa propriété par rapport à celle de son voisin. Elle constitue une réponse à une contrainte pratique imposée par le voisinage. Elle ne se justifie que dans ce contexte. En conséquence, elle ne sera possible que lorsque les propriétés appartiennent à des propriétaires différents et qu'elles ne sont délimitées ni par limites physiques, ni par des constructions. Ainsi, l'action en bornage n'est pas recevable si les deux propriétaires ne sont pas différents et en particulier entre copropriétaires[1]. En outre, elle est écartée lorsque les fonds sont séparés par une limite naturelle bien fixe comme un cours d'eau ou un chemin public ou même un chemin privé[2]. Elle est également exclue lorsque les fonds sont délimités par des bâtiments qui rendent cette action inutile[3]. Elle est donc réservée à des terrains nus.

---

1. Civ. 3ᵉ, 27 avr. 2000, *D.* 2001. Somm. 347, obs. P. Capoulade. Confirmé par Civ. 3ᵉ, 19 nov. 2015, n° 14-25.403, *RTD civ.* 2016. 159, obs. W. Dross.
2. En revanche, une haie ou un fossé sont considérés comme trop facilement déplaçables pour faire obstacle à une possibilité de bornage.
3. Civ. 3ᵉ, 25 juin 1970, *Bull. civ.* III, n° 443.

2. Caractères de l'opération de bornage

102 **Caractères liés au besoin de satisfaire des intérêts communs.** Destiné à répondre à un problème de voisinage, le bornage satisfait des intérêts communs. En conséquence :

– le bornage est facultatif, n'étant mis en œuvre que si l'un des voisins en fait la demande. En conséquence, certaines propriétés ne sont pas bornées. Cette carence est regrettable. Elle favorise les conflits, en particulier en cas d'empiétement. C'est pourquoi, en cas de promesse ou de vente de terrain destinée à recevoir une construction, l'acte doit mentionner s'il a été précédé d'un bornage qui devra alors être joint au contrat[1]. Cette disposition incite à réaliser des bornages. Certains auteurs auraient souhaité rendre cet acte obligatoire[2] ;

– le bornage est réalisé à frais communs (C. civ., art. 646) ;

– l'action en bornage présente l'originalité d'ouvrir une instance double ou réciproque dans laquelle les deux voisins sont à la fois demandeurs et défendeurs, quel que soit l'initiateur de cette demande. La charge de la preuve appartient donc aux deux et est répartie entre eux ;

– la réalisation du bornage peut être amiable et résulte alors d'une convention consensuelle, en général sous forme d'un plan établi par un géomètre-expert et signé de tous les intéressés. Ces formes, bien que légères, doivent être respectées pour pouvoir invoquer l'existence d'un « véritable procès-verbal de bornage »[3]. En revanche, en l'absence de bornage amiable et si l'une des parties souhaite délimiter sa propriété, elle peut demander un bornage judiciaire. Il conviendra alors de saisir le tribunal d'instance du lieu où est situé l'immeuble ;

– étant une pure faculté, l'action en bornage est imprescriptible (C. civ., art. 2262).

1. L. n° 2000-1208, 13 déc. 2000 relative à la solidarité et au renouvellement urbains, art. 14, inséré dans C. urb., art. L. 111-5-3.
2. M.-C. Lebreton, « Empiétement et abus de droit », *D.* 2000. 472.
3. Versailles 8 juin 2001, *D.* 2001. IR 3018.

3. Effets de l'opération de bornage

103 **Détermination de la configuration matérielle de la propriété.** Qu'elle soit amiable ou judiciaire, l'opération de bornage a des effets identiques.

– L'opération de bornage fixe la configuration des lieux. Lorsqu'un bornage a été réalisé, les tribunaux doivent le respecter et ne sauraient, à peine de dénaturation, modifier l'emplaccmcnt des bornes. Que ce soit à l'amiable ou en justice, « la délimitation, une fois faite, est immuable (sauf accord entre les parties) »[1]. En conséquence, certains arrêts ont affirmé que le bornage « vaut titre »[2]. Cette affirmation est ambiguë en raison du second effet produit par le bornage.

– L'opération de bornage n'établit pas un titre de propriété. Le bornage, même constaté dans le cadre d'une action en justice, ne constitue pas une preuve de propriété. L'action en bornage n'est pas déclarative de droits. Seul un contentieux ultérieur permettra de fixer la propriété des parcelles en apportant alors des preuves de cette propriété, comme un titre ou une prescription[3]. Un arrêt a pu résumer cette règle en soulignant que « le bornage qui a pour objet de fixer les limites des propriétés ne peut en aucun cas servir de titre translatif de propriété et faire obstacle à la reconnaissance du droit réel de propriété de chacune des parties au bornage, dans les délais de la prescription »[4]. Même en présence d'un procès-verbal de bornage aux termes duquel les parties « reconnaissent l'exactitude de cette limite et s'engagent à s'en tenir dans l'avenir à cette délimitation, quelles que puissent être les données des cadastres anciens ou nouveaux, ou tout autre document qui pourrait être retrouvé », les juges ont admis l'action en revendication de l'une des parties car « l'accord des parties sur la délimitation des fonds n'implique pas, à lui seul, leur accord sur la propriété des parcelles litigieuses »[5]. Le bornage n'est pas un acte translatif

1. J. Carbonnier, *Droit civil*, t. 3, *Les biens*, *op. cit.*, n° 134, p. 231.
2. Civ. 3e, 3 oct. 1972, *Bull. civ.* III, n° 485. Formule reprise par Fort-de-France 28 avr. 1995, *D.* 1997. Somm. 17, obs. A. Robert.
3. V. ss 203 s.
4. Aix-en-Provence 28 avr. 1989, cité par Ch. Atias, *Droit civil, les biens*, *op. cit.*, *n°* 442, p. 333.
5. Civ. 3e, 23 mai 2013, n° 12-13.898, *Bull. civ.* III, n° 62, *RD rural* 2013, comm. 231, par B. Gimonprez.

de propriété et il ne sera donc pas soumis à publicité foncière. Il n'est déclaratif de droits que lorsque l'action en bornage est l'accessoire d'une action principale en revendication. Ainsi une action en bornage peut provoquer l'occasion d'invoquer la prescription acquisitive[1].

B. La clôture

104 **Rapports d'un propriétaire avec sa clôture.** La délimitation de la propriété dans l'espace est facilitée par l'existence de clôtures. Les rapports d'un propriétaire envers sa clôture sont doubles, la loi lui donnant à la fois un droit de se clore (**1**) et une obligation de se clore (**2**).

1. Le droit de se clore

105 **Droit accordé de façon non illimitée.** Le droit de se clore est l'un des acquis de la Révolution. Il a permis aux citoyens de s'opposer au passage de personnes ou d'animaux non souhaités sur leurs propriétés. Il est expressément consacré par le Code civil dans l'article 647, qui ne cite qu'une seule limitation de ce droit, l'existence d'une servitude de passage rendue nécessaire par une situation d'enclavement.

Au-delà de cette limite textuelle, « le droit de se clore est limité par l'obligation de ne pas mettre obstacle à l'exercice d'une servitude quelconque dont le fonds serait grevé au profit d'un autre fonds »[2]. En conséquence, le droit de se clore pourra être limité par toute servitude, qu'elle soit de passage, mais aussi de vue, d'écoulement, de cours communes[3] ou même par une servitude collective communale conférant, par exemple, un droit de passage pour les chasseurs[4].

Le droit de se clore est également limité par l'interdiction d'en faire un usage abusif[5]. La théorie de l'abus de droit a été consacrée dans notre droit par l'arrêt *Clément Bayard* en 1915[6]. Dans

---

1. Civ. 3e, 24 janv. 1990, *D.* 1991. Somm. 20, obs. A. Robert.
2. F. Terré, Ph. Simler, *Droit civil, les biens, op. cit.*, n° 273, p. 237.
3. Sur ces servitudes, v. ss 295 s.
4. Req. 4 janv. 1860, *DP* 1860. 1. 14. La question est désormais régie par C. envir., art. L. 422-1 s.
5. V. ss 114 s.
6. Req. 3 août 1915, *DP* 1917. 1. 19, F. Terré, Y. Lequette, *GAJC, op. cit.*, n° 69, p. 420.

cette espèce fort célèbre, le voisin d'un fabricant de ballons dirigeables avait entouré son terrain de carcasses de bois de 16 mètres de haut surmontées de pics de fer. L'un des dirigeables s'empala sur ce dispositif et le fabricant demanda la destruction des ouvrages. Pour défendre la validité de ses constructions, le voisin invoqua son droit de se clore, en visant l'article 647 du Code civil. Cette argumentation fut rejetée par Cour de cassation qui refusa d'admettre un tel usage du droit de se clore qu'elle qualifia d'abusif. Les juges, grâce à cette théorie de l'abus de droit, continuent à limiter l'usage du droit de se clore. Ainsi, a été refusée une clôture qui avait pour unique but de dissimuler des épaves qui auraient dû être enlevées[1]. En revanche, a été acceptée une clôture très opaque et haute de deux mètres, car elle était justifiée par une recherche d'intimité[2].

2. Obligation de se clore

106 **Obligation imposée sous condition de circonstances précises.** En application de l'article 663 du Code civil, la clôture peut être imposée lorsque quatre conditions sont réunies :

– les terrains sont situés en zone de « ville et faubourg », la détermination de ces notions relevant du pouvoir souverain d'appréciation des juges du fond[3] ;

– les terrains sont affectés à l'habitation, qu'ils soient bâtis ou qu'ils constituent la dépendance d'une construction[4] ;

– le mur est à construire ou à réparer, l'obligation de clôture ne permettant pas d'obtenir le remboursement d'une construction déjà existante[5] ;

– les deux propriétaires des fonds jointifs n'ont pas expressément renoncé à leur droit de demander de clore[6].

1. Civ. 3e, 5 janv. 1993.
2. Bordeaux 1re ch., 20 mars 1995.
3. Caen 1re ch., 21 sept. 1989.
4. Civ. 3e, 3 oct. 1974, *D.* 1975. Somm. 4.
5. Req. 25 juill. 1928, *DP* 1929. 1. 29, note Fréjaville.
6. Req. 10 juin 1874, *D.* 1875. 1. 165.

C. La représentation cadastrale

107 **Présentation du cadastre.** Le cadastre est un ensemble de documents qui donnent un état représentatif et évaluatif de la propriété bâtie et non bâtie. Il est regroupé par commune et comporte un grand nombre de cartes et documents descriptifs des divisions de fonds. La représentation cadastrale semble donc être un instrument essentiel pour déterminer chaque propriété. En fait, elle ne constitue qu'un indice des limites de la propriété, car deux éléments restreignent l'intérêt de ces registres :

– d'une part, le cadastre représente des parcelles et non des propriétés. Les deux notions ne coïncident pas nécessairement, une propriété pouvant comporter plusieurs parcelles et une parcelle pouvant être sous-divisée en plusieurs propriétés ;

– d'autre part, le cadastre n'est qu'un document administratif à usage essentiellement fiscal et n'est pas une preuve des délimitations d'une propriété, n'étant pas établi contradictoirement.

§ 2. Détermination de la hauteur et de la profondeur de la propriété

108 **Détermination de la propriété en trois dimensions.** L'étendue du droit de propriété immobilière n'est pas uniquement fixée grâce à sa délimitation au sol. Notre monde étant en trois dimensions, la détermination du droit de propriété imposera de prendre en compte la propriété du dessus et du dessous (**A**) et de fixer la propriété des eaux qui peuvent jaillir du sol (**B**).

A. Propriété du dessus et du dessous

109 **Règle de principe.** L'article 552 du Code civil énonce une règle simple : « la propriété du sol emporte la propriété du dessus et du dessous ». Cependant, la doctrine unanime a critiqué cette formulation, en démontrant « l'absurdité de l'article 552 » qui serait « dénué de réalisme »[1]. En pratique, cette règle signifie que

1. R. Savatier, *Communication sur la propriété de l'espace*, Travaux de l'Association Capitant, t. XVI, p. 386.

le propriétaire détient des droits sur le dessus et le dessous de fonds.

110 **Le propriétaire détient un droit sur le dessus de son fonds.** Il peut donc réaliser les aménagements de son choix sur cet espace, mais il peut également s'opposer à toute utilisation de cet espace par un tiers. Cette notion d'utilisation est entendue largement. Elle autorise le propriétaire à refuser toute intrusion, quc cc soit sous forme de branche d'arbre, de bâtiment ou même de passage de câble[1] ou de viaduc[2]. Si le tiers édifie une construction au-dessus d'un terrain, le propriétaire du fonds pourra :

- soit lui demander la démolition de cette construction, même si l'empiétement est minime et ne lui cause aucun préjudice[3] ;
- soit récupérer les constructions pour lui en invoquant la règle posée par l'article 553 du Code civil selon laquelle les constructions, plantations et ouvrages sur un terrain sont présumés faits par le propriétaire à ses frais et lui appartiennent, sauf preuve contraire.

111 **Le propriétaire détient un droit sur le dessous de son fonds.** « En pratique, faute pour le propriétaire privé d'être en mesure de fouiller, de creuser et d'explorer en moyenne et grande profondeur, la propriété du dessous reste assez largement théorique »[4]. Néanmoins, cette propriété du dessous entraîne quelques conséquences. Elle permet au propriétaire, par analogie avec le régime de la propriété du dessus, de s'opposer à tous les empiétements, qu'ils se matérialisent sous forme de racine, de prolongement de cave[5], d'extraction[6] etc. Elle lui permet également, selon les termes de l'article 552 alinéa 2 du Code civil, de réaliser « toutes les fouilles

1. Il existe cependant des servitudes dites administratives créées au nom de l'intérêt général qui peuvent obliger le propriétaire à laisser passer des lignes électriques ou de gaz au-dessus de son terrain. V. ss 279.
2. Lorsqu'une administration souhaite imposer ce passage, elle doit exproprier soit en achetant la totalité de l'ouvrage, soit en créant une servitude et doit dans les deux cas acquitter une indemnisation.
3. Civ. 3e, 10 nov. 2010, *JCP* 2011. Chron. 336, n° 4, obs. H. Périnet-Marquet. Sur l'empiétement de façon générale, v. ss 196 s.
4. F. Terré, Ph. Simler, *Droit civil, les biens*, *op. cit.*, n° 205, p. 195.
5. Le propriétaire s'est vu reconnaître la propriété de la cave utilisée depuis toujours par son voisin au motif qu'elle était sous son terrain. Civ. 3e, 13 mai 2015, n° 13-27.342, *JCP* 2015. Chron. 1221, n° 4, obs. H. Périnet-Marquet, *RTD civ.* 2015. 902, obs. W. Dross.
6. Civ. 3e, 11 févr. 2015, n° 13-26.023, *JCP* 2015. Chron. 546, n° 4, obs. H. Périnet-Marquet, *D.* 2015. 1866, obs. L. Neyret.

qu'il jugera à propos et tirer tous les produits qu'elles peuvent fournir, sauf les modifications résultant des lois et règlements relatifs aux mines... »[1]. Cette prérogative a permis aux propriétaires d'un terrain de recevoir 13,34 millions d'euros d'indemnités. Ainsi, trois familles ardéchoises étaient propriétaires d'un fonds en dessous duquel des archéologues découvrirent en 1994 la fameuse grotte Chauvet, qui recèle les peintures rupestres les plus anciennes connues à ce jour. La découverte archéologique déclencha une grave controverse juridique pour l'attribution de ce bien dont la valeur était devenue considérable. En application de la réglementation spéciale en matière de fouilles archéologiques, l'État expropria ces trois familles de leur terrain et il fallut alors déterminer le montant de l'indemnisation. Un premier jugement, rendu en 1997 avait évalué l'indemnité d'expropriation à 31 730 francs (4 836 euros). La cour d'appel de Toulouse, le 26 mars 2001, éleva cette indemnité à 13,34 millions d'euros en considérant qu'il convenait de ne pas seulement prendre en compte les terrains de surface, mais également la grotte qui vaudrait 15 fois celle de Lascaux. C'est donc grâce à la reconnaissance de leurs droits sur le dessous que les propriétaires du fonds ont pu voir leur indemnité multipliée par 2 858[2]!

B. Propriété des eaux

112 **Régime des eaux de source, des cours d'eau et des eaux pluviales.** L'eau entretient de nombreux contacts avec les fonds immobiliers, soit en remontant des profondeurs grâce aux sources, soit en les parcourant grâce aux cours d'eau, soit en descendant du ciel grâce à la pluie. Ces eaux sont soumises à des régimes différents, en dépit de l'affirmation très générale de la loi du 3 janvier 1992 : « l'eau fait partie du patrimoine commun de la nation » et « sa

1. Les mines ne peuvent appartenir qu'à l'État, le droit minier constituant une réglementation très particulière rassemblée dans le Code minier.
2. Ce régime a été modifié par une loi du 17 janv. 2001, inséré à l'art. L. 541-1 du Code du patrimoine selon lequel les dispositions de l'art. 552 du Code civil ne sont pas applicables aux vestiges archéologiques immobiliers. Néanmoins, le décret d'application de ce texte du 24 mai 2011 (n° 2011-573) laisse la possibilité au propriétaire de faire la preuve que ce vestige lui appartient.

protection, sa mise en valeur et le développement de la ressource utilisable, dans le respect des équilibres naturels, sont d'intérêt général ». Lorsque l'eau est salée, son régime est simple. Elle fait partie du domaine public maritime et elle est qualifiée de chose commune[1], les riverains n'ayant qu'un droit d'usage et de passage sur les berges. Lorsque l'eau n'est pas salée, son régime varie suivant son origine :

– selon l'article 641 du Code civil, les eaux pluviales sont à la disposition du propriétaire du fonds qui a le droit d'en user et d'en disposer ;

– les eaux de source, jaillissantes ou souterraines, sont à la disposition du propriétaire du fonds sur lequel elles coulent ou dans lequel elles sont enfouies. Cette prérogative est uniquement limitée par la double obligation, prévue par l'article 642 du Code civil, de laisser les hameaux voisins s'approvisionner et de respecter les droits acquis depuis plus de trente ans par les propriétaires des fonds inférieurs ;

– les eaux courantes comprennent des rivières et des étangs ou lacs traversés par un cours d'eau. Elles sont divisées en deux catégories. D'une part, les eaux navigables qui ne peuvent pas être attribuées à des propriétaires privés, car elles relèvent du domaine public fluvial. D'autre part, les eaux non navigables sur lesquelles leurs propriétaires peuvent exercer un droit de riveraineté les autorisant par exemple à utiliser l'eau pour des arrosages et un droit de propriété du lit leur permettant d'extraire le sable ou les graviers ;

– les eaux stagnantes sont l'accessoire du fonds sur lequel elles se trouvent et appartiennent donc au propriétaire, qu'elles se présentent sous forme de lac, de marais ou d'étang.

1. V. ss 53.

SECTION 2

RESTRICTIONS AU DROIT DE PROPRIÉTÉ

113 **Limites jurisprudentielles au droit de propriété.** Le droit de propriété n'est pas uniquement restreint par des frontières physiques. Au-delà de ces limites spatiales, il est limité par des interventions législatives ponctuelles qui permettent à l'État de priver un propriétaire de son bien[1]. De façon plus générale, la jurisprudence a également restreint le droit de propriété par l'interdiction d'abuser de son droit (**§ 1**) et de troubler son voisinage (**§ 2**).

§ 1. L'abus de droit

114 **Fondements de la théorie de l'abus de droit.** D'application générale dans tous les domaines du droit, la théorie de l'abus de droit est née en droit des biens.

Pour déterminer son caractère acceptable, il a fallu choisir entre les deux conceptions possibles du droit de propriété.

Selon la première conception, ce droit attribuerait à son titulaire une sphère de pleine liberté, car il lui serait conféré dans un intérêt égoïste. Le propriétaire pourrait donc faire un exercice totalement libre de ses droits, sans aucune restriction, tant qu'il les exerce sur un bien qui lui appartient.

Selon la seconde conception, « la propriété n'est pas un droit ; elle est une fonction sociale. Le propriétaire [...] a, du fait qu'il détient une richesse, une fonction sociale à remplir ; tant qu'il remplit cette mission, ses actes de propriétaire sont protégés. S'il ne la remplit pas, ou la remplit mal, l'intervention des gouvernants est légitime pour le contraindre à remplir ses fonctions sociales de propriétaire, qui consistent à assurer l'emploi des richesses qu'il détient conformément à leur destination »[2]. Cette

1. V. ss 83 s.
2. L. Duguit, *Les transformations générales du droit privé depuis le Code Napoléon*, 2e éd., 1912, 1920.

conception a une influence sur les modes d'acquisition de la propriété. Elle légitime le refus de continuer à considérer comme propriétaire celui qui ne remplit pas sa fonction sociale et de reconnaître alors la qualité de propriétaire au possesseur qui exerce cette fonction[1]. Elle oblige également les titulaires de droits à respecter cet objectif de satisfaction de la fonction sociale. En conséquence, l'exercice de ces prérogatives dans un autre but n'est pas autorisé et pourra être qualifié d'abusif.

115 **Application de la théorie de l'abus de droit.** Lorsque la Cour de cassation a dû apprécier la validité de construction de pics en fer de plusieurs dizaines de mètres de hauts dans l'unique but de nuire à un voisin constructeur de dirigeables, elle a opté pour la seconde conception de la propriété. En effet, elle a considéré que « l'installation sur un terrain d'un dispositif ne présentant pour son propriétaire aucune utilité et n'ayant d'autre but que de nuire à autrui constitue un abus du droit de propriété »[2]. L'abus de droit permettra de contester la validité de l'utilisation de certains droits dans une finalité différente de celle qui leur a été reconnue. Ainsi, l'usage du droit de propriété sera qualifié d'abusif lorsque son titulaire l'exerce dans le but de nuire à autrui. Il est difficile d'apporter la preuve des intentions du propriétaire et l'abus sera donc présumé, dès lors que l'usage est dépourvu d'utilité pour son auteur. Le propriétaire sera alors tenu de réparer les conséquences de son abus par la cessation du trouble assortie le plus souvent du paiement de dommages-intérêts.

L'abus de droit restreint l'exercice du droit de propriété. Néanmoins, cette limite est difficile à mettre en œuvre. Elle nécessite une preuve souvent délicate à apporter et elle ne peut être invoquée qu'à l'encontre d'un propriétaire. Elle est donc aujourd'hui « concurrencée très directement par la théorie des troubles du voisinage, afin de résoudre les problèmes nés des relations entre propriétaires voisins »[3].

1. V. ss 146.
2. Req. 3 août 1915, arrêt préc. ss 105.
3. F. Terré, Y. Lequette, *GAJC*, *op. cit.*, n° 69, p. 420.

§ 2. Les inconvénients anormaux de voisinage

116 **Troubles fréquents dus à la présence presque systématique de voisins.** Pour un propriétaire, la présence de voisins est plus souvent constitutive de préjudices que d'agrément. Les voisins plantent donc créent de l'ombre, se chauffent donc produisent de la fumée, jouent donc font du bruit, mangent donc diffusent des odeurs... L'isolement est une situation rare qui se raréfie avec la désertification des campagnes et le pourcentage croissant d'habitat en milieu urbain. Aujourd'hui, la présence de voisins devient une situation presque systématique et il est impossible d'interdire toutes ces nuisances. La jurisprudence a été amenée à distinguer entre les troubles normaux et les troubles anormaux de voisinage. Elle a développé une théorie des inconvénients anormaux du voisinage au fondement original (**A**) et aux applications nombreuses (**B**).

A. Fondement de l'interdiction des inconvénients anormaux de voisinage

117 **Développement de la théorie des inconvénients anormaux de voisinage.** La théorie des inconvénients anormaux de voisinage apparaît de prime abord être une simple application de la responsabilité civile de droit commun. Un dommage serait subi en raison du comportement fautif d'un auteur. Appliquant cette logique, les premières condamnations ont donc été prononcées sur le fondement de l'ancien article 1382 du Code civil (auj. 1240), les tribunaux estimant que, en causant un dommage, l'auteur avait dépassé les limites normales de son droit et, par conséquent, agi sans droit. Mais un tel fondement restreint fortement l'application de cette théorie, car il oblige à établir une faute qui n'apparaît pas toujours clairement. En général, le soi-disant responsable n'a nullement eu l'intention de nuire à ses voisins. Il a agi dans un intérêt sérieux et légitime, ce qui le sépare du propriétaire qui abuse de son droit. Parfois, le propriétaire incriminé a même pris toutes les précautions imposées par les règlements administratifs

et son comportement sera encore plus difficile à qualifier de fautif. Il paraît alors difficile de justifier des poursuites sur un fondement de responsabilité pour faute.

La jurisprudence a connu un mouvement général de développement de la responsabilité sans faute. Dans ce contexte, elle a pu retenir une responsabilité sur le fondement de l'ancien article 1384 du Code civil (auj. 1242) dans des cas d'écroulement de falaise ou de diffusion de vapeurs qui causaient un dommage à un voisin sans qu'une faute ne soit véritablement caractérisée. Une étape importante a été franchie par un arrêt du 4 février 1971 qui, tout en fondant sa décision sur l'ancien article 1382 (auj. 1240), considère que « le propriétaire voisin de celui qui construit légitimement sur son terrain est néanmoins tenu de subir les inconvénients normaux du voisinage, en revanche, il est en droit d'exiger une réparation dès lors que des inconvénients excédent cette limite »[1].

Poursuivant son évolution, la jurisprudence a élaboré un régime autonome, qui permet de retenir la responsabilité d'un voisin non seulement en l'absence de faute, mais également lorsque les conditions d'application de la responsabilité sans faute ne sont pas réunies. Il faut et il suffit que le trouble revête un caractère grave et continu pour que son auteur soit tenu de le réparer[2]. Sans se référer à aucun article du Code civil, la jurisprudence fonde désormais ses décisions sur une affirmation qu'elle a créée de toutes pièces et qui prend la forme d'un principe général du droit : « nul ne doit causer à autrui un trouble anormal du voisinage ». Les juges ont clairement énoncé qu'une condamnation pouvait être prononcée « sans avoir à recherche une faute »[3] et que l'ancien article 1384, alinéa 1er (auj. 1242, al. 1er), était « étranger à la réparation des troubles du voisinage »[4]. Certaines décisions rattachent directement la théorie des inconvénients

1. Civ. 3e, 4 févr. 1971, *Bull. civ.* III, n° 80, *JCP* 1971. II. 16781, note Lindon, F. Terré, Y. Lequette, *GAJC*, *op. cit.*, n° 82, p. 470.
2. L'exigence de caractère continu est apparue plus récemment dans les arrêts, v. par ex., Civ. 2e, 5 févr. 2004, *D.* 2004. Somm. 2468, obs. N. Reboul-Maupin.
3. Civ. 3e, 12 févr. 1992, *RCA* 1992. 179.
4. Civ. 2e, 20 juin 1990, *Bull. civ.* II, n° 140, *RCA* 1990. 328.

anormaux de voisinage à l'article 544 du Code civil[1]. Dans la logique du détachement du fondement de la faute, les juges ont rappelé que la simple infraction aux dispositions réglementaires n'était constitutive de troubles de voisinage que si l'anormalité du dommage était caractérisée[2]. Le projet de réforme de la responsabilité civile, présenté le 13 mars 2017 par le ministre de la Justice, comporte un article 1244 du Code civil spécialement dédié aux « troubles anormaux de voisinage »[3].

B. Application de l'interdiction des inconvénients anormaux de voisinage

118 **Double difficulté d'application de cette théorie.** L'application du principe général de responsabilité en matière de troubles du voisinage permet de faire cesser le trouble, et d'obtenir des dommages-intérêts. Elle pose deux problèmes, d'une part de déterminer les excuses acceptables pour l'auteur du trouble (**1**) et, d'autre part, de situer le seuil de nuisance à partir duquel apparaît l'anormalité (**2**).

1. Détermination des excuses acceptables de l'auteur du trouble

119 **Excuses refusées.** L'auteur du trouble ne peut s'exonérer de sa responsabilité en invoquant son absence de faute, car son obligation de réparer n'est pas fondée sur une responsabilité pour faute, mais sur une présomption de responsabilité. Ainsi, l'absence d'intention de nuire à ses voisins et la preuve que tous les actes réalisés constituent l'exercice légitime d'un droit ne sont pas des excuses acceptées, même si le droit a été accordé par une autorisation administrative. Dans ce cadre, l'obtention d'un permis de construire pour la création d'une cheminée ou d'une autorisation administrative pour l'exercice d'un commerce rapide n'ont pas permis de faire échec aux prétentions d'un voisin qui souffrait de nuisance. En effet, l'autorisation correspond au respect d'un intérêt public de salubrité et de sécurité, mais elle ne constitue pas

1. Civ. 2e, 23 oct. 2003, *JCP* 2004. I. 125, n° 2, obs. H. Périnet-Marquet. Pour un panorama des différents fondements invocables et invoqués, v. G. Mémeteau, « Inconvénients anormaux de voisinage : quelle qualification ? », *LPA* 2012, n° 160, p. 6.
2. Civ. 3e, 6 mai 2008, *D.* 2008. 2465, obs. B. Mallet-Bricout et N. Reboul-Maupin.
3. V. ss 119 et 121.

une garantie de l'absence de nuisance à des intérêts privés. L'article 1244, alinéa 2 du projet de réforme de la responsabilité civile, consacrerait cette jurisprudence dans la loi. Il dispose que « lorsqu'une activité dommageable a été autorisée par voie administrative le juge peut cependant accorder des dommages-intérêts ou ordonner des mesures raisonnables permettant de faire cesser le trouble ».

L'auteur du trouble ne peut pas non plus s'exonérer de sa responsabilité en invoquant l'existence d'une servitude. En effet, une servitude n'excuse pas les embarras excessifs subis par le fonds voisin. Les juges du fond doivent rechercher si les troubles subis par le propriétaire du fonds servant, du fait de l'exercice de la servitude acquise par le propriétaire du fonds dominant, excédent ou non, ce qui est peut-être acceptable[1].

120 **Excuses acceptées.** Deux seules excuses permettent à l'auteur d'un trouble du voisinage d'écarter son obligation de réparer.

En premier lieu, sa responsabilité présumée sera exonérée s'il existe un fait d'un tiers qui revêt les caractères de la force majeure. Le comportement du tiers devra donc être à la fois imprévisible et irrésistible pour que le propriétaire soit exonéré de son obligation d'indemniser ses voisins auxquels il fait subir des troubles. Les juges du fond qualifient difficilement une situation de force majeure. Ainsi, ils ont considéré qu'un propriétaire ne saurait se décharger de toute responsabilité au motif que son immeuble est occupé par des squatters suite à l'inexécution d'une mesure d'expulsion, car ces circonstances ne constituaient pas un événement de force majeure[2].

En second lieu, la responsabilité présumée de l'auteur du trouble sera écartée lorsque son occupation des lieux est antérieure à celle de la victime. Il y aurait une certaine acceptation des risques par celui qui s'est installé à côté d'une usine malodorante bruyante et polluante. Par une position constante depuis des arrêts anciens, la jurisprudence avait refusé cette exonération de responsabilité, interdisant ainsi au premier occupant de fixer la destina-

1. Civ. 3e, 26 juin 1996.
2. Paris 14e ch. A, 25 févr. 1998.

tion d'un lieu et de déterminer ce qui serait normal ou anormal dans l'avenir. Cette solution a été partiellement écartée par le législateur. Une loi du 31 décembre 1976, insérée dans un article L. 112-16 du Code de la construction et de l'habitation, a énoncé qu'en matière agricole, industrielle, artisanale ou commerciale, la préoccupation individuelle permet une exonération de responsabilité du premier occupant s'il respecte la réglementation afférente à son activité[1]. La Cour de cassation applique ce texte de façon restrictive. Elle refuse qu'il soit invoqué dans des situations non expressément visées comme les rapports de copropriété et a admis la nuisance subie par les copropriétaires d'un immeuble bien que causée par un supermarché installé avant eux mais qui était locataire de locaux appartenant à un des copropriétaires de l'immeuble[2]. Dans ce cas, il est même possible pour un syndicat des copropriétaires d'agir « à l'encontre d'un des copropriétaires sur le fondement d'un trouble anormal de voisinage »[3]. La prise en compte de l'affectation antérieure des lieux a conduit à la reconnaissance d'une sorte de patrimoine sensoriel des compagnes françaises. Ainsi, ne sont pas qualifiés de troubles du voisinage les odeurs de fumiers, chant matinal du coq ou braiement d'âne, invoqués par les « néoruraux », ces cadres - de plus en plus nombreux - qui, lassés des grandes villes, s'installent à la campagne.

2. Détermination des situations anormales de nuisance entre voisins

121 **Nécessité de préciser les notions de voisin et de trouble anormal.** La détermination de la notion de situation anormale entre voisins nécessite une double précision.

- Qu'est-ce qu'un voisin ?

La notion de voisinage correspond à toutes les relations de proximité, qu'elles soient régies par une copropriété, une colocation, une mitoyenneté de deux propriétaires ou une simple proximité géographique. La contiguïté n'est pas exigée et l'exploitant

1. Ce texte a été validé par le Conseil constitutionnel, décis. n° 2011-116 QPC, 8 avr. 2011, *JO* 9 avr. 2011, p. 6301, *JCP* 2011. 1298, n° 1, obs. H. Périnet-Marquet ; *D.* 2011. 2310, obs. N. Reboul-Maupin.
2. Civ. 2e, 7 févr. 2007, *D.* 2008. 2466, obs. B. Mallet-Bricout et N. Reboul-Maupin.
3. Civ. 3e, 11 mai 2017, n° 16-14.339, P, *JCP* 2017. 1142, n° 9, obs. H. Périnet-Marquet ; *D.* 2017. 1789, obs. L. Neyret, *RTD civ.* 2017. 669, obs. W. Dross.

d'un aéroport doit réparer les troubles qu'il cause aux habitants, même si leurs maisons ne lui sont pas contiguës[1]. De même, le maintien d'une cohabitation n'est pas imposé et des travaux destinés à mettre fin aux troubles ont été imposés alors que les demandeurs avaient déménagé depuis plusieurs années[2]. Enfin, peu importe que l'origine du dommage soit située sur le domaine public, par exemple où se trouvait une pelle mécanique qui a arraché une conduite de gaz[3].

– Qu'est-ce qu'un trouble anormal ?

Les juges du fond ont un pouvoir souverain d'appréciation du caractère anormal d'un trouble du voisinage, en fonction des circonstances de temps et de lieu[4], en particulier si la zone est « fortement urbanisée »[5]. La liste de ces troubles est de ce fait longue et hétéroclite, leur caractère anormal étant fonction du contexte et en particulier, du caractère résidentiel ou urbain de la zone, de la durée du trouble...

La jurisprudence tend à admettre une conception de plus en plus large de ces deux notions[6]. Ainsi, elle a retenu la responsabilité de « voisins occasionnels », c'est-à-dire de tous les participants aux travaux de rénovation d'un immeuble (locateur d'ouvrage, architecte, et entrepreneur) pour troubles de voisinage suite à un chantier[7], à la condition qu'ils aient participé matériellement à la réalisation des travaux[8] et que les troubles aient un lien direct avec la réalisation de leurs missions[9]. Le projet de réforme de la

1. Civ. 2e, 8 mai 1968, *Bull. civ.* II, n° 122, *D.* 1968. 609, *JCP* 1968. II. 15595, note M. de Juglart et E. du Pontavice.
2. Civ. 3e, 3 mars 2016, n° 14-14.534, *D.* 2016. 1789, obs. L. Neyret.
3. Civ. 3e, 8 nov. 2018, n° 17-24.333, *D.* 2019. 1804, obs. N. Reboul-Paupin, arrêt qui applique la théorie du « lien direct » cité supra.
4. Civ. 3e, 3 nov. 1977, *D.* 1978. 434, note B. Caballero. Deux arrêts rendus à quelques jours d'intervalle ont donc pu apporter une qualification opposée à la perte d'ensoleillement consécutive à la construction d'un immeuble voisin (Civ. 3e, 19 janv. 2017, n° 15-28.591 et Civ. 3e, 26 janv. 2017, n° 15-16.977).
5. V. par ex. Civ. 3e, 17 mai 2018, n° 17-18.238, *AJDI* 2019. 76, obs. F. Karamani-Pelacuer.
6. Sur ce mouvement, v. F.G. Trébulle, « Remarques sur l'extension du champ d'application de la théorie des troubles du voisinage », *RDI* 2005. 161.
7. Civ. 3e, 22 juin 2005, *D.* 2005. 1962 et *D.* 2006. 40, note J.-P. Karina. Sur la répartition de la charge finale de la condamnation entre les co-obligés, Civ. 3e, 20 déc. 2006, *D.* 2007. 148, note I. Gallmeister.
8. Civ. 3e, 21 mai 2008, *D.* 2008. 2466, obs. B. Mallet-Bricout et N. Reboul-Maupin, 2894, obs. P. Jourdain.
9. Civ. 3e, 9 févr. 2011, n° 09-71.570, *D.* 2011. 2307, obs. N. Reboul-Maupin. Civ. 3e, 8 nov. 2018, n° 17-24.333, *RTD civ.* 2019. 140, note W. Dross.

responsabilité civile, présenté le 13 mars 2017, prévoit de canaliser la responsabilité sur « le propriétaire, le locataire, le bénéficiaire d'un titre ayant pour objet principal de l'autoriser à occuper ou à exploiter un fonds, le maître de l'ouvrage ou celui qui en exerce les pouvoirs », ce qui exclurait les « voisins occasionnels ». La jurisprudence en vigueur a qualifié de trouble anormal la gêne esthétique créée par le dépôt de matériels usagés[1] et même un simple risque de dommage, par exemple d'incendie en raison du stockage de fourrage à moins de dix mètres d'une maison d'habitation[2] ou le risque d'effondrement en raison de l'absence de mise en œuvre d'un mur de gros œuvre permettant de maîtriser les terres et les eaux[3]. En revanche, les juges du fonds adoptent des positions contradictoires à propos des antennes-relais implantées suite à une autorisation administrative, tout en admettant l'absence de certitude de leur caractère nocif[4]. Il est donc souhaitable que « dans un avenir proche, la Cour de cassation vienne rétablir un peu d'ordre et de sécurité juridique dans le fondement de l'action des voisins contre l'exploitant de l'antenne »[5], sa seule réponse étant jusqu'alors d'affirmer la compétence du juge judiciaire et non administratif pour connaître de l'action en cessation de troubles anormaux avérés, causés par l'antenne sur la santé des riverains[6]. L'adoption du nouvel article 1244 permettra peut-être d'apporter une évolution.

1. Civ. 2e, 24 févr. 2005, *JCP* 2005. I. 181, n° 5, obs. H. Périnet-Marquet.
2. Civ. 2e, 11 sept. 2014, n° 13-23.049, *D.* 2015. 1873, obs. L. Neyret.
3. Civ. 2e, 24 oct. 2019, *D.* 2020. 17623, obs. N. Reboul-Maupin.
4. TGI Nanterre 8e ch., 18 sept. 2008, *D.* 2008. 2916, note M. Boutonnet, confirmé par Versailles 4 févr. 2009, n° 08/08775, *D.* 2009. 2303, obs. N. Reboul-Maupin. Solution confirmée par Montpellier 5e ch. A, 15 sept. 2011, n° 10/04612, *D.* 2012. 2136, obs. N. Reboul-Maupin. *Contra* Aix-en-Provence 15 sept. 2008, n° 06/110, infirmant TGI Toulon 20 mars 2006, *Richard G.* qui a considéré trois jours avant le jugement de Nanterre qu'aucun risque sanitaire n'était établi. Solution confirmée par Chambéry 2e ch., 4 févr. 2010, n° 09/00731, *D.* 2010. Act. 707 et 2187, note N. Reboul-Maupin.
5. N. Reboul-Maupin, obs. préc. *D.* 2012. 2136.
6. Civ. 1re, 17 oct. 2012, n° 11-19.259, *RDI* 2012. 612, obs. A. Van Lang.

TITRE 2

ACQUISITION DE LA PROPRIÉTÉ

122 **Quatre modes d'acquisition de la propriété.** Le plus souvent, la propriété est acquise suite à la transmission d'un précédent propriétaire. Ce mode d'acquisition de la propriété le plus courant mérite d'être étudié en premier (CHAPITRE 1). Les autres modes sont qualifiés d'originaires, car ils ne reposent pas sur une transmission. Ils permettent une acquisition de la propriété soit par occupation (CHAPITRE 2), soit par possession (CHAPITRE 3), soit par accession (CHAPITRE 4).

CHAPITRE 1

Acquisition de la propriété par titre

123 **Diversité des modes d'acquisition de la propriété par titre.** L'acquisition d'une propriété par titre correspond à une transmission d'un titulaire à son successeur. Le titulaire actuel du droit est appelé auteur et l'acquéreur est appelé l'ayant cause du propriétaire dont il tient son droit. Le transfert de propriété pourra être effectué par des modes très divers, qui sont énumérés par le Code civil aux articles 711 et 712. Les auteurs ont tenté de les classer, car chacun soumet le transfert de propriété à un régime différent (SECTION 1). Au-delà de ces différences, ils connaissent une spécificité : toutes les transmissions d'immeubles nécessiteront la réalisation d'une formalité particulière, la publicité foncière (SECTION 2).

SECTION 1

LE TRANSFERT DE PROPRIÉTÉ

124 **Principe commun à tous les modes de transfert.** La propriété peut être transférée à cause de mort et les règles applicables seront alors étudiées dans le cadre du droit des successions. Lorsqu'elle est transmise entre vifs, le transfert se fait par convention. La

réalisation d'un transfert de propriété est la caractéristique des obligations de donner que le Code civil ne distingue plus des obligations de faire ou de ne pas faire. Plusieurs contrats permettent de transférer la propriété : la vente, l'échange ou la donation. Au-delà de leurs différences de régime, ces diverses conventions ont toutes comme point commun d'appliquer le principe énoncé par l'article 1196 du Code civil : « Dans les contrats ayant pour objet l'aliénation de la propriété ou la cession d'un autre droit, le transfert s'opère lors de la conclusion du contrat ». Pour transférer la propriété par convention, le consensualisme constitue donc le principe (**§ 1**), mais il connaît des restrictions (**§ 2**).

§ 1. Principe du consensualisme

125 **Description du principe du consensualisme.** Selon le principe du consensualisme, la propriété se transmet par le seul échange des consentements. Il suffit de constater la simple rencontre d'une offre et d'une acceptation. Un contrat consensuel sera formé sans avoir à accomplir aucune formalité, que ce soit la rédaction d'un écrit ou le recopiage de formules quasi-sacramentelles et sans avoir à exécuter d'actes comme la livraison d'une chose ou le paiement d'un prix. Pour transférer une propriété, il suffit que le propriétaire en fasse l'offre et qu'un acquéreur réponde « oui, j'accepte ». La réalité de ce principe doit néanmoins être nuancée par des contraintes de preuve, car si l'échange de volonté est purement verbal et se fait dans un lieu isolé, à l'abri des regards, la convention sera difficile à prouver.

126 **Application du consensualisme au transfert de propriété.** Le Code civil a affirmé que le principe du consensualisme est applicable au transfert de propriété. Cette règle constitue une différence marquante par rapport au système du droit romain, qui distinguait entre la convention de transfert de propriété simplement créatrice d'une obligation personnelle de faire et une convention ultérieure appelée *mancipio*, qui supposait l'accomplissement d'une formalité pour réaliser le véritable transfert de propriété.

Ce principe a des conséquences pratiques importantes.

Il impose d'appliquer les obligations dès que le contrat a été conclu. Le transfert de propriété est réalisé par la simple rencontre de l'offre et de l'acceptation, les obligations réciproques sont à exécuter dès ce moment-là. La solution est expressément posée par l'article 1583 du Code civil à propos de la vente qui « est parfaite entre les parties, et la propriété est acquise de droit à l'acheteur à l'égard du vendeur, dès qu'on est convenu de la chose et du prix, quoique la chose n'ait pas encore été livrée ni le prix payé ». Cette règle est très dangereuse car un vendeur qui ne prendrait pas de précautions conventionnelles supplémentaires, risquerait d'être privé de sa propriété, alors qu'il n'a pas encore touché son argent.

Le principe du consensualisme a une seconde conséquence pratique importante. Le transfert de propriété commande celui des risques, selon la formule latine *res perit domino*. Le propriétaire supporte la perte de la chose, lorsque celle-ci arrive fortuitement. Néanmoins, cette règle ne s'applique dans les faits qu'aux corps certains, le transfert de propriété des choses de genre n'étant réalisé que lors de leur individualisation[1].

§ 2. Restrictions au principe du consensualisme

127 **Clause de réserve de propriété.** Le consensualisme peut être écarté par les parties qui décident d'insérer une clause retardant le transfert de propriété, le subordonnant à un événement qu'ils auront choisi, en général le paiement intégral du prix. Cette stipulation est appelée clause de réserve de propriété. Elle est fréquente, en particulier dans les relations internationales, car elle constitue une garantie efficace pour l'acheteur qui conserve toute la protection liée à sa qualité de propriétaire jusqu'au paiement intégral du prix.

128 **Vente d'un objet futur.** Une autre restriction au principe du consensualisme est imposée par une impossibilité matérielle d'applica-

1. V. ss 58.

tion du principe lorsque la convention porte sur un objet futur, qui n'existe pas encore. Par exemple, l'article 1601-2 du Code civil énonce qu'en cas de vente à terme, dans laquelle le vendeur s'engage à livrer l'immeuble à son achèvement alors que l'acheteur s'engage à en prendre livraison et à en payer le prix à la date de la livraison, « le transfert de propriété s'opère de plein droit par la constatation par acte authentique de l'achèvement de l'immeuble ».

129 **Revendication simultanée de la même chose par deux personnes.** La translation de propriété par simple effet du consensualisme connaît également une limite lorsque deux personnes font valoir, au même moment, des droits sur la même chose. Cette situation est alors réglée en matière mobilière au profit de celui qui établit sa possession[1] et en matière immobilière grâce au mécanisme de la publicité foncière.

Section 2
La publicité foncière

130 **Origine de la publicité foncière.** L'origine de la publicité foncière est liée à celle de l'hypothèque. En créant une telle sûreté sans dépossession, il devenait indispensable d'organiser une publicité qui assure son efficacité. Ce lien explique que la publicité foncière ait conservé le nom de « conservation des hypothèques ». La disparition du corps des conservateurs des hypothèques et leur remplacement par des fonctionnaires moins nombreux et parfois mal qualifiés a entraîné un retard considérable dans la publicité des actes. En outre, les textes qui régissent la publicité foncière « sont aujourd'hui parfaitement illisibles, largement périmés, dépourvus de principes directeurs, dispersés en de multiples endroits, encombrés de règles d'intérêt et de portée quasi nuls »[2]. Le 12 novembre 2018, la commission sur la modernisation de la publicité foncière a donc remis

1. V. ss 160 s.
2. W. Dross ; *RTD civ.* 2019. 132.

son rapport décrivant les dispositions à modifier[1]. L'efficacité réelle du régime actuel de publicité sera appréciée (**§ 2**), après avoir décrit son organisation (**§ 1**).

§ 1. Organisation de la publicité foncière

131 **Description de l'inscription.** L'affirmation du caractère consensuel du transfert de propriété contredit l'opinion courante selon laquelle, en matière immobilière « aucune vente ne peut se faire sans l'intervention d'un notaire ». Cette idée repose sur la place occupée par les notaires dans l'organisation de la publicité foncière et donc indirectement dans le formalisme lié aux ventes immobilières. L'intervention obligatoire du notaire n'a aucun fondement textuel. En effet, le seul texte applicable est l'article 4 du décret du 4 janvier 1955 selon lequel : « tout acte sujet à publicité dans un bureau des hypothèques doit être dressé en la forme authentique ». Ce formalisme n'oblige pas à faire intervenir spécifiquement un notaire. En effet, l'acte authentique est un écrit établi par un officier public et peut être par exemple réalisé par un huissier. Quel que soit son auteur, l'acte authentique de transfert de propriété sera ensuite soumis à publicité.

La publicité foncière est réalisée par un service administratif dirigé par le conservateur des hypothèques, dont le statut est hybride entre le public et le privé. D'une part, c'est un fonctionnaire dépendant du ministère de l'économie et des finances. D'autre part, il reçoit une rémunération qui est fonction du nombre d'actes enregistrés et il a un régime de responsabilité spécifique sur ses biens propres en application de l'article 2450 du Code civil. Son pouvoir est à l'image de celui du greffier du tribunal de commerce en matière de publication au registre du commerce et des sociétés. Son rôle est limité à un enregistrement et il ne contrôle pas la validité de l'acte.

132 **Description des registres.** Le registre des hypothèques comprend un fichier principal appelé fichier immobilier, qui a été créé pour

1. H. Périnet-Marquet, « Bientôt une réforme de la publicité foncière », *JCP* 2018. 1266.

exposer la situation juridique actuelle des immeubles, telle qu'elle résulte des documents publiés[1]. Il est constitué grâce aux renseignements déposés dans quatre autres registres établis chronologiquement : celui des inscriptions (privilèges, hypothèques...), celui des publications (ventes, jugements, donations, successions...), celui des saisies immobilières et celui des dépôts où sont enregistrés les actes soumis à publicité.

133 **Actes soumis à publicité.** La publicité est obligatoire pour de nombreux actes. Elle s'impose pour tous les actes conférant à leur bénéficiaire un droit réel principal sur un immeuble (propriété, usufruit, usage et habitation, emphytéose, droit de superficie, servitude...), qu'ils fassent suite à une mutation (vente, échange, apport, donation...) ou qu'ils soient constitués (servitude, bail à construction, usufruit, droit d'usage...). Elle s'impose également pour les demandes en justice tendant à l'anéantissement rétroactif d'un droit antérieurement publié[2].

134 **Règle de l'effet relatif de la publicité.** Selon l'article 3 du décret du 4 janvier 1955, « aucun acte ou décision judiciaire sujet à publicité dans un bureau des hypothèques ne peut être publié si le titre du disposant ou dernier titulaire n'a pas été valablement publié, conformément aux dispositions du présent décret ». Cette règle dite de l'« effet relatif » signifie que ne peuvent être publiés que des actes portant des droits qui étaient établis avec certitude pour celui qui les a transmis. La publication suppose une chaîne de droits dûment attribués et transférés. Cette contrainte assure une garantie de correspondance entre les droits publiés et leurs titulaires réels. Les effets de la publication restent malgré tout limités.

§ 2. Effets de la publicité foncière

135 **Absence d'effet probatoire de la publicité foncière.** Bien qu'elle soit une règle formelle lourde, l'inscription sur les registres de la publi-

1. Décr. 4 janv. 1955, art. 1er.
2. Décr. 4 janv. 1955, art. 28-4°, c et 30-5. Un arrêt a refusé d'imposer la publication pour une demande tendant à déterminer la ligne séparative de fonds, car elle ne portait pas atteinte à un droit antérieurement publié. Civ. 3e, 26 mai 2004, *Bull. civ.* III, n° 110.

cité foncière a des effets assez limités. En Australie, en Allemagne ou en Suisse, la publicité foncière permet d'élaborer un livre foncier, car elle s'appuie sur un cadastre et elle est tenue par un magistrat qui dispose d'un pouvoir de vérification des droits et des actes. En conséquence, elle est non seulement translative de droit, mais également constitutive de droit et permet de faire la preuve de la propriété. Le système français ne produit pas cet effet. Il n'est donc pas probatoire, car aucune vérification des actes publiés n'est opérée et il ne permet que de rendre l'acte opposable aux tiers.

136 **Opposabilité de l'acte publié par le propriétaire de bonne foi.** Un immeuble est vendu par Monsieur A à Monsieur B le 15 septembre et l'acte de vente n'est pas publié. Il est valable entre les parties et la propriété a été transmise, mais il sera inopposable aux tiers, ce qui signifie que les tiers ne pourront s'en prévaloir. En conséquence, si Monsieur A souhaitant réaliser une escroquerie, revend le même bien le 30 septembre de la même année, à Monsieur C qui fait publier son acquisition, le propriétaire pour les tiers sera Monsieur C. Quels seront alors les droits de Monsieur B ? Il sera légitimement propriétaire, mais uniquement envers son vendeur et il pourra donc se retourner contre celui-ci pour obtenir des dommages-intérêts. Une querelle entre deux acquéreurs successifs ne se résout pas au profit de celui qui a acquis les droits le premier, mais au profit de celui qui a fait publier ses droits le premier.

Cette règle connaissait cependant une exception lorsque le deuxième acquéreur était de mauvaise foi, en pratique lorsqu'il avait connaissance de l'opération antérieure. La position jurisprudentielle est illustrée par une espèce soumise à la justice, où une promesse de vente synallagmatique avait été consentie par un Monsieur A à un Monsieur B qui était locataire de l'immeuble. Cette promesse n'ayant pas été publiée, Monsieur A avait vendu l'immeuble à Monsieur C qui connaissait l'existence de la promesse antérieure, mais qui avait fait publier son achat afin qu'il devienne opposable aux tiers. La cour d'appel déclara Monsieur C propriétaire en vertu du titre conféré par la publicité antérieure. Cet arrêt fut cassé, car « l'acquisition d'un immeuble en connaissance de sa précédente cession à un tiers est constitutive d'une faute qui ne permet pas au second acquéreur d'invoquer à son profit les règles de la publicité foncière »[1]. La Cour de Cassation a ensuite opéré un revirement total de sa position. Tout d'abord, dans un arrêt du 10 février 2010, elle a jugé qu'un compromis non publié est inopposable aux tiers, dont il est pourtant établi qu'ils en avaient « parfaitement connaissance »[2]. Un arrêt du 12 janvier 2011 est allé plus loin : il se contente de relever que l'acquéreur premier en date « ne pouvait justifier d'une publication », et montre ainsi que c'est l'attitude du premier acquéreur qui sera déterminante, celle du second, même de mauvaise foi, ne devant pas être pris en compte. Ainsi, selon cet arrêt, que le second acquéreur soit de bonne foi ou de mauvaise foi, « le conflit entre un premier acquéreur, dont les droits sont nés d'une promesse de vente sous seing privé et qui ne peut justifier d'une publication, et un second acquéreur, pouvant se prévaloir d'un acte authentique publié, doit être résolu au profit de celui-ci »[3]. La position a été remise en cause par l'ordonnance de réforme du droit des obligations du 10 février 2016. A été introduit dans le Code civil un article 1198 qui retient une conception subjective de la publicité. « Lorsque deux acquéreurs successifs d'un même meuble corporel tiennent leur droit d'une même personne, celui qui a pris possession de ce meuble en premier est préféré, même si son droit est postérieur, à condition qu'il soit de bonne foi. Lorsque deux acquéreurs successifs de droits portant sur un même immeuble tiennent leur droit d'une même personne, celui qui a, le premier, publié son titre d'acquisition passé en la forme authentique au fichier immobilier est préféré, même si son droit est postérieur, à condition qu'il soit de bonne foi ».

137 **Publicité impossible pour des droits non légitimement établis.** La publicité foncière, excepté lorsqu'elle ne produit pas ses effets en présence d'une fraude, permet de rendre opposable aux tiers la transmission d'une propriété immobilière. Mais si le cédant de la propriété ne peut pas établir légitimement ses droits, la publicité

1. Civ. 3e, 30 janv. 1974, *Bull. civ.* III, n° 50, *D.* 1975. 427, note J. Penneau.
2. Civ. 3e, 10 févr. 2010, *JCP N* 2010. 1146, note S. Lamiaux, *Defrénois* 2010. 39116, note J.-A. Gravillon.
3. Civ. 3e, 12 janv. 2011, *D.* 2011. 851, note L. Aynès.

foncière ne peut pas être réalisée. L'acquisition de la propriété ne se fait alors plus par transmission, mais par d'autres modes qualifiés d'originaires : l'occupation, la possession et l'accession.

CHAPITRE 2

Acquisition de la propriété par occupation

138 **Mode le plus ancien d'acquisition de la propriété.** L'occupation est le mode le plus originaire d'acquisition de propriété étant donné qu'elle correspond à la situation du premier occupant qui arrive dans une région déserte et qui va devenir maître des choses découvertes. Avec l'extension de l'état de civilisation, cette situation s'est fortement raréfiée et au moment de la rédaction du Code civil, l'occupation est devenue tellement marginale qu'elle n'est pas citée par les articles 711 et 712 qui décrivent les modes d'acquisition de la propriété. Cependant, elle subsiste en droit positif, avec des particularités quant à son domaine d'application (SECTION 1) et à son régime (SECTION 2).

SECTION 1

DOMAINE D'APPLICATION DE L'OCCUPATION

139 **Restriction progressive du champ d'application de l'occupation.** À l'origine, l'occupation avait un domaine d'application très large.

Elle était destinée à régler le sort de toutes les choses qualifiées de *res nullius*, c'est-à-dire appropriables, mais non appropriées. Plusieurs éléments ont fortement réduit le champ de l'occupation.

– En premier lieu, certains biens furent exclus de ce régime. D'une part, les immeubles ne peuvent pas faire l'objet d'occupation, car les articles 539 et 713 attribuent les biens sans maître à la commune puis à l'État si celle-ci renonce à ses droits et ces articles furent reconnus applicables uniquement aux biens immobiliers[1]. D'autre part, les biens incorporels sont également exclus de ce régime fondé sur une appropriation, car une chose doit être matérielle pour pouvoir être physiquement appréhendée.

– En second lieu, certaines situations sont exclues du régime de l'occupation. Lorsque le bien est sans maître suite à une succession, il est alors déclaré en déshérence et, selon l'article 811 du Code civil, l'État « doit en demander l'envoi possession au tribunal ».

140 **Domaine d'application actuel de l'occupation.** Compte tenu de ces exclusions, l'occupation est susceptible de s'appliquer à deux catégories de choses : d'une part, des biens mobiliers non encore appropriés comme le gibier, les poissons et les produits de la mer et, d'autre part, des choses perdues ou abandonnées qui ne sont plus appropriées comme les épaves ou les trésors. Le régime de l'occupation varie suivant l'appartenance à l'une ou à l'autre de ces catégories.

1. F. Terré, Ph. Simler, *Droit civil, les biens*, *op. cit.*, n° 399, p. 321.

SECTION 2
RÉGIME DE L'OCCUPATION

§ 1. Régime de l'occupation des choses non encore appropriées

141 **Acquisition de la propriété par capture du bien.** Les choses non encore appropriées peuvent être énumérées :

- le gibier qui est défini par son mode d'attribution, la chasse, même si elle est exercée dans des conditions illicites. La qualification de produit de la chasse n'est pas soumise à l'appartenance à des espèces dites sauvages ;
- le produit de toute pêche dans des eaux douces ou salées, à l'exclusion d'une capture, qui serait réalisée dans des eaux totalement privées.

Dans ces deux cas, dès que le bien est saisi, sa propriété est acquise pour celui qui le capture.

§ 2. Régime de l'occupation des choses plus appropriées

142 **Cas particulier des biens culturels.** Un régime spécifique sera appliqué aux biens non appropriés qui constituent des « biens culturels », c'est-à-dire qui revêtent un intérêt historique, culturel ou archéologique. Si le bien est situé sur terre, les fouilles ne pourront être réalisées qu'avec l'accord de l'État. En revanche, l'État pourra ordonner au propriétaire de faire des fouilles. Les objets extraits seront partagés par moitié entre l'État et le propriétaire, à la condition que l'État ait fait une action en revendication[1]. Si le bien est situé dans la mer, il ne pourra pas être recherché sans autorisation préalable de l'Administration et devra lui être remis

1. Régime prévu par la loi du 27 septembre 1941. Pour une attribution rejetée pour absence de respect de la procédure : Crim. 23 nov. 1999, *JCP* 2000. II. 10369.

en cas de découverte fortuite, le découvreur recevant alors une récompense[1]. Dans certaines situations exceptionnelles, l'État renonce à ses droits. Ainsi, en 1987, lors d'une expédition organisée dans le *Titanic*, 1800 objets avaient été remontés et l'État français les restitua aux ayants droit des disparus[2]. Lorsqu'elles ne sont pas des biens culturels, les choses qui ne sont plus appropriées sont divisées en trois catégories soumises à des régimes différents qui seront successivement étudiés.

143 **Les biens abandonnés.** Ce sont tous les objets jetés à la poubelle, qui ont parfois une certaine valeur et qui sont récupérés par d'autres qu'ils soient chiffonnier, collectionneurs ou simplement chanceux[3].

La chose abandonnée devient la propriété du premier occupant.

144 **Les trésors.** Ce sont des biens de nature mobilière, les immeubles par nature ou même par destination étant exclus de cette qualification[4], qui ont été cachés ou enfouis volontairement par leur propriétaire[5] et découverts par l'effet du hasard par un inventeur[6].

Le régime applicable aux trésors est décrit par l'article 716 du Code civil et leur attribution varie suivant la situation de l'immeuble dans lequel il a été découvert :

– lorsque le trésor est découvert par le propriétaire du fonds lui-même ou par quelqu'un agissant sur son ordre, il lui appartient, par voie d'accession[7] ;

1. L. n° 89-874, 1er déc. 1989. Ont ainsi dû être rendues des pièces d'or antiques à l'effigie d'empereurs romains trouvées dans une épave maritime par des plongeurs et vendus à des numismates, identifiées comme appartenant au « trésor de la Méditerranée » dont la notoriété a été qualifiée d'indiscutable. Crim. 21 mai 1997, *JCP* 1997. IV. 2413.
2. *Le Monde* 18 déc. 1992.
3. Somme d'argent trouvée sur la voie publique, Crim. 18 oct. 2000, *JCP* 2001. IV. 1021.
4. Qualification de trésor refusée pour une fresque murale : Civ. 1re, 5 juill. 2017, n° 16.19-340, *JCP* 2017. 1142, n° 4, obs. H. Périnet-Marquet, *D.* 2018. 1772, obs. L. Neyret.
5. Des pièces d'or découvertes dans un immeuble démoli après la guerre ont été qualifiées de trésor car il a été établi qu'elles avaient été enfermées dans une cavité spéciale par leur propriétaire et non pas seulement ensevelies lors du bombardement. Paris 9 nov. 1948, *JCP* 1949. II. 4976, note J. Carbonnier.
6. Des vertèbres fossilisées ne peuvent constituer un trésor dès lors qu'elles ont été découvertes à la suite de recherches volontairement pratiquées. TGI Millau 26 mai 1988, *D.* 1990. Somm. 87, obs. A. Robert.
7. V. ss 186 s.

– lorsque le trésor est découvert par une personne qui n'est pas propriétaire du fonds, il appartient à celui qui l'a trouvé[1] si les fouilles étaient intentionnelles et il est partagé par moitié entre le propriétaire et l'inventeur si la découverte est le fruit du hasard.

145 **Les épaves.** Ce sont des choses enlevées de façon fortuite à leur propriétaire qui ignore ce qu'elles sont devenues, mais qui n'avait pas de la volonté de les abandonner. Cette catégorie comprend bien sûr les restes de bateaux au fond des mers, mais également tous les objets perdus par leur propriétaire sur la voie publique, dans les transports…

Le régime applicable aux épaves varie suivant leur origine :

– les épaves maritimes font l'objet d'une publicité après leur découverte, afin de tenter d'informer leur propriétaire d'origine. En l'absence de revendication par le propriétaire, elles sont vendues et l'argent est recueilli par l'État ;

– les épaves terrestres sont déposées le plus souvent par leur inventeur à un bureau des objets trouvés qui les rend au dépositaire, si personne ne les a réclamés, après un délai qui est souvent d'« un an et un jour ». La récupération de l'objet ne signifie pas qu'on en devient propriétaire. L'inventeur en est possesseur et il pourra en acquérir la propriété par l'effet de la prescription acquisitive[2].

1. Et non celui qui a suggéré de regarder : Civ. 1re, 5 juill. 2017, n° 16-19.340, *RTD civ.* 2017. 887, note W. Dross, *D.* 2017. 2196, note N. Kilgus.

2. Certains auteurs considèrent que cette prescription est de trois ans car la croyance populaire en la propriété au bout d'un an et un jour est si forte que le possesseur peut être considéré comme de bonne foi. Ph. Malaurie, L. Aynès, *Droit civil, les biens*, *op. cit.*, n° 598, p. 211.

CHAPITRE 3

Acquisition de la propriété par possession

146 **Justifications de la possession.** La possession est le mode originaire d'acquisition de la propriété le plus fréquemment appliqué. Elle permet d'appliquer la théorie de la fonction sociale de la propriété, car elle donne la préférence à celui qui respecte la fonction d'un bien, en favorisant l'exploitant sur le propriétaire passif et lointain[1]. Néanmoins, son introduction en droit français est surtout justifiée par d'autres motifs, beaucoup plus pragmatiques. En effet, la possession a un double intérêt. Elle a une fonction probatoire, permettant de pallier les situations de *probatio diabolica*[2]. En outre, elle garantit la paix sociale en favorisant le maintien de la situation établie de celui qui se présente comme le propriétaire du bien par rapport au rétablissement des droits de celui qui en est le véritable propriétaire sans jamais se manifester[3].

À la différence de l'occupation, qui n'est destinée qu'à acquérir des biens sans maître, la possession a vocation à une application

1. V. ss 114.
2. V. ss 198 s.
3. Selon le mot de Goethe, « *mieux vaut une injustice (la protection d'un usurpateur en possession) qu'un désordre (la violence faite au possesseur)* ». Ph. Malaurie, L. Aynès, *Droit civil, les biens, op. cit.*, n° 485, p. 163.

générale. Tout bien peut être approprié par possession, sous condition que des éléments constitutifs très précis soient réunis (SECTION 1). La possession pourra alors produire ses effets (SECTION 2) et bénéficier d'une protection en cas d'atteinte par des tiers (SECTION 3).

SECTION 1
ÉLÉMENTS CONSTITUTIFS DE LA POSSESSION

147 **Définition de la possession.** La possession se définit comme la maîtrise de fait, le pouvoir physique exercé sur une chose, que ce pouvoir de fait coïncide ou non avec le pouvoir de droit, qui est la propriété. Le plus souvent les deux notions sont réunies sur un titulaire unique. La notion de possession prend tout son intérêt et sa raison d'être lorsque la qualité de possesseur est dissociée de celle de propriétaire. Mais cette qualité de possesseur ne sera productive d'effet que si peuvent être constatées certaines qualités (**§ 1**) et qu'inversement, ne sont pas établis certains vices (**§ 2**).

§ 1. Présence de qualités

148 **La possession nécessite la réunion du *corpus* et de l'*animus*.** Lorsqu'elle est constatée, la possession continue tant qu'il n'est pas démontré qu'elle a été interrompue. « Elle est réputée subsister tant qu'elle n'est pas abandonnée volontairement par son titulaire ou détruite par une autre possession effective et contraire »[1]. Dès lors, il est essentiel de définir à quel moment la qualité de possesseur sera retenue et donc les conditions requises à la reconnaissance de cette qualité. Traditionnellement, on distingue dans la possession deux éléments, d'une part un élément matériel appelé

1. Civ. 27 mars 1929, *DH* 1929. 250, *S.* 1929. I. 207.

aussi *corpus* (**A**) et, d'autre part, un élément psychologique appelé *animus* (**B**). Le possesseur devra cumuler ces deux éléments[1].

A. Élément matériel

149 **Détermination de la notion de *corpus*.** L'article 2255 du Code civil définit la possession et indique qu'elle est « la détention ou la jouissance d'une chose ou d'un droit ». Les deux notions renvoient à une même idée d'actes matériels accomplis sur la chose. Elles supposent une relation directe avec la chose, pas nécessairement sous forme d'un lien physique, car un contact est difficile lorsque le possesseur est une personne morale. Cet élément matériel appelé *corpus* ne serait pas caractérisé par le maniement de droits sur le bien, mais par des actes matériels portant sur la chose elle-même, qu'elle soit corporelle ou incorporelle. Cette conception a été contestée par certains auteurs[2]. Elle a été maintenue par la jurisprudence, en particulier dans un arrêt qui a refusé d'accueillir une action en revendication, car « l'existence d'un acte notarié constatant une usucapion et le paiement d'impôts ne pouvait établir celle-ci, sans relever l'existence d'actes matériels de possession accomplis par les demandeurs »[3]. L'appréciation des juges du fonds sur la réalité de ces actes à l'origine d'une possession est souveraine.

Les actes matériels propres à constituer le *corpus* peuvent être de deux sortes. Parfois, ils prennent la forme d'actes de détention, c'est-à-dire d'actes par lesquels la personne tient la chose en son pouvoir physique (elle peut ainsi l'occuper, la faire saisir). Parfois, ils prennent la forme d'actes de jouissance, c'est-à-dire d'actes qui permettent à la personne d'utiliser économiquement ou d'exploi-

1. Ces deux notions cumulées permettent également de déterminer une autre notion reposant sur une situation de fait, lourde de conséquence juridique, le domicile. v. J. Carbonnier, *Droit civil, les personnes*, 21e éd., 2000, n° 53, p. 98.
2. En faveur de cette position, J. Carbonnier, *Droit civil*, t. 3, *Les biens*, *op. cit.*, n° 119, p. 203. *Contra*, F. Terré, Ph. Simler, *Droit civil, les biens*, *op. cit.*, n° 157, p. 160.
3. Civ. 3e, 30 juin 1999, *JCP* 2000. II. 10399, note L. Celerien. Solution confirmée par Civ. 3e, 19 nov. 2015, n° 14-24.255, *JCP* 2016. Chron. 446, n° 5, obs. H. Périnet-Marquet qui a refusé d'établir la possession de l'État à partir d'un plan cadastral et de l'absence d'imposition du terrain à la taxe foncière.

ter la chose (elle peut ainsi encaisser des loyers ou exercer les droits politiques et économiques attachés aux actions[1]).

150 **Distinction entre possession et détention précaire.** Suivant les situations, les actes matérialisant le *corpus* seront exercés par le possesseur lui-même directement sur la chose ou, selon les termes de l'article 2255 du Code civil, « par un autre qui la tient ou qui l'exerce en notre nom ».

Selon l'article 2256 du Code civil, celui qui détient un lien physique direct avec la chose est présumé être possesseur. Néanmoins, il est possible de combattre cette présomption et de prouver sa qualité de possesseur en dépit de son absence de lien direct avec la chose. Ainsi, lorsqu'un bien est donné en location et exploité par le locataire, le bailleur pourra être reconnu possesseur par l'intermédiaire du locataire. L'absence de pouvoir direct sur le bien n'empêche donc pas d'être possesseur. Dans ce cas, celui qui exerce le pouvoir direct est défini par l'article 2266 du Code civil comme détenant « précairement la chose du propriétaire ». La détention précaire se caractérise par l'existence d'un titre qui vaut reconnaissance de la propriété d'autrui, ce qui empêche d'être reconnu possesseur. Ainsi, le locataire ne pourra pas être déclaré possesseur, car son contrat de bail constitue une reconnaissance de la propriété d'autrui[2]. En principe, le temps ne fait pas évoluer cette situation et « quand on a commencé à posséder pour autrui, on est toujours présumé posséder au même titre » (C. civ., art. 2257). Le locataire, qui est entré dans les lieux muni d'un contrat de bail, restera détenteur précaire. Il ne pourra obtenir la qualité de possesseur qu'en opérant une « interversion du titre ». Pour cela, il ne suffit pas qu'à la fin du bail, il reste dans les lieux, sans que le bailleur ne lui délivre de congé et ne lui réclame de loyer[3]. Il faut pouvoir constater des actes positifs du locataire, qui manifestent son intention de se comporter en possesseur et qui puissent être connus du bailleur ainsi qu'une absence de réac-

1. Com. 5 mai 2009, *D.* 2010. 123, note L. d'Avout, *RLDC* 2010/69, note B. Parance. L'arrêt en déduit que les actes de possession peuvent écarter la présomption de propriété issue de l'inscription en compte des titres, solutions écartées depuis par le nouvel art. L. 211-16 du CMF.
2. De même, le fermier, l'usufruitier, le dépositaire, le créancier gagiste...
3. Civ. 3e, 19 déc. 1990, *JCP* 1991. IV. 69, *Bull. civ.* III, n° 270.

tion du propriétaire originaire à ces actes contredisant son droit. Après la Seconde Guerre mondiale, des fermiers avaient continué à exploiter les champs qu'ils louaient depuis des années, bien que le bailleur ait disparu dans la tourmente des événements. Ils avaient usé régulièrement du bien et réglé toutes les taxes inhérentes au fonds. En 1970, la qualité de possesseur leur fut refusée, car ils ne justifiaient pas d'un acte positif envers le propriétaire ou ses possibles héritiers, afin de manifester leur intention d'opérer une interversion de leur titre. Elle fut également refusée à un locataire qui était resté dans les lieux pendant 44 ans sans payer de loyer et sans opposition du propriétaire[1]. Dans la continuité de cette jurisprudence, la Cour de cassation a rejeté l'action en revendication de la propriété intentée par les héritiers d'un galériste qui possédait des toiles depuis des décennies au motif qu'elles avaient été à l'origine prêtées ou déposées en vue de leur vente[2]. Elle a également refusé de reconnaître la qualité de possesseur d'une veuve. Son mari avait apporté en 1970 l'une des plus belles villas de la Cote d'Azur à une fondation en conservant un droit de « mise à disposition gratuite et sans bail » sa vie durant. Les juges en ont déduit que « les actes de possession accomplis par l'épouse ne l'étaient pas à titre de propriétaire et la détention de la villa n'avait été exercée que pour le compte d'un tiers titulaire du droit de propriété », ce qui la rendait équivoque[3]. Les juges ont même refusé la qualité de possesseur à l'Association diocésaine de Saint-Pétersbourg qui occupait une cathédrale construite par le tsar Alexandre II sur la côte d'Azur depuis 1925 et qui a dû restituer le bien à la Fédération de Russie après près d'un siècle au motif qu'un bail avait été conclu à l'origine[4]. Si le propriétaire bailleur décède, le locataire perd toute possibilité d'être reconnu possesseur. En effet, la propriété du bien n'est pas vacante mais transférée dans le patrimoine des successibles finalement décou-

1. Civ. 3e, 27 sept. 2006, *JCP* 2007. I. 117, n° 6, obs. critique de H. Périnet-Marquet. En revanche, position très souple dans Civ. 3e, 17 oct. 2007, *D.* 2008. 2459, obs. B. Mallet-Bricout et N. Reboul-Maupin, *JCP* 2008. II. 10011, note J.Y. Maréchal.
2. Civ. 1re, 22 mars 2012, n° 10-28.590, *JCP* 2012. 1186, n° 3, obs. H. Périnet-Marquet.
3. Civ. 3e, 27 mars 2013, n° 11-24.275, *RJPF* 6 juin 2013. 32, note A. Cheynet de Beaupré.
4. Civ. 3e, 10 avr. 2013, n° 11-21.947, *Bull. civ.* III, n° 50, *RTD civ.* 2013. 636, note W. Dross.

verts ou dans celui de l'État ou de la commune. Les droits conférés sur le bien et en particulier le bail sont maintenus et le locataire ne pourra donc jamais être reconnu possesseur. Un propriétaire avait donné une maison d'habitation et un terrain en location selon un contrat verbal conclu en 1957. Il est décédé en 1965, sans que personne ne vienne réclamer sa succession. En 2003, le locataire a sollicité de l'administrateur provisoire de la succession de se voir déclaré propriétaire des biens par usucapion trentenaire et cette demande n'a pas pu aboutir car les juges ont considéré qu'il était resté un détenteur et non un possesseur[1].

B. Élément intentionnel

151 **Détermination de la notion d'*animus*.** Les actes matériels ne pourront caractériser une situation de possession que s'ils sont accompagnés d'un élément intentionnel. Cette composante nécessaire de la possession appelée *animus* est la volonté de se comporter à l'égard de la chose possédée comme si on avait sur elle le droit auquel correspond la possession. En conséquence, le voleur a l'*animus*, car il a l'intention de faire croire à la légitimité de ses droits et il se comporte comme un propriétaire. En revanche, l'ami qui conduit une voiture prêtée à titre provisoire n'a pas l'*animus*, car il ne veut pas faire croire à sa qualité de propriétaire. Cet élément a permis de déterminer les droits du créancier sur un chèque qui lui serait remis en garantie. Le détenteur du chèque exerce des actes matériels de possession. Cependant, étant dépourvu d'*animus domini*, « c'est-à-dire la volonté de se comporter sur la chose comme un propriétaire avec absolutisme et perpétuité, sans avoir de compte à rendre, ni de restitution à faire à personne »[2], il ne pourra être reconnu propriétaire et donc il n'aura pas le droit de réaliser le gage.

152 **Difficulté de prouver l'*animus*.** L'*animus* est difficile à prouver, car il est toujours très délicat de prouver les intentions d'une personne. Le plus souvent, une intention est prouvée par ses manifes-

1. Civ. 3ᵉ, 26 nov. 2008, *JCP* 2009. I. 127, n° 5, obs. H. Périnet-Marquet.
2. D. Doise, « Nantissement de monnaie, de compte et de valeur mobilière », *in Le gage commercial*, colloque de Deauville, 11 et 12 juin 1994, *RJ com.* 1994, n° spéc., n° 11, p. 35.

tations extérieures. Cette solution est inapplicable à l'*animus*. En effet, les manifestations extérieures constituent le *corpus*. Elles constituent un élément devant compléter l'*animus* et ne pouvant donc pas servir à le prouver.

Pour régler cette difficulté de preuve, le législateur a posé une règle : « on est toujours présumé posséder pour soi, et à titre de propriétaire, s'il n'est prouvé qu'on a commencé à posséder pour un autre » (C. civ., art. 2256). Il s'agit d'une double présomption : on est présumé posséder *animo domini*, c'est-à-dire en tant que propriétaire et si cette présomption a commencé, elle est présumée se poursuivre pendant toute la possession.

§ 2. Absence de vices

153 **Caractères imposés à la possession.** Selon l'article 2261 du Code civil, la possession ne produira d'effets que si elle est continue (**A**), paisible (**B**), publique (**C**) et non équivoque (**D**). Cet article impose deux conditions supplémentaires à la possession : elle doit être non interrompue et à titre de propriétaire. La doctrine dominante s'accorde pour considérer que ces deux éléments constituent une méprise, car ils ne constituent pas un caractère nécessaire, mais une condition d'existence de la possession. Sans eux, il n'y a pas de possession. Au-delà des exigences de l'article 2261, certains effets de la possession sont subordonnés à la bonne foi du possesseur (**E**).

A. Vice de discontinuité

154 **La possession doit être continue.** Pour la doctrine majoritaire, une possession non continue serait viciée[1]. La possession doit donc être exercée « dans toutes les occasions comme à tous les moments où elle devait l'être d'après la nature de la chose possédée, sans intervalles anormaux assez prolongés pour constituer des lacunes

1. Pour une doctrine minoritaire, la discontinuité entraînerait une absence de possession et non un vice de possession. Ph. Malaurie, L. Aynès, *Droit civil, les biens*, *op. cit.*, n° 497, p. 169.

et rendre la possession discontinue »[1]. Aucune périodicité plus précise n'est indiquée, car elle sera fonction de la nature du bien et des usages, une absence d'exploitation pendant un an étant par exemple tout à fait normale pour une terre agricole qui doit parfois rester en jachère.

B. Vice de violence

155 **La possession doit être non violente.** Le squatter qui, profitant du mois d'août, pénètre dans un appartement en cassant la porte, qui use de toutes les voies du droit et des failles de la justice pour rester dans les lieux en dépit des multiples actions et tentatives du propriétaire n'est pas considéré comme possesseur, car il détient son droit grâce à un acte de violence.

Aucune violence ne doit accompagner l'entrée dans les lieux du possesseur, mais :

– la violence doit être établie par celui qui l'invoque comme vice de la possession[2] ;

– la possession recommence à produire des droits dès que la violence a cessé (C. civ., art. 2263, al. 2) ;

– la violence du possesseur qui use de tous les moyens légaux pour se maintenir dans les lieux ne constitue pas un vice.

C. Vice de clandestinité

156 **La possession doit être publique.** La possession doit s'exercer ouvertement, par des actes apparents qui permettent aux tiers intéressés de pouvoir les constater. Cette exigence a deux justifications. D'une part, le possesseur qui cacherait ses actes de possession aurait un comportement suspect et, d'autre part, il serait difficile de le considérer comme agissant avec l'*animus* du propriétaire.

Comme pour la violence, la possession cesse d'être viciée dès que la clandestinité prend fin.

1. Civ. 11 janv. 1950, *D.* 1950. 125, note Lenoan.
2. Civ. 3e, 30 avr. 1969, *Bull. civ.* III, n° 348.

La clandestinité a un effet relatif, la possession n'étant qualifiée de vicieuse que pour ceux qui n'ont pas pu la constater.

D. Vice d'équivoque

157 **La possession doit être non équivoque.** La possession est équivoque lorsque les actes accomplis peuvent s'expliquer autrement que par une intention de se comporter comme un possesseur. Ainsi, il est fréquent qu'un indivisaire ou qu'un membre de la famille proche du propriétaire, réalise des actes de détention ou de jouissance sur un bien, dont il n'a pas la propriété. Le propriétaire ne réagira pas, car il n'imaginera pas que derrière ce comportement altruiste, se cache une volonté d'acquérir des droits grâce à la possession. Dans ce cas, la possession ne produira pas ses effets, en raison de son caractère équivoque, qui doit cependant être prouvé[1]. Ainsi, il a été considéré que l'existence d'une communauté de vie entre celui qui revendique la propriété et celui qui a la possession des meubles rend la possession équivoque[2].

E. Vice de mauvaise foi

158 **Le possesseur doit être de bonne foi.** Le possesseur est de bonne foi lorsqu'il se croit, à tort, être devenu propriétaire, parce qu'il ignore les vices du titre qui était censé lui transférer le droit de propriété (C. civ., art. 550). La bonne foi se présume. Seul le possesseur de bonne foi pourra invoquer les effets de la possession en matière mobilière[3].

Le possesseur sera de mauvaise foi s'il a acquis grâce à un acte juridique translatif de propriété (que ce soit une vente, une donation, un testament...) même si cet acte était vicié, s'il n'ignorait pas ce vice. La possession de mauvaise foi ne sera pas totalement dépourvue d'effets. Elle permettra au possesseur de devenir

1. Les juges n'ont pas admis cette preuve dans une affaire opposant les héritiers de Calder à l'ami propriétaire d'une galerie où des œuvres avaient été déposées plus de 30 ans. Civ. 3e, 19 mars 2009, *JCP* 2009. Chron. 337, n° 5, obs. H. Périnet-Marquet, *D.* 2009. 2301, obs. B. Mallet-Bricout. Pour des œuvres de Arman, Civ. 1re, 3 févr. 2010, *JCP* 2010. Chron. 336, n° 5, obs. H. Périnet-Marquet.
2. Pour un exemple d'application, v. Civ. 1re, 11 janv. 2000, *D.* 2001. 890.
3. V. ss 160 s.

propriétaire si elle porte sur un immeuble et se poursuit pendant une longue période[1].

SECTION 2
LES EFFETS JURIDIQUES DE LA POSSESSION

159 **Fonction probatoire et acquisitive de droits.** Les effets de la possession étaient déjà nombreux en droit romain.

Aujourd'hui, la première fonction de la possession est probatoire, permettant de faire présumer, en la personne du possesseur, l'existence du droit possédé. La possession est l'apparence d'un droit et le possesseur est donc présumé détenir ce droit[2]. Cette présomption est légale, mais elle est le plus souvent simple et peut donc être combattue par une preuve contraire. Celui qui souhaite contester la possession devra prendre l'initiative d'un éventuel procès et aura alors la charge de la preuve de ses prétentions. Si le demandeur à l'action, qui conteste les droits du possesseur, n'apporte aucune preuve positive de sa propriété, il sera dans l'impossibilité de faire prévaloir ses prétentions. Compte tenu de la difficulté de prouver la propriété, la présomption accordée au possesseur sera le plus souvent décisive.

La possession permet également d'acquérir des droits. Depuis la loi du 17 juin 2008, le Code civil distingue clairement, au sein du chapitre consacré à la prescription acquisitive, le régime applicable à la prescription acquisitive en matière immobilière (art. 2272 à 2275), de celui applicable en matière mobilière (art. 2276 et 2277). La possession s'applique donc de façon différente en matière mobilière (**§ 1**) et en matière immobilière (**§ 2**).

1. V. ss 171 s.
2. V. ss 146.

§ 1. En matière mobilière

160 **Justifications de règles particulières pour la possession d'un meuble.** Pour plusieurs raisons, les meubles sont tout particulièrement destinés à circuler. Tout d'abord, comme leur nom l'indique, ils sont a priori mobiles. De plus, étant souvent de moindre valeur que les immeubles, il est plus facile de les transférer, car l'opération est moins lourde. Ensuite, ils étaient historiquement l'objet de prédilection du commerce, étant possédés par les bourgeois commerçants. Plus que les autres biens, ils passaient de main en main, rapidement, sans qu'il soit matériellement possible pour les acquéreurs successifs de vérifier les droits de celui qui lui a transféré le bien. Enfin, les meubles sont très souvent difficiles à individualiser. L'existence d'une facture à mon nom pour 15 volumes d'une encyclopédie universelle est-elle suffisante pour prouver la propriété de 15 volumes de cet ouvrage qui se trouvent dans ma bibliothèque ? Non, si les biens ne comportent pas de numéro ou de signe distinctif précis.

Dès lors, il semble très délicat de déterminer qui est propriétaire de ces biens qui bougent sans cesse et qui sont si difficiles à distinguer. Le possesseur du bien en deviendra propriétaire au bout de trente ans, car l'action en revendication du propriétaire initial s'est éteinte (C. civ., art. 2227). Néanmoins, d'autres règles permettent d'écourter ce délai. Ainsi, a été posé le principe « en fait de meubles, possession vaut titre » (**A**), qui a cependant été assorti de restrictions (**B**).

A. Le principe

161 **Nouvelles applications de ce principe classique.** L'article 2276 du Code civil a repris une maxime posée par la jurisprudence du XVIIIe siècle : « en fait de meuble, possession vaut titre ».

Aujourd'hui, compte tenu de la crise des sûretés, la propriété est fréquemment utilisée comme garantie. Il est donc souhaitable de rester propriétaire d'un bien tant qu'il n'a pas été intégralement payé. Cela explique le développement des clauses de réserve de propriété, des contrats de crédit-bail... Dans toutes ces situations, celui qui exploite le bien n'en a pas encore la propriété. Les règlements des conflits potentiels entre les possesseurs et les propriétaires ont permis à l'article 2276 du Code civil de connaître une nouvelle jeunesse[1].

162 **Conditions d'application du principe.** Pour appliquer cette règle, il faut constater une possession non viciée. Le plus souvent, dans les relations privées, la possession sera difficile à invoquer en raison de son caractère équivoque. Ainsi, il existait souvent une communauté d'habitation entre l'actuel possesseur et l'ancien propriétaire qui vivaient en concubinage. Cette situation de fait ne rend pas la possession équivoque de plein droit, mais, jointe à d'autres circonstances, elle peut lui imprimer ce caractère[2]. Celui qui exerce sur un bien mobilier une possession non viciée devra remplir deux exigences supplémentaires pour pouvoir invoquer la propriété du bien.

– Ce régime n'est justifié que quand les biens se transmettent de la main à la main et sans écrit. Seront donc exclus du champ d'application de ce régime :

• tous les meubles incorporels comme les créances, les titres, les propriétés incorporelles, le fonds de commerce, les effets de commerce, les licences d'exploitation de débit de boisson...

• la plupart des biens immatriculés (navires, aéronefs...). Ils sont exclus du champ d'application de l'article 2276 du Code civil, car ils sont identifiables donc repérables physiquement. En conséquence, leur propriété est beaucoup moins difficile à prouver que celle des autres meubles. De plus, ils sont mentionnés sur un registre qui permet de dresser un état de leur situation, selon un mécanisme comparable à celui établi pour le fichier immobilier. Étant plus faciles à suivre physiquement et mentionnés dans un registre, ces biens sont donc assez comparables aux immeubles et leur exclusion du champ d'application de la maxime « en fait de meubles, possession vaut titre » n'est dès lors pas surprenante. La

1. Exemple de conflit entre le sous-acquéreur et le crédit-bailleur réglé au profit du sous-acquéreur (Com. 14 oct. 1997, *D.* 2000. Somm. 74, obs. F. Perochon et D. Mainguy), de conflit entre le vendeur de biens sous réserve de propriété et le factor de l'acquéreur-revendeur en redressement judiciaire (Com. 26 avr. 2000, *D.* 2000. AJ 278).

2. Civ. 1re, 30 janv. 1957, *Bull. civ.* I, n° 50.

propriété de ces biens est établie par les mentions figurant sur le registre des immatriculations.

Certains biens immatriculés sont soumis au régime de l'article 2276 du Code civil, en particulier les véhicules automobiles. Pour déterminer le propriétaire d'un véhicule, les mentions de la carte grise ne sont donc pas une preuve absolue, il convient également de prendre en compte la possession[1].

– Le possesseur doit être de bonne foi et cette bonne foi sera appréciée au jour non pas de l'acquisition, mais de l'entrée en possession[2].

Néanmoins, même si les deux conditions sont remplies, l'article 2276 est écarté lorsque le bien appartient à la domanialité publique. L'action en revendication n'étant alors pas soumise à l'alinéa 2[3], l'État peut revendiquer sa propriété même si la possession se poursuit depuis de longues années à condition d'indemniser le possesseur[4].

163 **Principe susceptible de prouver ou de conférer la propriété.** Si ces deux conditions sont réunies, en matière de meuble, le possesseur est présumé propriétaire. La possession peut donc permettre d'acquérir ou de prouver la propriété. Les deux fonctions probatoire et acquisitive de la possession s'appliquent successivement suivant la qualité de celui qui revendique contre le possesseur. La fonction probatoire est réservée au possesseur ayant acquis son bien du propriétaire (**1**) et la fonction acquisitive au possesseur ayant acquis son bien d'un autre que le propriétaire (**2**).

1. Situation du possesseur ayant acquis son bien du propriétaire

164 **Le possesseur est présumé propriétaire.** Un bien se trouve entre les mains d'un possesseur qui l'a reçu du propriétaire. Il est alors acquis *a domino*. Un conflit peut naître lorsque l'un soutient que le bien lui a été remis à titre définitif et qu'il en est propriétaire et que l'autre soutient avoir remis le bien à titre précaire, car il

---

1. Civ. 1re, 11 juill. 1960, *D.* 1960. 702. Pour une prise en compte de la carte grise, v. ss 165.

2. Civ. 1re, 27 nov. 2001, *D.* 2002. 671.

3. V. ss 168 s.

4. A propos du « fragment de l'aigle » provenant du jubé de la cathédrale de Chartres détaché en 1763 et revendiqué en 2003, Civ. 1re, 13 févr. 2019, n° 18-13.748, P, *JCP* n° 1, p. 438, obs. H. Périnet-Marquet, *D.* 2019. 1812, obs. Y. Stickler.

avait souhaité réaliser, par exemple, un dépôt. Aucun document n'a été établi et personne n'a de preuve pour établir ses prétentions. Le possesseur sera protégé par la règle de l'article 2276 du Code civil qui lui accordera une présomption de propriété. Il s'agit d'une règle probatoire venant au secours du possesseur au cas où il ne détiendrait aucune preuve du transfert de propriété.

Cette situation est assez fréquente, en particulier en cas de donations, qui sont souvent faites en l'absence de toute forme. Parfois, à la mort du donataire, d'autres membres de la famille tentent de contester la qualification de donation et donc le transfert de propriété[1]. Dans d'autres espèces, le donateur lui-même tente de revenir sur son acte, en raison de l'évolution de ses relations avec le donataire, par exemple en cas de rupture de concubinage. Dans toutes ces situations de contestation de donation, le donataire est possesseur. Il pourra donc prouver son droit de propriété grâce à la règle de l'article 2276 du Code civil.

165 **La présomption de propriété est simple.** La présomption de propriété du possesseur est simple. Le propriétaire qui souhaite la contester pourra prouver qu'il est resté propriétaire de la chose. Des conflits opposent fréquemment le détenteur d'un véhicule avec le vendeur ayant conservé la carte grise le mentionnant toujours comme propriétaire. La première chambre civile avait refusé de reconnaître le possesseur propriétaire, en considérant que le vendeur initial avait établi la preuve de sa qualité de propriétaire en détenant les cartes grises[2]. Dans une autre affaire, la chambre commerciale a permis ensuite au possesseur de conserver le véhicule, en reconnaissant sa bonne foi en dépit de l'absence de transmission des documents administratifs[3]. Par la suite, la première chambre civile a réaffirmé sa position et a refusé de qualifier le possesseur de propriétaire en invoquant le caractère équivoque de sa possession[4]. En général, pour contester la présomption de propriété du

1. Pour un exemple de deux Louis d'or remis à sa petite-fille par le grand-père qui a partagé avec elle les dernières années de sa vie, donation contestée par la mère, Civ. 1re, 17 janv. 1995, *JCP* 1995. I. 3878, n° 6, obs. H. Périnet-Marquet.
2. Civ. 1re, 14 mai 1996, *JCP* 1996. I. 3972, n° 2, obs. H. Périnet-Marquet.
3. Com. 24 avr. 2007, *JCP* 2007. I. 197, n° 2, obs. H. Périnet-Marquet.
4. Civ. 1re, 30 oct. 2008, *JCP* 2008. I. 127, n° 7, obs. H. Périnet-Marquet.

possesseur, le propriétaire devra apporter la preuve soit du caractère précaire de la détention en produisant un acte du type contrat de prêt ou de dépôt, soit de l'absence d'efficacité de la possession en raison de son caractère vicié, mais le fait d'avoir payé le prix du bien est insuffisant[1].

2. Situation du possesseur ayant acquis son bien d'un autre que le propriétaire

166 **Conditions d'application de l'article 2276 en cas d'acquisition *a non domino*.** La situation est différente lorsque le bien a été transféré au possesseur par un autre que le propriétaire. Ainsi, lorsque le bien a été acquis *a non domino*, plusieurs conditions doivent être réunies pour appliquer l'article 2276 du Code civil.

Le possesseur :

– doit être pourvu d'un *corpus* et d'un *animus*,

– doit être de bonne foi, qui est présumée et n'est exigée qu'au moment de la vente.

Sa possession :

– doit être exempte de vices,

– doit porter sur un bien meuble corporel.

Le propriétaire d'origine :

– doit s'être dessaisi au départ volontairement du bien, au profit d'une personne qui l'a ensuite transmis au possesseur actuel. En pratique, le propriétaire a le plus souvent subi un abus de confiance ou une escroquerie.

167 **Conséquences de l'article 2276 en cas d'acquisition *a non domino*.** Si toutes ces conditions sont réunies, le possesseur bénéficiera de la fonction acquisitive de la possession. Ainsi, le bien ne pourra plus être revendiqué par son véritable propriétaire, alors que le possesseur l'a acquis d'un non-propriétaire. Les droits des propriétaires précédents sont donc sacrifiés à la sécurité des affaires mobilières[2]. Dans cette situation, l'article 2276 ne se contente pas de remplir une fonction probatoire, il permet d'acquérir la propriété. Il ne s'agit donc pas d'une présomption simple, qu'il serait possible de contester par une preuve contraire. Si les conditions

1. Civ. 1re, 24 oct. 2012, n° 11-16.431, *D.* 2012. 2657.
2. J. Carbonnier, *Droit civil*, t. 3, *Les biens*, *op. cit.*, n° 228, p. 358.

d'application de cette règle sont réunies, le propriétaire dépossédé ne pourra rien faire pour défendre ses droits, excepté invoquer l'application éventuelle d'une des restrictions du principe.

B. Les restrictions au principe

168 **Principe écarté uniquement en cas de perte ou de vol du bien.** En cas de perte ou de vol du bien, le second alinéa de l'article 2276 du Code civil prévoit une exception à la maxime posée par le premier alinéa. Exception à un principe, il doit être appliqué de façon restrictive, ne pouvant être invoqué que dans les cas strictement visés. Ainsi, le vol est « la soustraction frauduleuse de la chose d'autrui » selon la définition de l'article 311-1 du Code pénal. La jurisprudence refuse d'appliquer ce régime par analogie à l'escroquerie[1] ou à l'abus de confiance[2]. La perte serait une dépossession imputable, soit à une négligence du propriétaire, soit au fait ou à la négligence d'un tiers (mandataire, transporteur...), soit à un événement de force majeure[3].

Les possibilités d'action du propriétaire varient suivant la qualité de celui contre lequel il agit.

169 **Action contre le voleur ou l'inventeur.** Ces deux personnes ont pour caractéristique d'avoir une mauvaise foi incontestable. Ils savent que ce bien n'est pas à eux. Cette mauvaise foi les empêche de pouvoir invoquer l'article 2276 du Code civil. Le propriétaire évincé pourra donc exercer contre eux une action en revendication de droit commun, qui ne sera éteinte qu'au bout de cinq ans (C. civ., art. 2224)[4].

170 **Action contre l'acquéreur.** Fréquemment, le voleur ou l'inventeur transmettent le bien à un acquéreur. La situation est simple. Un objet a été volé ou trouvé par hasard. Il est alors vendu à un tiers. Le propriétaire initial retrouve son bien entre les mains du

1. Civ. 19 juin 1928, *DP* 1929. 1. 45.
2. Civ. 3e, 16 mai 2006, *D.* 2007. 132, note V. Valette.
3. Civ. 1re, 9 janv. 1996, *JCP* 1996. I. 3972, n° 6, obs. H. Périnet-Marquet.
4. Certains auteurs considèrent que le délai de prescription de cette action en revendication est de 30 ans, en application de la règle posée par l'article 2227. Ph. Simler, « La réforme de la prescription en droit des biens », *LPA* 2009, n° 66, p. 34, J. Ph. Tricoire, « La réforme de la prescription en droit des biens et en droit de la construction », *LPA* 2009, n° 147, p. 7, § 7.

possesseur actuel qui l'a acquis par un achat. Un conflit doit être réglé entre le propriétaire initial qui ne comprendrait pas de ne pas pouvoir récupérer ce qu'il considère comme étant toujours à lui et un possesseur actuel qui estime ses droits également tout à fait légitimes, car il a acheté ce bien. Les juges ont considéré que l'acheteur doit être considéré comme possesseur du bien, même si l'objet volé a été appréhendé par l'autorité de police[1], mais les spoliations réalisées pendant la seconde guerre mondiale sont soumises au régime spécifique de l'ordonnance du 21 avril 1945 qui empêche les acquéreurs ultérieurs de prétendre en être devenus légalement propriétaires.

L'article 2276 alinéa 2 énonce que « celui qui a perdu ou a été volé d'une chose peut la revendiquer pendant trois ans, à compter du jour de la perte ou du vol, contre celui entre les mains duquel il la trouve ». Le propriétaire initial peut donc récupérer son bien sous une triple condition :

– un délai maximum de trois ans doit s'être écoulé depuis la perte ou le vol, délai qualifié de préfix, ce qui signifie qu'il est insusceptible de suspension[2] ;

– il doit prouver sa qualité de propriétaire du bien, ainsi que la perte ou le vol ;

– le propriétaire doit rembourser le bien au possesseur actuel si ce dernier l'a acquis dans des conditions qui ne pouvaient pas laisser soupçonner son origine douteuse. « Si le possesseur actuel de la chose volée ou perdue l'a achetée dans une foire ou dans un marché, ou dans une vente publique, ou d'un marchand vendant des choses pareilles, le propriétaire originaire ne peut se la faire rendre qu'en remboursant au possesseur le prix qu'elle lui a coûté » (C. civ., art. 2277, al. 1er). Ainsi, acquérir un bien d'occasion auprès d'un vendeur spécialisé accorde une garantie importante, car si le bien est par la suite réclamé par son propriétaire d'origine, le possesseur doit le rendre, mais il obtient le remboursement du prix qu'il a payé[3]. Le propriétaire se trouve donc dans

1. Bordeaux 6 juin 1950, *JCP* 1950. IV. 167.
2. Crim. 30 oct. 1969, *JCP* 1970. II. 16333, note G. Goubeaux.
3. Pour une application à une bande située en limite de deux parcelles, Civ. 3e, 8 mars 2005.

la situation désagréable et illogique de devoir racheter un bien qui lui appartient. Il peut exercer des recours pour récupérer cet argent, mais uniquement contre le marchand, sur le fondement de l'article 1240 du Code civil, pour faute. Sur ce fondement, un bijoutier a été reconnu fautif de « légèreté blâmable » face à un détenteur de pièces d'or, pour ne pas avoir vérifié « la concordance entre l'attitude ou la présentation du vendeur, et ce qu'il désire vendre »[1].

§ 2. En matière immobilière

171 **Double fonction probatoire et acquisitive de la possession immobilière.** En matière immobilière, la possession a un effet juridique très fort. Elle permet d'acquérir la propriété en application d'un mécanisme appelé usucapion, sur le fondement de l'article 2258 du Code civil. Bien que cet article figure parmi les dispositions applicables à tous les biens, l'usucapion n'a jamais été invoquée qu'envers des biens immeubles, car les biens meubles ont toujours bénéficié de règles permettant une acquisition plus facile de la propriété pour le possesseur[2]. L'article 2260 du Code civil exclut l'application de la prescription acquisitive pour les « choses qui ne sont pas dans le commerce », c'est-à-dire les biens du domaine public, la propriété visée par une clause d'inaliénabilité, les sépultures... Comme en matière mobilière, la possession permet ainsi :

– de faire la preuve de ses droits lorsque le bien a été acquis *a domino* ;

– d'acquérir des droits lorsque le bien a été transmis *a non domino*, c'est dire par quelqu'un qui n'a pas pu transmettre des droits qu'il ne détenait pas.

172 **Circonstances pratiques à l'origine de l'application de l'usucapion.** Compte tenu du développement des formalités (publicité foncière, cadastre...) et de la vigilance des notaires qui craignent la mise en

1. La notion de « marchand de choses pareilles » est interprétée de façon assez restrictive. N'ont reçu cette qualification, ni un courtier en tableaux, Crim. 31 mars 1978, *Gaz. Pal.* 1979. 1. 13, ni un brocanteur « *dont le magasin tenait du bric à brac* », Pau 3 juill. 1979, *D.* 1981. IR 232.

2. V. ss 160 s.

jeu de leur responsabilité, les cas d'acquisition *a non domino* sont rares. Cependant, l'usucapion joue toujours un rôle pratique important pour régler des questions de délimitation de fonds et d'empiétement[1]. Ainsi, les fonds sont souvent délimités par des clôtures végétales de conifères, lauriers... Au fil des années, les végétaux poussent, sans avoir forcément une croissance exactement identique vers les deux fonds. Après quelques décennies, la haie séparatrice a parfois deux mètres de largeur. Si les propriétaires mitoyens décident de remplacer cette haie par un mur, ils construisent le plus souvent au milieu des deux mètres. Que faire si dix ans après la construction de ce mur, un nouvel acquéreur scrupuleux, suite à une visite au cadastre, découvre que la limite séparatrice des fonds a été déplacée à son désavantage d'un mètre au moment de la construction du mur ? Cette bande peut alors revêtir une importance économique capitale, par exemple si elle est déterminante pour avoir une surface de propriété nécessaire à l'obtention un permis de construire. La propriété de cette bande sera fixée grâce à l'usucapion, qui définit un régime général de la prescription acquisitive (**A**), en prévoyant des possibilités de prescription abrégée dans certaines situations particulières de possession de bonne foi (**B**).

A. Régime général de la prescription acquisitive

173 **Usucapion applicable à toute possession d'une certaine durée.** À la différence du régime applicable en matière mobilière, l'usucapion permet au possesseur d'acquérir la propriété, même s'il est de mauvaise foi. Pour pouvoir invoquer ce régime, il suffit donc de pouvoir constater une situation de possession, c'est-à-dire de réunion d'un *corpus* et d'un *animus*, qui ne soit pas entachée de vice. Cependant, l'usucapion ne produira ses effets (**2**), que si la possession est constatée pendant une certaine durée (**1**).

1. Contrainte de durée de la possession

174 **Délai trentenaire.** Le délai normal de l'usucapion, en application de l'article 2272 du Code civil, est de trente ans. Le régime de ce

1. Civ. 1re, 6 déc. 1989, *Bull. civ.* I, n° 385, *D.* 1990. Somm. 89, note A. Robert.

délai est complexe. Il a été fortement précisé et complété par la loi du 17 juin 2008 réformant la prescription en matière civile, qui distingue expressément les prescriptions extinctives et acquisitives. La prescription acquisitive est désormais définie par l'article 2258 du Code civil comme « un moyen d'acquérir un bien ou un droit par l'effet de la possession sans que celui qui l'allègue soit obligé d'en apporter un titre ou qu'on puisse lui opposer l'exception déduite de la mauvaise foi ».

175 **Point de départ du délai.** Le délai de l'usucapion courre à partir de l'entrée en possession du bien par le possesseur, si toutes les conditions de la possession étaient réunies ou à compter de la réunion de toutes ces conditions, si l'une d'elles était manquante.

176 **Calcul du délai.** À partir du point de départ qui a été établi, un délai de trente ans doit être constaté. Il n'est nécessaire ni de prouver des actes matériels effectués régulièrement pendant ces trente années[1], ni que la possession a été assurée par la même personne. L'article 2265 du Code civil énonce que « pour compléter la prescription, on peut joindre sa possession à celle de son auteur, de quelque manière qu'on lui ait succédé, soit à titre universel ou particulier, soit à titre lucratif ou onéreux ». Ainsi, grâce à une « jonction » de leurs possessions, les héritiers peuvent poursuivre une possession commencée par le défunt. Dans ce cas, la possession conservera sur la tête de l'ayant cause à titre universel les caractères qu'elle présentait sur la tête de son auteur (une possession commencée de bonne foi sera réputée se poursuivre de bonne foi...). Des acquéreurs peuvent continuer celle du vendeur, mais chaque possession successive sera alors appréciée isolément.

Pendant la période nécessaire pour la prescription, le délai peut être suspendu, c'est-à-dire interrompu provisoirement. Cette mesure permet de protéger le propriétaire et elle repose sur une idée reprise de l'ancien droit selon laquelle « la prescription ne court pas contre celui qui n'est pas à même d'agir ». Ainsi, la prescription ne court ni contre les mineurs non émancipés, ni contre les majeurs sous tutelle (C. civ., art. 2235, par renvoi de

1. Civ. 3e, 20 févr. 2013, n° 11-25.398, *Bull. civ.* III, n° 27, *RTD civ.* 2013. 412, note W. Dross.

2259), ni entre époux ou entre partenaires liés par un pacte civil de solidarité (C. civ., art. 2236, par renvoi de 2259). Les incapables et les couples entre eux ne semblent pas être dans une situation leur permettant de défendre leurs droits. À ces causes de suspensions liées à la situation de la personne, ont été ajoutées d'autres causes, comme des conventions ou des événements de force majeure (guerre, invasion, épidémie…) qui auraient empêché le propriétaire d'agir ou d'avoir connaissance de son droit de propriété (C. civ., art. 2234, par renvoi de 2259). Lorsque la cause de suspension cesse, la prescription reprend son cours et les années antérieures à la suspension s'ajoutent aux années qui lui sont postérieures. En cas de litige, la prescription est également suspendue si les parties ont recours à la conciliation ou à la médiation (C. civ., art. 2238, par renvoi de 2259) ou lorsque le juge fait droit à une demande de mesure d'instruction présentée avant tout procès (C. civ., art. 2239, par renvoi de 2259). Le délai recommence à courir, pour une durée qui ne peut être inférieure à six mois, lorsque la conciliation ou la médiation est terminée ou lorsque la mesure d'instruction a été exécutée.

La Cour de cassation a même admis implicitement qu'à partir du moment où aucune revendication et aucune contestation de propriété ne s'est produite pendant l'interruption, cette période intermédiaire, au statut juridique imprécis, pourra profiter au possesseur du terrain, lui permettant de faire la jonction entre les deux possessions réalisées[1].

177 **Interruption du délai.** Le délai prend fin lorsqu'il est interrompu. L'interruption de la prescription efface tous les effets antérieurement accomplis. Si une nouvelle prescription devait s'écouler, elle devrait recommencer à zéro. Il existe plusieurs causes d'interruption :

– la prescription est interrompue lorsque le possesseur est privé de la jouissance de la chose pendant plus d'un an, soit par l'ancien propriétaire, soit par un tiers (C. civ., art. 2271). La possession ayant perdu l'un de ses éléments constitutifs, le *corpus*, il est légitime qu'elle cesse de produire ses effets ;

1. Civ. 3e, 19 mai 2004, *JCP* 2004. I. 171, n° 5, obs. H. Périnet-Marquet.

– la prescription est interrompue lorsque le possesseur reconnaît les droits de celui contre lequel il prescrivait (C. civ., art. 2240, par renvoi de 2259). Dans ce cas, la possession perd son autre élément constitutif, l'*animus* étant donné que le possesseur n'exerce plus ses droits en qualité de propriétaire. Il est tout aussi légitime qu'elle cesse de produire ses effets ;

– la prescription est interrompue en cas de demande en justice, même en référé ou devant une juridiction incompétente (C. civ., art. 2241, par renvoi de 2259) ou lorsqu'a été effectué un acte d'exécution forcée (C. civ., art. 2244, par renvoi de 2259). En pratique, ce cas vise souvent l'hypothèse du propriétaire véritable qui ferait une action en revendication. La possession conserve tous ses éléments constitutifs, mais la loi prévoit qu'elle ne produit aucune conséquence pendant le temps de l'instance, sauf si le demandeur se désiste de sa demande, laisse périmer l'instance, ou si sa demande est définitivement rejetée (C. civ., art. 2243, par renvoi de 2259).

Dans ces trois situations, la prescription prend fin au détriment du possesseur. Elle s'achèvera au profit du possesseur, lorsque le temps requis est écoulé et que l'usucapion produit ses effets.

2. Effets

178 **Acquisition de la propriété.** Lorsque le délai est écoulé, la possession permet d'acquérir la propriété. Cette acquisition doit être expressément demandée. Elle produit alors des effets rétroactifs au jour de l'entrée en possession, ces effets étant renforcés lorsque le possesseur est de bonne foi.

179 **Acquisition de propriété subordonnée à une expression de volonté.** L'écoulement du délai de possession seul ne produit aucun effet. Pour que le possesseur puisse acquérir la propriété, il doit en exprimer la volonté. Cette règle est suggérée par l'article 2247 du Code civil qui interdit au juge de suppléer d'office le moyen résultant de la prescription. Cette demande ne peut être faite que par le possesseur lui-même : « seul celui qui revendique la propriété d'une parcelle peut invoquer la prescription acquisitive à son profit »[1]. En pratique, le possesseur qui souhaite acquérir la propriété

1. Civ. 3e, 5 nov. 2015, *JCP* 2016. Chron. 446, n° 3, obs. H. Périnet-Marquet.

par prescription acquisitive s'adressera à un notaire pour obtenir un acte de notoriété de sa possession. Il devra fonder sa demande sur des témoignages et d'éventuels documents comme des attestations fiscales de paiements d'impôts fonciers, l'acte n'étant pas créateur de droits mais uniquement constat d'existence d'actes matériels de possession[1]. L'acte de notoriété sera publié à la conservation des hypothèques et il permettra par la suite, au possesseur qui le souhaite, de transmettre valablement sa propriété sur le bien.

Ce que la volonté peut faire, la volonté peut le défaire, ce qui signifie que le possesseur peut également renoncer à bénéficier de l'acquisition de propriété (C. civ., art. 2250, par renvoi de 2259). La renonciation peut être exprimée même tacitement (C. civ., art. 2251, par renvoi de 2259), par exemple en signant une convention de bail. Cependant, comme toute renonciation, elle ne peut porter que sur un droit acquis, ce qui signifie qu'il est impossible de renoncer à l'usucapion avant que le délai de possession ne soit intégralement écoulé. En outre, cette renonciation doit être publiée au bureau des hypothèques[2].

180 **Effet rétroactif de l'acquisition de propriété.** Lorsqu'elle a été demandée, la prescription acquisitive permet de devenir propriétaire en faisant rétroagir ses droits au jour de son entrée en possession. Cela signifie que le possesseur conserve les fruits qu'il a perçus, même s'il était de mauvaise foi[3] et que tous les droits qu'il a consentis sur l'immeuble pendant sa période de possession seront validés. Inversement, cette règle impose de considérer que tous les droits consentis sur le bien, par l'ancien propriétaire, sont inopposables au possesseur. Par exemple, si pendant la possession, un créancier de l'ancien propriétaire a obtenu une hypothèque sur le bien, cette garantie ne sera pas opposable au nouveau propriétaire.

1. Solution rappelée par Civ. 3e, 11 juill. 2019, n° 18-14.503, *D.* 2020. 1765, obs. N. Reboul-Maupin.
2. Décr. 4 janv. 1955, art. 28-8°.
3. Cette règle est une dérogation à l'article 549 du Code civil qui réserve en principe au possesseur de bonne foi le droit de conserver les fruits.

B. Situation particulière du possesseur de bonne foi

181 **Justification et mise en place d'une prescription abrégée.** Parfois, la loi abrège le délai de la prescription acquisitive. Cette exception s'applique lorsqu'un bien immobilier est acquis dans des circonstances où rien ne laissait soupçonner l'absence de propriété du vendeur. L'acquéreur a alors un besoin particulier de protection et il est légitime de ne pas lui imposer d'attendre trente ans pour pouvoir revendiquer le bien qu'il avait la certitude d'avoir acquis légalement. La loi lui accorde le bénéfice d'une prescription abrégée de dix ans (C. civ., art. 2272, al. 2). En matière de prescription abrégée, les règles qui permettent de calculer le délai de prescription (computation, suspension, interruption) sont identiques à celles applicables à la prescription trentenaire[1].

Le possesseur ne pourra bénéficier de cet avantage que s'il établit qu'il a acquis le bien par un juste titre (**1**) et de bonne foi (**2**). Il n'aura à prouver que le juste titre, la bonne foi étant comme toujours présumée (C. civ., art. 2274).

1. Juste titre

182 **Juste titre exigé pour pouvoir invoquer la prescription abrégée.** Le juste titre porte un nom trompeur. En effet, s'il était vraiment juste, il transférerait la propriété, sans qu'il soit nécessaire de faire jouer la prescription acquisitive. Pour recevoir cette qualification, le titre doit avoir plusieurs caractéristiques :

– il ne doit pas avoir été conclu avec le véritable propriétaire[2] ;

– il doit être un acte[3] susceptible de transmettre la propriété (vente, donation, legs à titre particulier, échange, apport en société, adjudication sur saisie...). Au contraire, ne peuvent recevoir cette qualification les actes déclaratifs (partage, acte de succession, transaction, règlement de copropriété, état descriptif de

---

1. V. ss 175 s.
2. Exigence jurisprudentielle presque constante. Pour une application récente, v. Civ. 3e, 30 mai 2012, n° 11-13.571, *D.* 2012. 2130, obs. B. Mallet-Bricout.
3. En conséquence, un héritier qui poursuit la possession de son auteur n'a pas de juste titre. Jurisprudence constante. Pour une application récente, v. Civ. 3e, 18 sept. 2013, n° 12-14.378, *RTD com.* 2013. 871, note W. Dross.

division d'un immeuble en copropriété...)[1] ou des contrats ne comportant pas de transmission de propriété (louage, dépôt, prêt...) ;

– il doit exister réellement et ne pas être seulement putatif, c'est-à-dire n'existant que dans la pensée ou l'imagination du possesseur ;

– il ne doit pas comporter de cause de nullité autre que l'absence de propriété de l'aliénateur. En conséquence, un acte atteint de nullité absolue ne pourra jamais être qualifié de juste titre. De plus, selon l'article 2273 du Code civil, « le titre nul par défaut de forme, ne peut servir de base à la prescription de dix ans ». En revanche, la jurisprudence a admis qu'un titre entaché d'une autre cause de nullité relative (vice du consentement, incapacité d'exercice) pouvait constituer un juste titre.

2. Bonne foi

183 **Bonne foi exigée pour pouvoir invoquer la prescription abrégée.** Pour pouvoir bénéficier de la prescription abrégée, le possesseur doit avoir été de bonne foi. Il doit donc, au moment de l'acquisition, avoir cru traiter avec le véritable propriétaire (C. civ., art. 2275). Peu importe si, par la suite, il a appris la réalité de la situation. Le possesseur ne peut joindre à ses années de possession de bonne foi celles que son auteur a accomplies de mauvaise foi pour compléter le délai de dix ans[2].

SECTION 3
PROTECTION DE LA POSSESSION

184 **Justification d'actions judiciaires spécifiques protégeant le possesseur.** Longtemps, la possession a bénéficié d'un régime de protection particulier en matière immobilière : les actions possessoires. La Cour de cassation réaffirmait encore récemment à leur propos

1. Par ex., Civ. 3e, 25 juin 2008, *JCP N* 2008. Act. 559 ; confirmé par Civ. 1re, 7 oct. 2015, n° 14-16.946, *JCP* 2016. Chron. 446, n° 4, obs. H. Périnet-Marquet *Contra,* J. Carbonnier, *Droit civil,* t. 3, *Les biens, op. cit.*, n° 199, p. 315, dès lors que l'acte déclaratif est susceptible d'être publié à la conservation des hypothèques.
2. Civ. 1re, 7 oct. 2015, n° 14-16.946, Pub. Bull, *RTD civ.* 2016. 146, obs. W. Dross.

que « la protection possessoire ne concerne que les immeubles »[1]. Les actions judiciaires protectrices de la possession étaient inutiles en matière mobilière, car la règle « en fait de meuble possession vaut titre » permet à tout possesseur d'exercer les actions octroyées aux propriétaires.

Les actions en justice prévues pour protéger les droits du possesseur trouvaicnt plusieurs justifications.

– Le plus souvent, les qualités de propriétaire et de possesseur coïncident. Les actions protectrices de la possession avaient alors pour avantage de permettre à cette personne d'être protégée sans avoir à établir la preuve toujours délicate de sa propriété. Si le propriétaire-possesseur décidait d'exercer une action possessoire, il ne pouvait plus exercer d'action dite pétitoire, c'est-à-dire sur le fondement de son droit de propriété.

– Il était également souhaitable que des actions protègent la possession, lorsque la propriété et la possession ne coïncident pas, car le possesseur pouvait alors faire prévaloir ses droits qui avaient été reconnus utiles, sur ceux de tiers[2]. Lorsqu'elle n'était pas invoquée contre le propriétaire, cette protection était étendue aux détenteurs précaires (C. civ., art. 2278, al. 2).

Il existait trois actions protectrices de possession, toutes trois héritées du droit romain et longtemps décrites dans le Code de procédure civile : la complainte, la dénonciation de nouvel œuvre et l'action en réintégration.

185 **Suppression des actions possessoires.** Plusieurs arguments plaidaient en faveur de leur suppression. La trop grande complexité de leur mise en œuvre, liée notamment aux ambiguïtés de la distinction du possessoire et du pétitoire et aux complications inutiles engendrées par le principe du non-cumul du possessoire et du pétitoire, avaient conduit à rechercher la protection de la possession par une voie ouverte par la Cour de cassation en 1966 lorsqu'elle a admis en la matière le recours au référé[3]. Elles étaient donc très rarement exercées (moins de 400 par an, voire entre 200

1. Civ. 1re, 6 févr. 1996, *D.* 1996. Somm. 331, obs. R. Libchaber.
2. V. ss 146.
3. Cass., ass. plén., 28 juin 1996, D. 1996, juris. 497, concl. J.-F. Weber et 500, note J.C. Coulon.

et 300 ces dernières années). Le projet de réforme du droit des biens envisageait de les supprimer[1]. Cette position fut rejointe par la Cour de cassation qui demanda dans quatre rapports successifs de les abroger. La loi du 16 février 2015 a exaucé ce vœu en abrogeant l'article 2279 du Code civil. Cette abrogation a été complétée par celle des articles 1264 à 1267 du Code de procédure civile par la voie réglementaire, ces dernières dispositions devenant déjà caduques à compter de l'entrée en vigueur de la loi, c'est-à-dire du 18 février 2015. Depuis cette date, seules les actions en référé assurent l'exercice de la possession, sur le fondement de l'article 2278 du Code civil[2].

1. V. ss 4.
2. Solution expressément affirmée par Civ. 3e, 24 sept. 2020, no 19-16.370, *D.* 2020. 1887 et 2469, obs. L. Jariel.

Chapitre 4

Acquisition de la propriété par accession

186 **Définition du droit d'accession.** Le droit d'accession est expressément défini par l'article 546 du Code civil « la propriété d'une chose soit mobilière, soit immobilière, donne droit sur tout ce qu'elle produit, et sur tout ce qui s'y unit accessoirement, soit naturellement, soit artificiellement. Ce droit s'appelle droit d'accession ». Cette disposition est une application d'un principe beaucoup plus général « l'accessoire suit le principal ». Un propriétaire pourra conserver à titre d'accessoire tout ce qui a été produit ou s'est uni au bien.

187 **Application des règles de l'accession en matière de biens mobiliers.** L'accession a un domaine d'application général. En matière mobilière, le Code civil lui consacre une section entière (art. 565 à 577), mais ces dispositions sont peu appliquées pour deux raisons. En premier lieu, elles sont fortement concurrencées par le régime de la possession. Le propriétaire d'une vache deviendra propriétaire du veau, sans avoir à invoquer l'accession et le fait que le veau est le fruit de la vache. Il lui suffira d'invoquer sa qualité de possesseur du veau et il sera immédiatement reconnu comme son propriétaire, en application de l'article 2276 du Code civil. En second lieu, ces dispositions sont peu appliquées en matière mobi-

lière, car elles ont été écartées par certaines règles du droit commercial. Elles auraient trouvé un vaste domaine d'application suite à la multiplication des clauses de réserve de propriété. Sans stipulations contractuelles, il est difficile d'imaginer des situations pratiques correspondant aux cas décrits par les articles 565 et suivants du Code civil : des choses mobilières qui seraient réunies ensemble pour former un tout, alors qu'elles appartiennent à des propriétaires différents. En revanche, en présence d'une clause de réserve de propriété, il est fréquent que des marchandises soient incorporées à un ensemble plus vaste, sans que leur propriété ait encore été transférée à l'acquéreur fabricant. Seront mélangés des biens appartenant encore au vendeur avec des biens appartenant déjà à l'acquéreur. Dans ce cas, le régime du Code civil a été écarté au profit d'une réglementation incorporée dans le Code de commerce. Si une action en justice est intentée, c'est le plus souvent à la demande du bénéficiaire de la clause de réserve de propriété qui souhaite revendiquer sa marchandise, car il n'a pas été payé. En général, l'acquéreur défaillant fera alors l'objet d'une procédure collective. Le régime applicable sera celui décrit par l'article L. 624-12 du Code de commerce, qui ne fait aucune allusion ni renvoi aux dispositions du Code civil sur l'accession. Pour ces deux raisons, les règles de l'accession mobilière sont fort peu appliquées.

188 Application des règles de l'accession en matière de biens immobiliers. En matière immobilière, selon la définition donnée par l'article 546 du Code civil, il existe deux processus d'acquisition par accession : l'accession par production et l'accession par incorporation. Le premier permet au propriétaire du sol de devenir propriétaire des fruits et des produits qui en sont issus. Cette faculté correspond au *fructus* du bien et elle est reconnue à tout propriétaire du sol comme composante de son droit de propriété. En revanche, elle constitue un mode original d'acquisition des fruits en cas de perception par le possesseur, qui peut les conserver s'il est de bonne foi (C. civ., art. 549 et 550). Le second processus d'accession est expressément consacré par l'article 551 du Code civil : « tout ce qui s'unit et s'incorpore à la chose appartient au propriétaire ». Cette incorporation peut être causée par un fait de l'homme ou résulter d'un phénomène naturel. Il s'agit selon les cas d'une accession naturelle (SECTION 1) ou artificielle (SECTION 2).

SECTION 1
ACCESSION NATURELLE

189 **Description de l'accession naturelle.** L'accession naturelle est largement traitée dans le Code civil (art. 556 à 564). Elle permet d'acquérir la propriété de ce qui s'unit et n'est que l'accessoire d'un bien, que ce soit des animaux sauvages qui y circulent, les matériaux divers qui tombent du ciel et surtout des accroissements du fonds dus à l'action des eaux. Un propriétaire devient propriétaire de tout ce que l'eau vient ajouter à son fonds, que ce soit grâce à des alluvions (C. civ., art. 556), relais (C. civ., art. 557), avulsions (C. civ., art. 559), îles, îlots et atterrissements divers (C. civ., art. 560 s.)... Cependant, l'acquisition de la propriété est subordonnée au caractère naturel de l'accroissement. Si le phénomène naturel a pour cause majeure la réalisation de travaux, le critère de formation imperceptible disparaît et il devient impossible d'appliquer le régime de l'accession[1]. En revanche, si le propriétaire apporte la preuve que les apports constituent des atterrissements, il en devient propriétaire[2].

SECTION 2
ACCESSION ARTIFICIELLE

190 **Description des situations d'accession artificielle.** L'accession est artificielle lorsqu'elle porte sur le travail de l'homme. Elle permet à un propriétaire d'acquérir la propriété de toutes les constructions, plantations et ouvrages implantés sur son fonds.

1. Civ. 3e, 20 janv. 1988, *Bull. civ.* III, n° 18.
2. Même en cas de travaux, il est possible d'appliquer les règles de l'accession si les travaux n'ont pas eu un rôle déterminant dans le phénomène. Application de l'article 556 pour la construction d'un barrage qui n'aurait eu aucun rôle déterminant dans la formation des alluvions, Civ. 3e, 30 juin 1999, *JCP* 2000. I. 211, n° 1, obs. H. Périnet-Marquet.

Le plus souvent, un propriétaire plante et construit sur son fonds avec des matériaux qui lui appartiennent. En conséquence, il existe une double présomption :

– celui qui construit ou plante sur son sol est présumé propriétaire des matériaux et des plantations ;

– les constructions, plantations ou ouvrages élevés sur un fonds sont présumés réalisés par le propriétaire.

Le Code civil distingue les deux situations. Dans le premier cas, le propriétaire du sol a construit ou planté lui-même sur son terrain avec des matériaux qui ne lui appartenaient pas. La règle posée par l'article 554 lui permet de conserver les ouvrages en remboursant la valeur des matériaux et en versant éventuellement des dommages-intérêts. Le second cas a une application beaucoup plus fréquente. Il vise les constructions et plantations sur le terrain d'autrui. En pratique, ces situations ont deux origines. Dans certains cas, le constructeur édifie des constructions complètement sur le terrain d'autrui. Les règles de l'accession artificielle doivent alors être appliquées (**§ 1**). Dans d'autres cas, le propriétaire édifie sur un terrain dont il n'est pas propriétaire, car sa construction déborde sur le terrain voisin. Il s'agit du cas particulier de l'empiétement qui n'est pas soumis aux règles de l'accession artificielle (**§ 2**).

§ 1. Application des règles de l'accession artificielle aux constructions sur le terrain d'autrui

A. Conditions d'application de ce régime

191 **Application exclue si convention entre les parties sur cette question.** Les règles de l'accession ne sont pas d'ordre public et elles sont donc écartées lorsque les parties ont conclu une convention à cet effet. Ainsi, si un bail a été conclu, il sera appliqué par préférence aux dispositions applicables en matière d'accession, à condition de contenir des dispositions destinées à régir le sort des construc-

tions, c'est dire s'il s'agit d'un bail à construction ou si le bail prévoyait expressément une clause régissant les éventuelles constructions[1]. Les juges ont refusé de qualifier le concubinage de convention excluant par principe l'application de l'article 555[2]. En l'absence de clause réglant leur sort, toutes les constructions, plantations ou ouvrages élevés sur le terrain loué resteront la propriété du preneur pendant la durée de la convention. Ils seront soumis aux règles de l'accession à la fin de la convention[3]. De même un contrat de construction de maisons individuelles empêche d'appliquer l'article 555 et le constructeur ne sera pas tenu de remettre en état et donc de détruire les constructions réalisées si le maître d'ouvrage refuse de réceptionner pour cause de malfaçons, même si le contrat est annulé[4].

192 **Application limitée aux constructions neuves sur le terrain d'un tiers.** La jurisprudence a considéré que les règles de l'accession ne s'appliquaient qu'aux constructions neuves et pas aux réparations et améliorations de bâtiments.

En outre, elles ne s'appliquent qu'en cas de construction, plantations ou ouvrages faits par un « tiers ». Le possesseur du terrain, l'usufruitier, l'époux commun en bien, le concubin[5] ou l'indivisaire sont indiscutablement des tiers par rapport au terrain, mais les juges ont refusé cette qualification pour celui qui était à la fois concubin de la propriétaire, dirigeant d'une entreprise de construction et fournisseur d'une partie de la main-d'œuvre et des matériaux utilisés sur le chantier[6]. Mais cette situation est rare, car ceux qui se savent dans une situation précaire hésiteront le plus souvent à réaliser des constructions. En général, les constructions sont édifiées par quelqu'un qui se croyait propriétaire du fonds, comme le titulaire d'un juste titre ou le bénéficiaire d'une promesse de vente qui perd son option. Dans toutes ces hypothèses, la jurisprudence a appliqué les règles de l'accession au

1. Civ. 3e, 12 juill. 2000, *D.* 2000. IR 252, *JCP* 2001. II. 10537, note C. Chalas.
2. Jurisprudence ancienne reprise par Civ. 3e, 16 mars 2016, no 15-12.384, P *JCP* 2017. Chron. 454, no 4, obs. H. Périnet-Marquet.
3. Civ. 1re, 1er déc. 1964, *D.* 1965. 475, *JCP* 1965. II. 14213, note P. Esmein.
4. Civ. 3e, 24 avr. 2013, no 12-11.640, *JCP* 2013. Doctr. 1060, no 4, obs. H. Périnet-Marquet.
5. Civ. 3e, 29 avr. 2009, *JCP* 2009. I. 115, obs. Y. Favier, et Chron. 337, no 3, obs. H. Périnet-Marquet.
6. Civ. 3e, 3 juill. 2012, no 11-15.224, *D.* 2012. 2129, obs. B. Mallet-Bricout.

bénéfice du véritable propriétaire du terrain. Les juges justifient cette solution en considérant que le constructeur avait perdu rétroactivement ses droits et qu'il doit donc être qualifié de tiers au moment de la construction.

B. Description de ce régime

193 **Distinction entre constructeur de bonne foi et de mauvaise foi.** Le régime de l'accession est décrit de façon minutieuse et peu claire par l'article 555 du Code civil. Il varie suivant la bonne ou mauvaise foi de celui qui a édifié les constructions, plantations ou ouvrages. Par référence à l'article 550 du Code civil, est de bonne foi celui qui est en possession de l'immeuble sur lequel il fait des constructions et des plantations, en croyant en être propriétaire, en vertu d'un titre translatif dont il ignore les vices. Par extension, est considéré comme de bonne foi toute personne qui se croyait propriétaire du fonds au moment des constructions et même le locataire dans une affaire où les constructions avaient été édifiées avec l'assentiment des propriétaires « en l'absence de toute convention réglant le sort des constructions »[1]. Cette bonne foi est présumée.

194 **Droits du constructeur de bonne foi.** Le propriétaire du terrain devra alors conserver les constructions. Il versera une indemnité représentant à son choix, soit le coût des matériaux et le prix de la main-d'œuvre, estimés à la date de la demande de remboursement[2], soit la plus-value procurée au fonds par la construction ou la plantation, sans tenir compte du profit donc de l'amortissement comptable éventuel[3]. Par exemple, un garage est bâti en dépensant 10 000 euros de marchandises et 2 500 euros de main-d'œuvre. Cette construction supplémentaire procure une plus-value de 25 000 euros à la maison. Le constructeur découvre qu'il n'est pas titulaire d'un droit de propriété du terrain. Le pro-

1. Le locataire a été considéré de mauvaise foi, Civ. 3e, 12 juill. 2000, préc. ss 191, puis plus récemment de bonne foi par Civ. 3e, 17 déc. 2013, *JCP* 232, note S. Ravenne. Le résident d'une maison a été qualifié de bonne foi, Civ. 3e, 29 mars 2000, *D.* 2000. IR 143.
2. Civ. 3e, 22 févr. 2006, *JCP* 2006. I. 178, n° 2, obs. H. Périnet-Marquet, *D.* 2006. IR 676.
3. Civ. 3e, 27 oct. 2016, n° 15-21.495, *JCP* 2017. Chron. 454, n° 5, obs. H. Périnet-Marquet, *RTD civ.* 2017. 187, obs. W. Dross.

priétaire légitime conservera le garage en versant a priori 12 500 euros, c'est-à-dire la plus faible des deux sommes au choix (10 000 + 2 500 ou 25 000 euros), mais il ne pourra recevoir d'indemnité si la construction a apporté une moins-value au fonds[1].

195 **Droits du constructeur de mauvaise foi.** Face au constructeur de mauvaise foi, le propriétaire du fonds a le choix entre demander la destruction de l'ouvrage aux frais du constructeur et le conserver en indemnisant le constructeur. L'indemnisation sera calculée de la même façon que si le constructeur était de bonne foi. En cas de transfert de propriété de l'un des deux fonds, la bonne foi ne sera pas non plus prise en compte. L'acquéreur du fonds dans lequel sont incorporées les constructions ou plantations devient créancier des éventuelles sommes dues. L'acquéreur du fonds ayant appartenu au constructeur ne bénéficie pas du même transfert. En jugeant que « le droit à l'indemnisation du tiers évincé n'est pas rattaché à la propriété du fonds mais à la personne qui accomplit l'acte de planter », la Cour de cassation rattache le droit l'indemnisation à la personne du constructeur et le déconnecte de la propriété du fonds[2].

§ 2. Non-application des règles de l'accession artificielle aux situations d'empiétement

196 **Différentes solutions possibles en cas d'empiétement.** Compte tenu des incertitudes fréquentes en matière de délimitation des propriétés, un propriétaire construit parfois son bâtiment en empiétant sans le savoir sur le fonds de son voisin. Le plus souvent l'empiétement est minime, de quelques centimètres. La situation est alors difficile à trancher. L'application des règles de l'accession entraînerait la cession au propriétaire du fonds de la part de bâti-

1. Civ. 3e, 12 oct. 2011, n° 10-18.175, *D.* 2012. 2129, obs. B. Mallet-Bricout, *JCP* 2011. 1298, n° 3, obs. H. Périnet-Marquet ; *RDI* 2012. 88, obs. J.-L. Seube.
2. Civ. 3e, 13 mai 2015, n° 13-26.680, obs. J.B. Seube et Th. Revet, *Dr. & Pa.* 2015, n° 253, p. 85.

ment empiétant sur son terrain. Cette solution est peu satisfaisante, car il n'est pas du tout intéressant d'obtenir cette petite tranche d'immeuble, constituée en général par un simple mur. Pour éviter cette réponse peu satisfaisante, il reste deux solutions :

– soit on oblige la victime de l'empiétement à céder la bande de terrain sur laquelle a été réalisée la construction. Cette solution constitue une cession forcée. Elle est contraire à l'article 545 du Code civil. Sa généralisation inciterait les constructeurs qui ont besoin d'acquérir le terrain mitoyen et qui rencontrent un refus du voisin, à construire, sans même obtenir l'autorisation, grâce à cette possibilité de valider a posteriori leur empiétement ;

– soit on oblige l'auteur de l'empiétement à démolir la partie de la construction qui dépasse, en dépit du caractère excessif de cette solution qui risque d'entraîner la destruction de tout le bâtiment.

197 **Solution jurisprudentielle retenue.** Cette solution a également été appliquée à l'empiétement d'une branche, assimilant donc empiétement végétal et minéral[1]. La Cour de cassation a même affirmé à de multiples reprises, sous le visa de l'article 545 du Code civil, que la « défense du droit de propriété contre un empiétement ne saurait dégénérer en abus »[2], « qu'une servitude ne peut conférer le droit d'empiéter sur la propriété d'autrui »[3] et que le droit au respect du domicile ne suffit pas à écarter l'expulsion ou la démolition, les deux devant être respectivement appréciés par contrôle de proportionnalité[4]. Seules quelques décisions isolées des juges du fond refusent d'ordonner la démolition de la partie empiétant sur le fonds voisin[5]. Un arrêt de la Cour de cassation de 2016, resté isolé, a semblé marquer un léger infléchissement de cette

1. Civ. 3e, 18 oct. 2006, *JCP* 2007. I. 117, n° 3, obs. H. Périnet-Marquet.
2. Civ. 3e, 7 juin 1990, *Bull. civ.* III, n° 226 ; solution reprise par de nombreux arrêts ultérieurs dont récemment Civ. 3e, 30 oct. 2013, n° 12-22.169, *RTD Civ.* 2014, p. 147, note W. Dross.
3. En l'espèce, une servitude de passage avait donné lieu à la construction de six marches sur le fonds servant pour faciliter l'accès. La Cour de cassation a imposé la « démolition de l'escalier empiétant sur la propriété ». Civ. 3e, 1er avr. 2009, *LPA* 2009, n° 135, p. 18, note D. Archer, *JCP* 2009. Chron. 337, n° 14, obs. H. Périnet-Marquet, *D.* 2009. 2308, obs. B. Mallet-Bricout.
4. Civ. 3e, 17 mai 2018, n° 16-15.792, *JCP* 2018, 1093, n° 2, obs. H. Périnet-Marquet et 1356, note J. Laurent, *D.* 2018, 1772, obs. N. Reboul-Maupin.
5. Grenoble 30 juin 1998, *JCP* 1998. IV. 3541, a refusé d'ordonner la démolition d'un mur de soutènement dont le sommet empiétait de 5 à 19 cm sur l'espace situé au-dessus du fonds voisin, au motif qu'il n'était pas établi que cet empiétement constituait une gêne.

jurisprudence « jusqu'au-boutiste ». En l'espèce, la cour d'appel avait ordonné la démolition de la totalité d'un bâtiment pour un empiétement représentant une bande de 40 cm. L'arrêt est cassé pour ne pas avoir recherché s'il pouvait exister une autre solution pour supprimer l'empiétement, en l'espèce tout à fait possible grâce à un rabotage du mur[1]. Néanmoins, si l'empiétement a été accepté par un voisin conciliant, l'accord est alors opposable à l'acquéreur du bien à la condition qu'il ait été « publié ou mentionné dans l'acte de vente »[2]. Bien que la jurisprudence reste très catégorique, un auteur a considéré que « tous les voyants sont au vert pour faire souffler un vent de proportionnalité sur la sanction de l'empiétement »[3].

1. Civ. 3e, 10 nov. 2016, n° 15-25.113, *JCP* 2017, chron. 454, n° 2, obs. H. Périnet-Marquet, *RTD Civ.* 2017, p. 191, obs. W. Dross.
2. Civ. 3e, 1er juill. 2014, n° 13-18.506, *RTD Civ.* 2014, p. 917, note W. Dross.
3. L. Neyret, obs. Sous Civ. 3e, 10 nov. 2016 préc., *D.* 2017, p. 1789.

TITRE 3

PREUVES DE LA PROPRIÉTÉ

198 ***Probatio diabolica.*** En théorie, le problème de la preuve du droit de propriété est insoluble en droit français. Il n'existe aucun fichier de preuves préconstituées. En matière mobilière, un tel fichier serait inconcevable en raison du caractère mobile des meubles et en matière immobilière, le registre de la publicité foncière ne remplit pas une telle fonction[1]. Or, selon un adage célèbre, nul ne peut transférer plus de droits qu'il n'en a lui-même[2]. Celui qui souhaite établir sa propriété par un acte translatif doit donc prouver que son auteur avait une juste qualité de propriétaire et pour cela, il doit établir que l'auteur de son auteur était propriétaire etc. La chaîne des propriétés se remonte sans fin, c'est la fameuse *probatio diabolica.*

Aucune disposition légale n'est consacrée à la preuve de la propriété. Cette lacune ne doit pas étonner, car la preuve directe des droits n'est jamais traitée. N'est réglementée que la preuve des actes ou des faits juridiques d'où résulte l'existence de droits[3].

199 **Difficulté renforcée en cas de vie en couple.** Cette preuve est particulièrement difficile à apporter dans le cadre d'un couple. En effet, la vie commune engendre fréquemment une confusion des biens

1. V. ss 135.
2. *Nemo plus juris ad alium transfere potest quam ipse habet.*
3. F. Terré, Ph. Simler, *Droit civil, les biens, op. cit.*, n° 518, p. 410.

au cours de l'union, ainsi qu'une ingérence de chacun dans la gestion des biens personnels de l'autre. Il est courant qu'un bien soit acquis au nom de l'un des membres du couple, mais avec le concours financier de l'autre. Pour déterminer quels sont les droits respectifs de chacun sur ce bien, il convient de distinguer la situation du couple marié de celui qui a conclu un Pacs.

200 **Preuve de la propriété des biens possédés par un couple marié.** Lorsque les époux sont mariés, la preuve de la propriété de leurs biens acquis pendant le mariage est facile s'ils ont opté pour un régime de communauté, car ces biens seront le plus souvent communs (C. civ., art. 1401). La question est plus délicate si les époux sont mariés sous un régime de séparation de biens. Dans ce cas, selon l'article 1538, alinéa 1er, du Code civil, « tant à l'égard de son conjoint que des tiers, un époux peut prouver par tous les moyens qu'il a la propriété exclusive d'un bien ». Le plus souvent, l'un des époux dispose d'une facture établie à son nom lors de l'achat du bien. Face à un tel document, deux approches sont possibles. La tendance actuelle de la jurisprudence est de considérer que l'époux acquéreur est propriétaire exclusif du bien, à charge d'indemniser éventuellement le conjoint qui aurait participé au financement de l'opération[1]. Il serait concevable de considérer que le bien acquis dans ces conditions appartient en indivision aux époux. L'alinéa 3 de l'article 1538 du Code civil énonce que « les biens sur lesquels aucun des époux ne peut justifier d'une propriété exclusive sont réputés leur appartenir indivisément, à chacun pour moitié ». Actuellement, cette solution est rarement retenue par les juges. Presque systématiquement, la jurisprudence exclut l'application de l'article 2276 lorsque la propriété doit être établie entre des époux séparés de biens[2]. La possession ne pourra constituer une preuve de la propriété que pour des meubles à caractère personnel propres à l'un des époux, comme des bijoux[3].

1. Civ. 1re, 20 juin 1995, *JCP* 1995. I. 3908, n° 16, obs. Ph. Simler, G. Wiederkehr, M. Storck et A. Tisserand.
2. Civ. 1re, 20 juin 1995, préc.
3. Paris 2e ch., 23 mars 1981.

201 **Preuve de la propriété des biens possédés par un couple pacsé.** Lorsqu'un Pacs a été conclu, « chacun des partenaires peut prouver par tout moyen, tant à l'égard de son partenaire que des tiers, qu'il a la propriété exclusive d'un bien. Les biens sur lesquels aucun des partenaires ne peut justifier d'une propriété exclusive sont réputés leur appartenir indivisément, à chacun pour moitié » (C. civ., art. 515-5, al. 2, issu de L. 23 juin 2006). Mais cette règle est souvent insuffisante pour résoudre les problèmes de preuve de propriété entre les Pacsés, lors d'un décès ou d'une séparation. La vie commune rend la possession équivoque et la preuve de l'appartenance d'un bien sera donc particulièrement délicate à apporter.

202 **Preuve par tous moyens et à la charge du demandeur.** Dans tous les cas, la preuve de la propriété reste une question difficile. En application des règles de droit commun, elle sera à la charge du demandeur. La jurisprudence a affirmé que « la propriété d'un bien se prouve par tous moyens », à propos des biens immobiliers[1], puis mobiliers[2]. Il convient donc d'étudier les différents modes de preuve disponibles (CHAPITRE 1), puis leurs applications (CHAPITRE 2).

1. Civ. 3e, 20 juill. 1988, *Bull. civ.* III, n° 136. *Defrénois* 1989. 359, obs. I. Souleau, *RTD civ.* 1989. 776, obs. F. Zenati.
2. Civ. 1re, 11 janv. 2000, *D.* 2001. 890, note A. Donnier, *JCP* 2000. I. 265, n° 2, obs. H. Périnet-Marquet.

CHAPITRE 1

Modes de preuves disponibles

203 **Mêmes modes de preuves disponibles en matière mobilière et immobilière.** Les modes de preuves disponibles sont les mêmes en matière mobilière et immobilière, même si leur valeur varie suivant les cas. Il s'agit essentiellement de la possession, des titres et des indices matériels.

204 **La possession.** Même lorsqu'elle n'a pas les caractères lui permettant de faire acquérir la propriété, la possession a une forte fonction probatoire. En effet, elle constitue une présomption de propriété[1].

205 **Les titres.** La *probatio diabolica* empêche de considérer que les titres sont des preuves irréfutables. Néanmoins, leur production n'est pas totalement inutile, car ils fournissent une présomption de propriété, qu'ils soient déclaratifs (jugement, partage, etc.) ou translatifs (contrat, donation, etc.). Lorsque le titre prend la forme d'un contrat, il devrait être soumis à la règle de l'effet relatif des conventions qui produit deux conséquences. D'une part, le contrat n'est obligatoire que pour les parties contractantes et, d'autre part, quelqu'un qui n'est pas partie au contrat ne peut s'en prévaloir. Cette règle devrait empêcher une personne qui n'a pas conclu le titre établissant la preuve de la propriété de s'en prévaloir. Cette

1. V. ss 163, pour les meubles et ss 171, pour les immeubles.

solution a été rejetée par la Cour de cassation qui a affirmé que « la preuve de la propriété est étrangère à la question de l'opposabilité des actes aux tiers »[1]. Ainsi, les juges ont toujours considéré que cet acte n'a pas la force obligatoire d'une convention, mais qu'il doit être vu comme un fait juridique. De ce fait, il n'est pas soumis à la règle de l'effet relatif des conventions et les parties doivent prendre en compte.

206 **Les indices matériels.** En l'absence de possession et de titre, la preuve de la propriété pourra éventuellement être établie par des indices matériels. Ainsi, la jurisprudence accorde une certaine valeur probatoire à la configuration des lieux[2], aux indications du cadastre[3], au paiement d'impôts fonciers[4], etc.

1. Civ. 3e, 2 juill. 1997, *JCP* 1997. IV. 1888.
2. Des juges refusèrent à une commune le droit d'intégrer une parcelle de cour adjacente au trottoir au motif que « l'examen des photographies produites faisait apparaître que le terrain litigieux était pavé, alors que l'autre partie du trottoir ne l'était pas [...], le propriétaire de la cour y avait déposé des quartiers de roche et une vasque de fleurs... », Civ. 3e, 4 nov. 1998, *JCP* 1998. IV. 3443.
3. Req. 14 avr. 1904, *DP* 1904. 1. 247.
4. Civ. 1re, 14 oct. 1957, *Bull. civ.* I, no 368.

Chapitre 2

Application des preuves disponibles

207 **Situation de conflit entre preuves.** Le problème de la preuve de la propriété se pose en général à l'occasion d'un conflit entre deux personnes qui se prétendent propriétaires du même bien. Chacune invoque certaines preuves pour établir sa prétention et il faut alors régler ce conflit de preuve.

Les différentes confrontations possibles sont celles-ci :

Élements de preuve à la disposition de la partie A / Élements de preuve à la disposition de la partie B	Possession	Titre	Rien
Possession	1	2	3
Titre	2	4	5
Rien	3	5	6

208 **Possession contre rien (situation 3).** Une commune souhaitait prouver sa propriété sur une parcelle du domaine public communal. En l'espèce, il n'existait pas de numérotation cadastrale et la commune ne produisait « aucun autre élément ». Devant cette absence totale de preuve, la cour d'appel reconnut sans difficulté les droits

de l'occupant, bien qu'il n'ait pas pu opérer de prescription acquisitive[1]. Lorsque l'une des parties ne peut apporter aucune preuve de sa propriété, préférence est bien sûr donnée à la partie adverse qui invoque sa qualité de possesseur.

209 **Possession contre titre (situation 2).** Lorsque le délai requis est écoulé, la possession permet parfois de faire acquérir la propriété[2]. Il s'agit alors d'un mode d'acquisition originaire de la propriété. Elle efface donc toutes les propriétés antérieures, y compris celle d'un éventuel titulaire de titre.

Lorsque les conditions ne sont pas remplies pour permettre à la possession d'exercer sa fonction acquisitive, elle constitue alors une simple preuve de la propriété. Dans ce cas, la jurisprudence dominante considère que doit l'emporter celui qui invoque le fait le plus ancien, que ce soit l'entrée en possession ou le titre[3]. L'éventuelle publication de l'acte de notoriété ne permet pas nécessairement de le faire prévaloir sur un titre non publié car le conflit demeure entre possession et titre et non entre titres[4].

210 **Possession contre possession (situation 1).** Dans ce cas, aucune des parties ne produit de titre et chacune invoque en sa faveur des faits de possession. Les tribunaux donnent la préférence à la possession la mieux caractérisée[5], c'est-à-dire pas forcément la plus ancienne mais la plus apparente, la plus régulière, la moins équivoque etc.

211 **Titre contre titre (situation 4).** Si chacune des parties invoque un titre, il faut distinguer entre le cas des titres émanant du même auteur et celui des titres émanant d'auteurs différents.

Le conflit entre deux titres du même auteur est en principe réglé par l'application des règles de la publicité foncière. Le titre publié en premier sera opposable à l'autre, sauf mauvaise foi[6].

Si les deux titres produits à titre de preuve émanent d'auteurs différents, la jurisprudence donne la préférence au titre qui donne la propriété la plus vraisemblable, qui n'est pas forcément le plus ancien[7].

---

1. Aix-en-Provence 4e ch. B, 3 mars 1998, *JCP* 1998. IV. 2765.
2. Variable en fonction du caractère mobilier ou immobilier du bien, v. ss 159 s.
3. Civ. 22 juin 1864, *DP* 1864. 1. 512 pour la préférence accordée au titre antérieur à la possession ; Civ. 14 juin 1904, *DP* 1905. 1. 8, pour la préférence donnée à la possession antérieure au titre.
4. Civ. 3e, 22 mai 2013, n° 09-72.601, *RTD civ.* p. 641, note W. Dross.
5. Req. 19 avr. 1937, *D.* 1939. 1. 34, note Gaudin de la Grange.
6. V. ss 136.
7. Civ. 27 mars 1929, *S.* 1929. 1. 215.

212 **Titre contre rien (situation 5).** Une commune revendiquait la propriété d'un chemin qu'elle qualifiait de rural. Ce chemin traversait une propriété et permettait l'accès à une parcelle. Les propriétaires de la parcelle invoquaient également leur qualité de propriétaire et fondaient leur argumentation sur des titres publiés. Les juges rejetèrent les prétentions de la commune en constatant qu'elle n'apportait aucune preuve contraire au titre[1]. Cette solution est tout à fait logique. Lorsque la propriété fondée sur un titre n'est combattue par rien, les droits du bénéficiaire du titre sont établis.

213 **Rien contre rien (situation 6).** Parfois, les parties en présence ne produisent pas de titre et n'invoquent pas leur qualité de possesseur. Ils appuient leur prétention sur la configuration des lieux ou leur comportement, même s'il n'est pas constitutif d'une situation de possession[2]. Le juge tranchera alors en faveur de celui qui apporte les indices les plus convaincants.

214 **Synthèse.**

Élements de preuve à la disposition de la partie A / Élements de preuve à la disposition de la partie B	Possession	Titre	Rien
Possession	La possession la mieux caractérisée	La possession si elle est constitutive de propiété ou le fait le plus ancien	La possession
Titre	La possession si elle est constitutive de propriété ou le fait le plus ancien	Le premier titre publié ou le plus vraisemblable	Le titre
Rien	La possession	Le titre	Les indices les plus convaincants

1. Civ. 3e, 27 juin 2001, *JCP* 2001. 2569. Situation identique dans Civ. 3e, 2 juill. 1997, préc. ss 205.
2. Civ. 3e, 4 nov. 1998, préc. ss 206, où l'une des parties invoquait la configuration des lieux et l'autre, une commune, un arrêté municipal incluant dans le domaine public la parcelle litigieuse.

DEUXIÈME PARTIE

LA PROPRIÉTÉ DÉMEMBRÉE

215 **Notion de démembrement de propriété.** La propriété a été définie comme comprenant trois prérogatives : le droit d'user de la chose, le droit d'en percevoir les fruits et le droit d'en disposer. Il existe des droits réels ne conférant à leurs titulaires qu'une partie de ces attributs. Ils sont appelés démembrements du droit de propriété. Leur liste est longue et elle n'est pas close[1]. Certains sont apparus depuis 1804 comme l'emphytéose qui est le droit reconnu au preneur en application de ce bail à très long terme ou le droit de superficie qui est le droit accordé sur la surface d'un fonds dont le dessous appartient à un autre propriétaire. Ces deux droits peuvent être qualifiés de démembrements de propriété car ils sont :

– des droits réels. En conséquence de cette qualification, l'emphytéose et le droit de superficie sont susceptibles d'hypothèque[2] ;

– des droits ne conférant à leur titulaire qu'une partie des prérogatives de la propriété. Ainsi, l'emphytéote a le droit d'*usus* et de *fructus*, mais aussi de bénéficier de l'accession, d'acquérir au profit du fonds une servitude… alors que le bailleur conserve les

1. Dans ce sens, F. Terré, Ph. Simler, *Droit civil, les biens, op. cit.*, n° 772, p. 698.
2. Sur le régime des droits réels, v. ss 63 s.

autres droits. Dans le cas du droit de superficie, il y a superposition des droits du tréfoncier et du superficiaire.

L'obligation réelle environnementale introduite par la loi nº 2016-1087 du 8 août 2016 pourrait constituer une illustration de cette démarche créatrice[1].

Deux démembrements de propriété sont exposés dans le Code civil. Elles restent encore aujourd'hui les applications pratiques les plus importantes de ce concept. Il s'agit du démembrement entre la nue-propriété et l'usufruit (TITRE 1) et des servitudes (TITRE 2).

1. V. ss 268.

Titre 1

L'USUFRUIT

216 **Première approche de la notion.** Sociologiquement, l'usufruit est une situation fréquente. Un auteur évoque une « immense foule de vieilles dames usufruitières (puisque le conjoint survivant, c'est statistiquement la femme), aux mains débiles et inexpertes »[1]. Cette représentation doit être nuancée par les nombreuses applications nouvelles de l'usufruit, en particulier en droit des sociétés lorsqu'il porte sur des actions et qu'il permet de réaliser des montages juridiques ou financiers. La notion doit être définie (Chapitre 1), avant d'étudier les différentes phases de son régime : sa constitution (Chapitre 2), ses effets (Chapitre 3) et son extinction (Chapitre 4).

1. J. Carbonnier, *Droit civil*, t. 3, *Les biens*, *op. cit.*, n° 102, p. 178.

CHAPITRE 1

Notion d'usufruit

217 **Définition négative et positive.** La notion d'usufruit peut être présentée positivement, par sa définition et ses caractères (SECTION 1), ou négativement, en la distinguant d'autres droits réels attribuant également l'usage et la jouissance d'un bien, les droits d'usage et d'habitation (SECTION 2).

SECTION 1

PRÉSENTATION DE L'USUFRUIT

§ 1. Définition et caractères de l'usufruit

218 **Définition de l'usufruit.** L'usufruit est un droit réel, défini par l'article 578 du Code civil comme « le droit de jouir des choses dont un autre a la propriété comme propriétaire lui-même, mais à charge d'en conserver la substance ». L'usufruitier peut habiter dans la maison, il peut la louer, mais il ne peut pas la vendre. Le bien ne pourra être vendu que par le nu-propriétaire, et la vente ne devra pas porter atteinte aux droits de l'usufruitier. En pratique, la cession portera sur un bien occupé, ce qui limitera fortement les acheteurs potentiels.

Dès lors, il est simple de présenter ce démembrement de propriété sous forme de schéma :

USUFRUITIER { USUS, FRUCTUS }

NU-PROPRIÉTAIRE { ABUSUS }

L'usufruit présente deux caractéristiques principales : c'est un droit réel et temporaire.

219 **L'usufruit est un droit réel.** L'usufruit et la nue-propriété sont deux droits réels parallèles, qui en principe, se côtoient en s'ignorant. L'usufruitier a un droit d'usage sur la chose, mais sa situation est différente de celle d'un autre titulaire de droit d'usage, le locataire, qui ne dispose que d'un droit personnel de créance. Ainsi, le locataire ne peut agir que contre la personne du bailleur pour obtenir l'application de son droit de jouir de la chose. En revanche, l'usufruitier, titulaire d'un droit réel, n'a aucune relation avec le nu-propriétaire. Il est directement en contact avec le bien et peut en retirer lui-même la jouissance. Étant un droit réel, l'usufruit est susceptible de possession et d'hypothèque.

220 **L'usufruit est un droit temporaire.** Le refus de constituer des usufruits définitifs vient de la crainte de voir se remettre en place des distinctions du type de celle de l'ancien droit entre domaine éminent et domaine utile[1]. Un droit perpétuel ne pourra donc pas être qualifié d'usufruit[2].

L'usufruit peut être créé pour une durée déterminée. Si aucune durée n'a été prévue, il sera viager lorsqu'il existe au profit d'une personne physique. Dans ce cas, pour déterminer le montant des droits à payer lors d'une transmission d'usufruit ou de nue-propriété, le droit fiscal a établi une valeur dégressive de l'usufruit en fonction de l'accroissement de l'âge de l'usufruitier[3]. Lorsqu'il

1. V. ss 71.
2. Civ. 3e, 18 janv. 1984, *D.* 1985. 504, note F. Zenati, *JCP* 1986. II. 20547, note J.-F. Barbiéri.
3. Par exemple, lorsque l'usufruitier a moins de 21 ans, la valeur de l'usufruit est de 90 % de la propriété entière et la valeur de la nue-propriété par déduction de 10 %, lorsque l'usufruitier a moins

est constitué au profit d'une personne morale, il ne doit pas dépasser 30 ans (C. civ., art. 619).

§ 2. Appréciations de cette présentation de l'usufruit

A. Appréciation juridique

221 **Renouvellement de l'analyse juridique classique de l'usufruit.** Le nu-propriétaire est ainsi dénommé, car il a été dépouillé de l'*usus* et du *fructus*, au profit de l'usufruitier, tous deux disposant de droits réels sur le bien. Cette présentation simple et claire est acceptable lorsque l'usufruit porte sur un bien corporel, mais elle a été critiquée lorsque l'usufruit porte sur un bien incorporel. Ainsi, l'usufruit d'une créance permet d'exercer l'*usus* et le *fructus* sur la créance, c'est-à-dire d'en percevoir les fruits. Cette prérogative se traduit par la possibilité de réclamer son dû au débiteur de la créance et elle constitue donc un droit personnel. Dès lors, comment accepter une qualification de droit réel pour cette prérogative qui se révèle personnelle ? Pour répondre à cette objection, la doctrine a proposé soit de faire évoluer le concept de droit réel[1], soit de dénaturer l'usufruit lorsqu'il porte sur un droit incorporel[2], soit de voir dans l'usufruit non un démembrement, mais une limitation de propriété, dans ses attributs et sa durée : une propriété temporaire limitée aux fruits[3].

B. Appréciation pratique

222 **Usufruit successoral.** La situation d'usufruitier est très fréquente, car ce droit réel et temporaire est un instrument précieux pour organiser la répartition des biens d'un défunt. L'usufruit permet

de 31 ans, la valeur de l'usufruit passe à 80 % de la propriété entière... lorsque l'usufruitier a moins de 91 ans, la valeur de l'usufruit est de 20 % de la propriété entière... Barème révisé applicable aux opérations réalisées à compter du 1er janvier 2004.

1. F. Zenati-Castaing, Th. Revet, *Les biens*, *op. cit.*, n° 344, p. 503.
2. H.L.J. Mazeaud, *Leçons de droit civil, Biens, droit de propriété et ses démembrements*, 5e éd., par M. de Juglard, n° 1651, p. 384.
3. Carbonnier, *Droit civil*, t. 3, *Les biens*, *op. cit.*, n° 104, p. 179.

de concilier les besoins des enfants qui ont vocation à recueillir l'héritage à terme et les besoins du conjoint survivant qui doit disposer de moyens de subsistance jusqu'à sa mort. En outre, chacun souhaite assortir ses droits d'une protection maximale et ne veut pas voir sa situation dépendre du bon vouloir de l'autre. Une institution viagère établissant un droit réel conférant des prérogatives directes sur le bien constitue une réponse parfaite à ces demandes. C'est pourquoi l'usufruit est fortement utilisé par le droit des successions.

Si le défunt n'a pris aucune disposition testamentaire, en présence d'enfants, la loi va distinguer[1] :

– soit tous les enfants sont issus des deux époux, le conjoint survivant aura alors une option. Il pourra choisir entre le quart des biens en toute propriété ou l'intégralité en usufruit ;

– soit un ou plusieurs enfants ne sont pas issus des deux époux et le conjoint n'aura alors pas le choix. Il recevra un quart des biens en toute propriété.

223 **Inconvénients de l'usufruit.** Cette situation utile et fréquente comporte des défauts.

D'une part, l'usufruit présente des inconvénients pour les personnes qui y sont soumis. Ainsi, si le défunt laisse un conjoint beaucoup plus jeune que lui, les enfants ne pourront recueillir le bien que peu de temps avant leur propre mort. Toute leur vie durant, ils ne disposeront que d'un droit dépourvu de valeur économique. Ils ne pourront modifier contractuellement cette organisation de la succession que si le conjoint survivant y consent. Aujourd'hui, même si les deux membres du couple avaient des âges proches, l'usufruit a de fortes chances de se prolonger longtemps compte tenu de la grande différence d'espérance de vie entre les hommes et les femmes.

D'autre part, l'usufruit présente des inconvénients pour le bien. L'usufruitier jouit de la chose dans l'immédiat sans être intéressé à son avenir. Il risque donc de tirer tout de suite un trop fort rendement immédiat de la chose au détriment de l'exploitation

1. Dispositions issues de la réforme des successions du 4 déc. 2001.

future ou de négliger les éventuelles réparations importantes sur le bien au motif qu'il n'en tirera pas personnellement profit.

SECTION 2
DIFFÉRENCES AVEC LES DROITS D'USAGE ET D'HABITATION

224 **Notions proches de celle d'usufruit.** Les droits d'usage et d'habitation ont été qualifiés de « petit usufruit »[1] ou de « diminutif »[2] de l'usufruit. Ces notions sont donc proches de celle d'usufruit. Elles doivent être décrites (**§ 1**). Leur comparaison avec l'usufruit permettra de préciser et compléter la définition de l'usufruit (**§ 2**).

§ 1. Notion des droits d'usage et d'habitation

225 **Description des droits d'usage et d'habitation.** Comme l'usufruit, le droit d'usage est un droit réel, qui confère un droit d'user et de jouir d'un bien. À la différence de l'usufruit, son titulaire ne peut exercer ces prérogatives que dans la limite de ce qui est nécessaire pour satisfaire ses besoins et de ceux de sa famille et il ne peut les céder ni les louer (C. civ., art. 631). Cependant, l'article 628 du Code civil énonce que les parties peuvent restreindre ou étendre conventionnellement ces droits si elles le souhaitent, s'écartant ainsi des besoins de l'usager. Le droit d'usage est souvent utilisé pour aider un membre de sa famille en mauvaise situation financière, en lui accordant la possibilité par exemple d'exploiter un terrain pour lui éviter le risque de se retrouver sans aucune ressource.

1. Planiol et Ripert, t. III, 2e éd. par M. Picard, n° 880.
2. Terminologie fréquemment employée, v. par ex., J.-L. Bergel, M. Bruschi, S. Cimamonti, *Traité de droit civil, les biens*, *op. cit.*, n° 278, p. 319.

Le droit d'habitation n'est que le droit d'usage appliqué à une maison[1]. Par exemple, dans un jugement de divorce, le mari peut accorder à sa femme un droit d'habitation personnel qui lui permettra d'occuper la maison.

§ 2. Comparaison des droits d'usage et d'habitation avec l'usufruit

226 **Différences entre les droits d'usage et d'habitation et l'usufruit.** Les droits d'usage et d'habitation sont soumis pour l'essentiel aux règles applicables à l'usufruit, que ce soit quant à leur durée temporaire, à leurs causes d'extinction, aux droits imposés aux parties lors de l'entrée dans les lieux et pendant la période de jouissance...

Cependant, à la différence de l'usufruit, ces droits :

– ne peuvent être que d'origine conventionnelle, car « il n'y a pas de droit légal d'usage ou d'habitation »[2] ;

– ne permettent d'utiliser le bien que pour les besoins de la famille, c'est-à-dire les parents et enfants à charge[3] ;

– interdisent de donner le bien en location en précisant que si une autorisation conventionnelle de consentir un bail a été donnée, le droit d'usage et d'habitation est transformé en usufruit[4] ;

– sont strictement *intuitu personae* et ne peuvent être ni cédés ni loués, ni saisis (C. civ., art. 631 et 634).

1. Douai 26 mai 1976, *Gaz. Pal.* 1977. 1. Somm. 62.
2. Paris 11 janv. 1993, *D.* 1993. Somm. 303, obs. A. Robert.
3. Douai 8e ch., 24 févr. 1983.
4. Limoges 1re ch., 6 mars 1989.

CHAPITRE 2

Constitution de l'usufruit

SECTION 1

SOURCE DE L'USUFRUIT

227 **Diversité des sources.** Selon l'article 579 du Code civil, « l'usufruit est établi par la loi ou par la volonté de l'homme ». L'usufruit est le plus souvent légal (**§ 1**) ou conventionnel (**§ 2**). Il peut également être acquis grâce à l'écoulement d'une prescription acquisitive et accordé par un juge, par exemple à titre de prestation compensatoire après un divorce (C. civ., art. 274). Ces situations restent tout à fait exceptionnelles.

§ 1. Usufruit légal

228 **Variété des situations d'usufruit prévues par la loi.** L'usufruit légal le plus appliqué est celui accordé au conjoint survivant sur tout ou partie des biens du conjoint prédécédé sans testament (C. civ., art. 757)[1]. Les dernières réformes du droit des successions ont

1. V. ss 222.

restreint l'application de cet usufruit en étendant les cas où le conjoint survivant détient ses droits en pleine propriété.

D'autres usufruits sont accordés par la loi. Par exemple, la jouissance légale confère aux pères et mères l'usufruit des biens de leurs enfants, tant que ceux-ci n'ont pas atteint l'âge de 16 ans (C. civ., art. 386-1 s.).

§ 2. Usufruits contractuels

229 **Grande variété des situations d'usufruits établis par contrat.** L'usufruit peut être établi par contrat, à titre gratuit ou onéreux. Les applications conventionnelles sont aussi variées que l'imagination humaine est étendue. Deux montages sont particulièrement fréquents :

230 **Usufruit utilisé par des parents pour transmettre leurs biens aux enfants.** Un démembrement de propriété suivi d'une transmission de l'usufruit des biens aux enfants présente deux avantages. En premier lieu, il permet aux parents de conserver la jouissance de leurs biens jusqu'à leur mort et d'être à l'abri d'un éventuel comportement désagréable de leurs enfants qui souhaiteraient les expulser de leur maison... En second lieu, cette solution permet une économie fiscale, car les droits de donation ne seront payés que sur l'usufruit, dont la valeur est toujours moindre que la pleine propriété[1]. Au décès des parents, les enfants verront se reconstituer la pleine propriété sans avoir à payer aucun droit supplémentaire.

231 **Usufruit utilisé en droit des sociétés, pour répartir les droits sur les titres.** Ces opérations pourront permettre de satisfaire des objectifs variés. Elles permettent aux utilisateurs de détourner des règles de droit des successions et de transmettre des biens au détriment d'héritiers réservataires[2]. Elles permettront également d'accroître les droits de vote accordés par rapport au capital apporté. Le Code civil et le Code de commerce contiennent diverses dispositions

1. Sur cette valeur, v. ss 220.
2. Pour un ex. d'un tel montage, v. J.-P. Dom, *Les montages en droit des sociétés, aspect en droit interne*, éd. Joly, 1998, n° 124.

applicables à l'usufruit des droits sociaux[1]. La loi du 19 juillet 2019 a consacré la jurisprudence antérieure en accordant à l'usufruitier et au nu-propriétaire un droit d'ordre public de participer aux décisions collectives. En revanche la répartition du vote reste posée par des règles supplétives du Code civil et les parties préfèrent souvent mettre en place leur propre organisation conventionnelle de l'usufruit, bien que la doctrine soulève de vives objections quant à l'application d'un droit réel comme l'usufruit à des droits incorporels[2]. Par convention, il sera ainsi possible de redistribuer les droits de vote entre le nu-propriétaire et l'usufruitier des titres.

Section 2
Objet de l'usufruit

232 **L'usufruit peut porter sur tous les biens.** Selon l'article 580 du Code civil, « l'usufruit peut être établi sur toute espèce de biens meubles ou immeubles ». Il peut donc porter sur des biens corporels ou incorporels comme un fonds de commerce, des valeurs mobilières ou des droits de propriétés artistiques ou industrielles. En dépit de ce principe général, il existe deux situations qui nécessitent une étude particulière, les biens consomptibles (**§ 1**) et les universalités (**§ 2**).

§ 1. Les biens consomptibles : le quasi-usufruit

233 **L'usufruit sur des biens consomptibles.** Certains biens se détruisent par leur usage. Ils sont qualifiés de consomptibles comme l'essence, la nourriture ou l'argent. Attribuer des droits d'usage et de jouissance sur ces biens est impossible sans les consommer. Or, cette consommation relève de l'*abusus*. Ces biens ne pourront

1. C. com., art. L. 225-110, L. 225-118, L. 225-140 et L. 225-149, et C. civ., art. 1844, al. 3.
2. V. ss 221.

donc pas faire l'objet d'un usufruit classique. Le régime qui leur sera appliqué sera qualifié de quasi-usufruit. Le quasi-usufruitier doit rendre, à l'expiration de son droit, les choses qu'il a reçues en même qualité et quantité. Cette règle remonte au droit romain et les rédacteurs du Code civil l'ont inséré dans l'article 587. Sous réserve de cette disposition prévoyant une restitution par équivalent, le quasi-usufruit est identique à l'usufruit. La jurisprudence reconnaît depuis longtemps aux parties le pouvoir de qualifier de consomptibles des biens qui ne le sont pas naturellement[1] et le régime du quasi-usufruit pourra ainsi être appliqué par préférence à celui de l'usufruit par une simple expression de volonté.

§ 2. Les universalités

234 **Usufruit sur des universalités de droit ou de fait.** Lorsque l'usufruit porte sur une universalité, il est qualifié d'usufruit universel ou à titre universel. En cas de dévolution successorale, l'usufruit a souvent pour objet une universalité de droit, si la succession est réglée en accordant l'usufruit de tout ou partie du patrimoine du défunt. L'usufruitier est alors soumis à des droits et des obligations sur des actifs, mais également sur le passif. Cette situation est le seul cas où l'usufruitier sera tenu de contribuer au paiement de dettes, selon des modalités très précisément décrites par l'article 612 du Code civil. L'usufruit peut également avoir pour objet une universalité de fait, en particulier lorsqu'il porte sur un fonds de commerce. L'usufruitier pourra alors user et jouir des différents éléments du fonds, mais il sera tenu de les restituer lors de l'extinction de l'usufruit, à l'exception des marchandises qui pourront être restituées par équivalent[2]. Les juges ont également qualifié d'universalité un portefeuille de valeurs mobilières. Ils ont reconnu à l'usufruitier le droit d'aliéner les actions[3], mais ils lui imposent de conserver la substance du portefeuille, de le rendre

1. Req. 30 mars 1926, *D.* 1926. 217.
2. J.-P. Chazal, « L'usufruit d'un fonds de commerce », *Defrénois* 2001. 167 à 185.
3. Civ. 1re, 12 nov. 1998, *D.* 1999. 167, note L. Aynès, *JCP* 1999. I. 120, n° 29, obs. H. Périnet-Marquet, et II. 10027, note S. Piedelièvre.

et de communiquer au nu-propriétaire tous les renseignements sur son évolution[1]. Ces cessions ne constituent pas l'exercice d'un droit d'*abusus* sur l'objet de l'usufruit, le portefeuille. Elles ne portent que sur des titres, considérés comme de simples composants de cet objet.

1. Civ. 1re, 3 déc. 2002, *D.* 2003. 2495, note D. Fiorina.

CHAPITRE 3

Effets de l'usufruit

235 **Reprise de la méthode du Code civil.** Le Code civil expose de façon fort détaillée les droits et les obligations de l'usufruitier. En revanche, aucun article ne concerne la situation du nu-propriétaire. Reprenant cette méthode, la situation de l'usufruitier sera étudiée (SECTION 1), pour pouvoir déduire par défaut celle du nu-propriétaire (SECTION 2).

SECTION 1

SITUATION DE L'USUFRUITIER

§ 1. Droits de l'usufruitier

236 ***Usus, fructus* et *abusus*.** Pour l'essentiel, comme son nom l'indique, l'usufruitier détient des droits d'usage (**A**) et de jouissance (**B**). Néanmoins, il peut également disposer de son droit en réalisant un acte d'aliénation ou de cession à titre gratuit de son usufruit. Cette transmission pourra être faite sans l'autorisation du nu-propriétaire. Elle ne pourra pas modifier la consistance du droit de l'usufruitier et l'usufruit continuera à s'éteindre au décès du cédant ou à l'échéance initialement prévue.

A. Droit d'usage

237 **Description du droit d'usage de l'usufruitier.** L'usufruitier peut se servir de la chose, soit directement, soit en la donnant à bail (C. civ., art. 595). Il peut exercer les droits d'usage sur le bien exactement dans les mêmes conditions que l'aurait fait le propriétaire, étant également soumis à l'obligation de respecter la destination et l'aménagement des lieux. Le Code civil précise que lorsque l'usufruit porte sur des biens qui subissent une certaine usure du fait de leur utilisation, comme les meubles meublants et le linge, l'usufruitier n'aura pas à assumer la charge des détériorations dues à l'usage normal qu'un bon entretien ne peut empêcher, excepté si la détérioration est due à son dol ou sa faute (C. civ., art. 589).

Son droit de jouissance permet également à l'usufruitier d'apporter des améliorations au bien, qui ne sont pas assimilées à des grosses réparations et pourront donc être déduites de leur assiette d'imposition sur la fortune[1].

L'usufruitier peut même construire sur le fonds. Jusqu'à la cessation de l'usufruit, il est propriétaire des constructions qu'il a édifiées. En 2012, la Cour de cassation a refusé de qualifier de donation indirecte l'accession différée au décès de l'usufruitier des constructions édifiées sur un bien démembré[2]. Il sera ainsi possible de transmettre à faible coût fiscal son patrimoine, les parents faisant une donation de la nue-propriété en conservant l'usufruit, finançant une construction qui sera récupérée par leurs enfants en franchise d'impôt lors de la reconstitution de la pleine propriété[3].

B. Droit de jouissance

1. Étendue de ce droit de jouissance

238 **Perception des fruits naturels, industriels et civils.** Le Code civil décrit avec précision l'étendue de ce droit de jouissance.

1. Com. 12 juin 2012, n° 11-11.424, *D.* 2012. 2139, obs. B. Mallet-Bricout, *JCP* 2012. 1186, n° 5, obs. H. Périnet-Marquet qui a qualifié d'amélioration « des travaux de démolition, de reconstruction d'une habitation d'une superficie supérieure, de construction d'une piscine et d'aménagement du terrain ».
2. Civ. 3e, 19 sept. 2012, n° 11-15.460, *JCP N* 2012. 1513, obs. J.-P. Garçon, *JCP* 2012. 1267, note Travely et C. Colard, *RTD civ.* 2012. 751, obs. Th. Revet.
3. V. ss 230.

L'article 582 énonce que l'usufruitier a le droit de jouir de toute espèce de fruits et il cite trois catégories de fruits :

– les fruits naturels. Ils sont définis par l'article 583 comme ceux qui sont le produit spontané de la terre et du croît des animaux ;

– les fruits industriels. Ils sont également définis par l'article 583 comme ceux qu'on obtient par culture ;

– les fruits civils. Ils sont décrits par l'article 584 comme les loyers de maisons, les intérêts des sommes exigibles, les arrérages des rentes et les prix des baux à ferme.

Au-delà d'un simple intérêt descriptif, cette classification est importante, car les trois catégories de fruits connaissent des différences de régimes. Ainsi, les fruits naturels et industriels s'acquièrent par leur perception, permettant à l'usufruitier de récolter même ce qu'il n'a pas semé (C. civ., art. 585). Les fruits civils sont réputés s'acquérir jour par jour et ils appartiennent à l'usufruitier à proportion de la durée de son usufruit (C. civ., art. 586).

Aujourd'hui, les fruits perçus par les usufruitiers sont plus fréquemment des revenus de titres mobiliers ou des loyers d'immeubles que des récoltes et des croîts de troupeaux. La loi, dans l'article 584 du Code civil, a défini les loyers d'immeubles comme des fruits civils. En revanche, les revenus de titres ont été qualifiés de fruits par la jurisprudence[1] sans que soit précisée leur nature civile ou industrielle. Leur régime reste incertain, car aucun critère clair et indiscutable ne permet de déterminer leur qualification exacte, qui n'a pas été fixée. Il est donc parfois difficile de savoir qui doit percevoir les bénéfices distribuables[2].

239 **Perception des produits réguliers et périodiques.** En principe, le droit de jouissance de l'usufruitier ne s'applique pas aux produits de la chose, définis comme étant des revenus non périodiques, qui

1. Civ. 1re, 21 oct. 1931, *DP* 1933. 1. 100, note Cordonnier ; *S.* 1933. 1. 137, note Batiffol. Plus récemment, Com. 5 oct. 1999, *D.* 2000. 552, note G. Morris-Becquet.

2. Pour Civ. 1re, 7 juill. 1941, *DH* 1941. 370, les dividendes courus jusqu'au jour du décès doivent être compris dans l'actif successoral, même s'ils n'ont été mis en paiement qu'au jour de l'exercice suivant. En revanche, Com. 23 oct. 1984, *Rev. sociétés* 1986. 97, note J.-J. Daigre, a jugé que le droit aux dividendes sociaux ne naît que de la décision des associés d'affecter les bénéfices.

altèrent la substance du bien. La perception des produits appartient au nu-propriétaire. Mais la distinction entre fruits et produits est parfois délicate. Lorsque les produits sont réguliers et périodiques, la loi les assimile aux fruits. Le Code civil décrit avec précision cette assimilation à propos des coupes prélevées sur les arbres. L'usufruitier est ainsi autorisé à couper des arbres dans une pépinière (art. 590). Il peut également couper les arbres parvenus à leur développement définitif, bien que cela entraîne leur disparition, car ils sont assimilés à des fruits (art. 591). Pour répondre à des problèmes plus fréquents aujourd'hui, la doctrine a proposé d'étendre ce régime aux valeurs mobilières[1].

2. Mise en œuvre de ce droit de jouissance

240 **Pouvoirs d'administration du bien.** Pour mettre en œuvre son droit de jouissance, l'usufruitier dispose de pouvoirs d'administration du bien. Il peut faire tous les actes conservatoires qui permettront d'éviter la disparition de la chose comme les réparations urgentes ou la souscription d'assurances. Il peut également faire des actes d'administration[2], en particulier exercer toutes les actions en justice visant à faire valoir ses droits, que ces actions soient personnelles, par exemple pour obtenir des dommages-intérêts, ou pour défendre sa possession[3].

241 **Cas particulier de la conclusion des baux.** Le Code civil prévoit un régime précis en matière de conclusion des baux. Il faut distinguer les baux que l'usufruitier peut conclure seul, de ceux qui nécessitent l'intervention du nu-propriétaire.

En dépit de la rédaction de l'alinéa 1er de l'article 595, l'usufruitier n'a qu'un pouvoir très limité de conclure seul des baux. Le contrat ne doit :

- ni avoir une durée supérieure à 9 ans,
- ni être de 9 ans ou moins et avoir été passés ou renouvelés moins de 3 ans avant l'expiration du bail précédent,

1. J. Le Clavez, « L'usufruit des valeurs mobilières de capitalisation (ou les bois taillis du XXe siècle) », *D.* 1994. Chron. 125.
2. Sur les catégories d'actes conservatoires et d'actes d'administration, utilisées également en droit des incapacités, v. A. Marais, *Droit des personnes*, Dalloz, coll. « Cours », 2014, 254, p. 197.
3. V. ss 184 s.

– ni avoir pour objet un fonds rural ou un immeuble à usage commercial, industriel ou artisanal. Le bail conclu par l'usufruitier ne peut donc avoir pour objet qu'un immeuble d'habitation ou un fonds de commerce.

Tous les autres baux nécessitent le concours du nu-propriétaire, qu'il s'agisse :

– de tous les baux ruraux, qu'ils soient soumis ou non au statut du fermage ;

– de tous les baux sur les locaux commerciaux relevant du régime des articles L. 145-1 du Code de commerce ou même dérogeant à ce régime, car conclus pour une durée inférieure à 24 mois[1].

De tels baux seront frappés de nullité relative s'ils sont conclus sans autorisation du nu-propriétaire, qui sera le seul à pouvoir invoquer celle-ci et pourra agir sans attendre la fin de l'usufruit[2]. Cependant pour éviter d'accorder au nu-propriétaire un pouvoir de blocage discrétionnaire, l'usufruitier pourra obtenir de la justice une autorisation de conclure seul un bail que le nu-propriétaire aurait refusé de façon abusive.

§ 2. Obligations de l'usufruitier

242 **Obligations identiques à celles du propriétaire.** L'usufruitier est tenu à des obligations variées et nombreuses, car il doit se comporter « comme le propriétaire lui-même, mais à la charge d'en conserver la substance » (C. civ., art. 578). Il est possible de distinguer les obligations antérieures (**A**) et postérieures (**B**) à son entrée en jouissance.

A. Obligations antérieures à son entrée en jouissance

1. Obligation de réaliser un inventaire

243 **Inventaire fortement recommandé.** L'article 600 du Code civil précise que « l'usufruitier prend les choses dans l'état où elles sont ; mais

1. En revanche, la conclusion d'une convention d'occupation précaire ne nécessiterait par le concours du nu-propriétaire, Civ. 3e, 29 nov. 1995, *D.* 1997. Somm. 22, obs. A. Robert, *JCP* 1996. I. 3921, n° 18, obs. H. Périnet-Marquet.

2. Civ. 3e, 26 janv. 1972, *D.* 1975. 22, note J. Penneau, *JCP* 1972. II. 17104, note G. Goubeaux.

il ne peut entrer en jouissance qu'après avoir fait dresser, en présence du propriétaire, ou lui dûment appelé, un inventaire des meubles et un état des immeubles sujets à l'usufruit ».

Plusieurs situations doivent donc être envisagées :

– soit l'usufruitier, suivant ainsi les recommandations de l'article 600 du Code civil fait dresser un inventaire, avec l'accord du nu-propriétaire ou sans son accord, mais en sa présence ou l'ayant appelé à l'acte, l'inventaire successoral dressé par un notaire seul n'étant pas acceptable[1] ;

– soit l'usufruit était conventionnel et l'acte constitutif a prévu une dispense d'inventaire.

Lorsque l'usufruitier, par négligence ou en application d'une éventuelle autorisation conventionnelle, n'accomplit pas l'obligation d'inventaire, le nu-propriétaire aura alors intérêt à faire constater lui-même l'état des lieux par acte authentique pour éviter que cet état ne soit prouvé en sa défaveur par tout moyen, même par des témoignages, en fin d'usufruit.

2. Obligation d'accorder une caution

244 **Justification et application de l'obligation d'accorder une caution.** L'usufruitier est tenu à de nombreuses obligations financières envers le nu-propriétaire : il doit payer les réparations si le bien se révèle détérioré au moment de sa restitution, il doit fournir l'équivalent des biens qu'il a utilisés si l'usufruit portait sur des biens consomptibles… Pour garantir le paiement de ces sommes, l'usufruitier doit fournir une caution. Cependant, plusieurs éléments tempèrent la force de cette obligation :

– elle est rarement appliquée, car l'article 601 du Code civil qui l'impose, énonce ses nombreux cas d'exonération : lorsqu'elle est écartée par l'acte constitutif d'usufruit ou lorsque les père et mère ont l'usufruit légal du bien de leurs enfants ou lorsqu'une vente ou une donation a été réalisée sous réserve d'usufruit ;

l'usufruitier peut remplacer la caution par la fourniture d'une hypothèque sur ses immeubles ou la remise en gage des biens mobiliers ;

1. Civ. 1re, 6 mars 2019, n° 18-11.640, *D.* 2019. 1265 note Fr. Julienne, et p. 2216 obs. S. Godechot-Patris et Cl. Grare-Didier.

– l'usufruitier qui ne la fournit pas voit retardée son entrée en jouissance, mais la loi l'autorise cependant à louer les immeubles et à vendre les biens périssables.

B. Obligations postérieures à son entrée en jouissance

1. Obligations envers les locaux

245 **Respecter la destination des lieux et jouir des locaux en bon père de famille.** L'usufruitier doit « conserver la substance » des lieux (C. civ., art. 578), ce qui entraîne deux obligations principales, identiques à celles qui sont imposées au locataire : respecter la destination des lieux et jouir des locaux en bon père de famille.

Ainsi, l'usufruitier ne doit ni changer la destination juridique des lieux en transformant un local d'habitation en local commercial par exemple, ni transformer matériellement la chose[1]. L'article 599 du Code civil énonce que même les améliorations ne donneront lieu à aucune indemnité.

L'obligation de jouir en bon père de famille se traduit par des contraintes multiples, énoncées par les juges en fonction des besoins. Ainsi, l'usufruitier doit entretenir le bien, poursuivre le recouvrement des créances[2], s'abstenir d'épuiser les terres agricoles, exploiter un fonds de commerce, mais en adaptant sa jouissance aux circonstances économiques[3]...

2. Charges usufructuaires

246 **Détermination des charges usufructuaires.** L'usufruitier doit assumer les charges usufructuaires, définies comme les charges qu'il convient de prélever sur les revenus pour assurer l'administration normale des biens. À défaut de convention à ce sujet, la loi prévoit des règles supplétives de détermination de ces charges[4]. L'usufruitier doit assumer toutes les charges fiscales périodiques (impôts, taxes foncières...), mais surtout les dépenses d'entretien. Selon l'article 605 du Code civil, il doit prendre en charge les réparations

1. *Contra*, Civ. 3e, 2 févr. 2005, *D.* 2005. AJ 568, note Y. Rouquet, qui a accepté la transformation d'une destination agricole en bail commercial pour permettre de conserver la substance du fonds.
2. Req. 21 mai 1930, *DP* 1932. 1. 111.
3. Com. 28 janv. 1980, *JCP* 1980. II. 19416, note Ch. Atias.
4. Caractère supplétif clairement affirmé par Civ. 1re, 23 janv. 2007, *JCP* 2007. I. 197, n° 11, obs. H. Périnet-Marquet.

d'entretien, alors que les grosses réparations demeurent à la charge du propriétaire. Compte tenu de l'énorme portée pratique de cette question[1], les notions de réparation d'entretien et de grosses réparations ont été fortement précisées. Elles relèvent de l'appréciation souveraine des juges du fond[2]. La jurisprudence à ce sujet est donc très volumineuse. L'article 606 précise que « les grosses réparations sont celles des gros murs et des voûtes, le rétablissement des poutres et des couvertures entières. Celui des digues et des murs de soutènement et de clôture aussi en entier ». Traditionnellement, ces obligations sont présentées en imposant au nu-propriétaire d'assurer le « clos et le couvert ». Toutes les autres réparations sont qualifiées d'entretien. Cependant l'usufruitier n'est tenu que des charges qui sont nées entre l'inventaire et la cessation de l'usufruit.

247 **Modalités d'exécution des charges usufructuaires.** Les modalités d'exécution de ces charges usufructuaires sont clairement définies par la jurisprudence. Le nu-propriétaire peut, pendant la durée de l'usufruit, contraindre l'usufruitier à remplir ses obligations et il peut même faire réaliser les travaux lui-même en se faisant rembourser les frais par l'usufruitier[3]. En revanche, la réciproque n'est pas admise et l'usufruitier ne peut contraindre le nu-propriétaire à effectuer les grosses réparations[4]. La doctrine majoritaire critique cette solution[5]. Elle souligne son effet antiéconomique. En effet, l'usufruitier n'a aucun moyen efficace d'obliger le nu-propriétaire à réaliser les réparations qui sont pourtant les plus importantes pour le bien. Il ne peut que réaliser à ses frais les réparations nécessaires et devra attendre la fin de l'usufruit pour demander le remboursement de ses dépenses[6].

---

1. Cette portée dépasse l'organisation des relations entre usufruitier et nu-propriétaire, car traditionnellement, les baux répartissent les charges d'entretien entre le bailleur et le locataire par référence à ces notions et aux articles 605 et 606 du Code civil, par préférence au régime des articles 1720 s.
2. Civ. 2e, 7 déc. 1961, *Bull. civ.* II, n° 842.
3. Civ. 1re, 21 mars 1962, *Gaz. Pal.* 1962. 1. 393.
4. Req. 10 déc. 1901, *D.* 1901. 1. 209.
5. *Contra,* Ph. Malaurie, L. Aynès, *Droit civil, les biens, op. cit.*, n° 832, p. 302, qui trouvent une triple justification à cette situation : 1) le nu-propriétaire est propriétaire et donc titulaire d'un droit absolu, 2) le nu-propriétaire est tenu de laisser jouir l'usufruitier et non d'assurer sa jouissance, 3) aucune contrainte quant à l'état de la chose n'est imposée lors de la création de l'usufruit, il serait donc absurde d'en imposer par la suite.
6. V. ss 259.

SECTION 2
SITUATION DU NU-PROPRIÉTAIRE

248 **Situation complémentaire à celle de l'usufruitier.** Pendant l'usufruit, les droits et obligations du nu-propriétaire sont complémentaires de ceux de l'usufruitier. En fait, la chose est pour lui tout à fait dépourvue d'intérêt économique. Au-delà de prérogatives immédiates assez inutiles, le nu-propriétaire attend surtout la fin de l'usufruit qui lui permettra de reconstituer la pleine propriété. Il dispose cependant de certains droits (**§ 1**) et il doit assumer quelques obligations (**§ 2**).

§ 1. Droits du nu-propriétaire

249 **Prérogatives nombreuses mais peu effectives.** Lorsque l'usufruit porte sur des biens consomptibles, le nu-propriétaire est investi d'un droit personnel envers l'usufruitier. Il peut réclamer la valeur des biens qui ont été consommés, afin de pouvoir les reconstituer.

Lorsque l'usufruit porte sur des biens non consomptibles, le nu-propriétaire est titulaire d'un droit réel. Néanmoins, dans les faits, pendant la durée de l'usufruit, le nu-propriétaire a peu de prérogatives effectives :

– il a un droit de disposition, c'est-à-dire qu'en principe, il peut vendre ou donner le bien. Mais qui va accepter de conclure une convention portant un bien occupé ou exploité par un usufruitier ? La transmission de la seule nue-propriété est fort désavantageuse et elle est donc exceptionnelle, mais le nu-propriétaire pourra plus couramment donner le bien en hypothèque, ce qui sera valable à condition que la mise en œuvre de la garantie ne soit entreprise que lorsqu'usufruit et nue-propriété seront réunis en une pleine propriété[1] ;

– il a le droit de percevoir les produits, à la double condition que le bien en produise et qu'une exploitation en soit organisée ;

1. Pour un ex. d'hypothèque consentie par un nu-propriétaire, v. Com. 13 mars 2012, n° 11-10.289, *JCP* 2012. 1186, n° 6, obs. H. Périnet-Marquet.

– il a le droit d'exercer des actions en justice, mais ce droit est peu étendu car il est limité à la défense de ses prérogatives, qui sont elles-mêmes restreintes ;

– il a le droit d'effectuer des actes conservatoires sur le bien, mais il ne peut accomplir aucun aménagement, transformation ou réparation qui ne serait pas indispensable à la conservation de la chose ;

– il a le droit d'exercer des prérogatives destinées à éviter la dégradation du bien : poursuivre pour abus de jouissance l'usufruitier qui ne se comporterait pas en bon père de famille, refuser d'autoriser un bail créant des obligations trop étendues en durée[1]...

§ 2. Obligations du nu-propriétaire

250 **Obligations destinées à satisfaire l'usufruitier.** Les obligations du nu-propriétaire doivent surtout être envisagées par rapport à celles de l'usufruitier.

– « Le propriétaire ne peut, par son fait, ni de quelque manière que ce soit, nuire aux droits de l'usufruitier » (C. civ., art. 599). Cette contrainte est la seule disposition du Code civil consacrée au nu-propriétaire. Elle lui interdit par exemple de défricher ou de clôturer un domaine, si ces aménagements empêchent l'usufruitier de continuer à chasser[2].

– Le nu-propriétaire doit remplir les obligations qui ne sont pas à la charge de l'usufruitier : il doit assumer les charges non périodiques (impôt sur le capital, frais de bornage et de clôture etc.), les grosses réparations[3], etc. sans que l'usufruitier puisse le contraindre à agir ou à payer[4].

1. V. ss 241.
2. Civ. 1re, 28 nov. 1972, *Bull. civ.* I, n° 264.
3. V. ss 246.
4. Solution classique. Pr une application récente, Civ. 1re 18 déc. 2013, Bull. I, *JCP* 2014. 1187, obs. H. Périnet-Marquet, *RTD civ.* 2014. 149, obs. W. Dross.

CHAPITRE 4

Extinction de l'usufruit

251 **Caractère temporaire de l'usufruit.** Bien qu'il soit un droit réel, l'usufruit est nécessairement un droit temporaire. Il est donc destiné à s'éteindre. Les causes d'extinction sont nombreuses et variées (SECTION 1). Mais, quelle que soit la cause de l'événement, les conséquences de l'extinction seront identiques (SECTION 2).

SECTION 1

CAUSES D'EXTINCTION DE L'USUFRUIT

252 **Longue liste de causes d'extinction.** Les articles 617 et 618 du Code civil donnent une longue liste de causes d'extinction de l'usufruit. Il faut y rajouter la prérogative accordée par les articles 621 et 622 qui permet à l'usufruitier d'éteindre son droit par renonciation.

Ces causes d'extinction découlent des caractères de l'usufruit[1]. Ce droit est un droit temporaire (**§ 1**), réel (**§ 2**) constitutif d'un démembrement (**§ 3**) et d'obligations à la charge de l'usufruitier (**§ 4**).

1. Ph. Malaurie, L. Aynès, *Droit civil, les biens, op. cit.*, n° 833, p. 302.

§ 1. Causes d'extinction liées au caractère temporaire de l'usufruit

253 **Extinction de l'usufruit à terme certain ou incertain.** L'usufruit est un droit temporaire et il s'éteint donc naturellement avec l'arrivée du terme. Ce terme peut être soit incertain, car lié à la mort de l'usufruitier, soit certain si l'usufruit a été conclu pour une durée déterminée.

L'existence d'un terme incertain est très fréquente, l'usufruit étant souvent un droit viager. S'il a été constitué au profit de plusieurs personnes simultanément, il s'éteint partiellement au décès de chacune d'elles, à moins qu'il n'ait été stipulé réversible. Dans ce cas, chaque décès successif provoquera un accroissement de la part des survivants.

L'usufruit peut également être assorti d'un terme certain, qui peut être imposé soit par une stipulation contractuelle, soit par la loi (30 ans maximum pour l'usufruit établi au profit d'une personne morale[1], 16 ans maximum pour l'usufruit des père et mère sur les biens des enfants...). Même lorsque l'usufruit est assorti d'un terme certain, il s'éteint avant cette échéance si l'usufruitier décède avant l'arrivée de ce terme.

§ 2. Causes d'extinction liées au caractère réel de l'usufruit

254 **Extinction de l'usufruit par perte de la chose, non-usage ou renonciation.** Étant un droit réel, l'usufruit s'éteint par la perte de la chose, par son non-usage trentenaire et par la renonciation.

La perte de la chose fait disparaître l'usufruit, car elle prive ce droit réel de son objet. Lorsque la perte est uniquement partielle comme la destruction d'une maison sur un terrain, l'usufruit se poursuit sur les éléments restants, c'est-à-dire le terrain. La perte

1. Texte d'ordre public selon Civ. 3e, 7 mars 2007, *Bull. civ.* III, n° 36, *JCP* 2007. I. 197, n° 11, obs. H. Périnet-Marquet.

totale d'un bien mobilier est facilement envisageable. Pour un bien immobilier, elle pourra prendre la forme d'une expropriation[1].

En tant que droit réel, l'usufruit est soumis au régime de la prescription extinctive. Ainsi, lorsque l'usufruitier ou une personne interposée n'a pas fait d'actes de jouissance pendant trente ans, l'usufruit s'éteint.

Enfin, cette qualification de droit réel permet d'accorder à l'usufruitier une faculté de renoncer à son droit. La renonciation à un usufruit n'est soumise à aucune forme particulière. Il suffit qu'elle soit certaine et non équivoque[2]. Elle peut être soit à titre onéreux, si l'usufruitier a obtenu une contrepartie, soit pure et simple et constituera alors une donation.

§ 3. Causes d'extinction liées à la qualification de démembrement de l'usufruit

255 **Extinction de l'usufruit par réunion avec la nue-propriété.** L'usufruit étant un démembrement, il est éteint par « la consolidation ou la réunion sur la même tête, des deux qualités d'usufruitier et de propriétaire » (C. civ., art. 617, al. 4). Cependant, la doctrine conteste à la fois le caractère extinctif et autonome de cette cause d'extinction de l'usufruit.

D'après l'opinion dominante, la consolidation ne serait pas une véritable cause d'extinction de l'usufruit, qui serait simplement occulté ou paralysé. Cette thèse s'appuie sur un arrêt de la Cour de cassation qui, à la suite d'une cession de l'usufruit et de la nue-propriété à un même acquéreur, a jugé que le cessionnaire restait garant des engagements contractés par l'usufruitier[3]. Si les

1. Civ. 3e, 8 févr. 1990, qui considère que l'expropriation a éteint le droit réel qui a été converti en simple droit de créance.
2. Civ. 3e, 7 févr. 1979, *D.* 1979. IR 396.
3. Civ. 3e, 26 janv. 1972, *D.* 1975. 22, note J. Penneau, *JCP* 1972. II. 17104, note G. Goubeaux (préc. ss 241).

engagements sont encore obligatoires, c'est que l'usufruit n'est pas mort.

Quand bien même le caractère extinctif de la consolidation serait reconnu, des auteurs contestent l'autonomie de cette cause d'extinction, car cette réunion est toujours la conséquence d'une autre cause d'extinction[1]. Ainsi, si le nu-propriétaire succède à l'usufruitier, le droit de l'usufruitier est éteint par décès. Si le nu-propriétaire rachète l'usufruit, l'acte équivaut à une renonciation de l'usufruit à titre onéreux et si le nu-propriétaire reçoit l'usufruit par donation, cet acte constitue une renonciation de l'usufruit à titre gratuit.

§ 4. Causes d'extinction liées au caractère créateur d'obligations de l'usufruit

256 **Extinction de l'usufruit suite à un abus de jouissance de l'usufruitier.** L'usufruit crée des obligations à la charge de l'usufruitier qui doit en particulier conserver la substance de la chose[2]. Il s'éteint donc par la déchéance que les tribunaux prononcent à l'encontre de l'usufruitier qui aurait commis des abus de jouissance. Les tribunaux ont prononcé l'extinction de l'usufruit pour perte de substance de la chose dans le cas d'un usufruitier qui avait conclu un bail commercial sur des lieux destinés à autre usage[3], dans le cas de l'usufruitier d'un cheptel qui avait vendu trop de bêtes, empêchant le renouvellement du troupeau au moyen du croît[4], dans le cas d'un usufruitier qui avait laissé se détériorer le gros œuvre d'un bien[5]... Même lorsqu'il constate un abus de jouissance, le juge n'est jamais tenu de prononcer l'extinction de l'usufruit. Il peut ne prononcer aucune sanction ou choisir une mesure

1. G. Goubeaux, notes Montpellier 17 mars 1970, *JCP* 1970. II. 16421, et Civ. 3e, 26 janv. 1972, *JCP* 1972. II. 17104, préc.
2. V. ss 245.
3. Civ. 3e, 4 juin 1975, *Bull. civ.* III, n° 194.
4. TGI Vannes 7 juill. 1976, *JCP* 1977. II. 18638, note J.-F. Pillebout.
5. Civ. 3e, 12 mars 1970, *Bull. civ.* III, n° 205.

intermédiaire, moins grave qu'une déchéance, comme la transformation de l'usufruit en rente annuelle[1] ou l'obligation de payer une indemnité.

SECTION 2

CONSÉQUENCES DE L'EXTINCTION DE L'USUFRUIT

257 **Effets identiques de toutes les causes d'extinction de l'usufruit.** Quelle que soit sa cause, l'extinction de l'usufruit entraîne une obligation de remettre en place une situation de pleine propriété sur la tête du nu-propriétaire, ce qui se résume essentiellement à une obligation de restituer l'objet de l'usufruit au nu-propriétaire (**§ 1**). Pendant une période souvent très longue, l'usufruitier et le nu-propriétaire ont eu la charge de nombreuses obligations, le bien leur a procuré de l'argent, mais les a également obligés à réaliser des dépenses. À la fin de leurs relations, un règlement des comptes sera fréquemment nécessaire (**§ 2**).

§ 1. Obligation de restituer la chose

258 **Difficultés pour mettre en œuvre l'obligation de restitution.** Le plus souvent, après l'extinction de l'usufruit, l'usufruitier est mort. L'obligation de restitution sera alors assumée par ses héritiers. Elle peut se heurter à deux difficultés :

– il faut déterminer l'état dans lequel la chose doit être rendue.

Si la chose se détériore par l'usage, elle devra être restituée dans l'état où elle se trouve, l'usufruitier n'étant tenu d'aucune indemnisation, excepté si la détérioration a été causée par sa faute, suite par exemple à une excessive négligence dans l'entretien du bien[2].

---

1. Bordeaux 1re ch. A, 2 déc. 1996, *D.* 1998. Somm. 59, obs. A. Robert.
2. V. ss 245.

Si l'usufruitier a amélioré la chose, il devra assumer tous les frais de l'amélioration « encore que la valeur de la chose en fût augmentée » (C. civ., art. 599, al. 2). Cette solution est très sévère pour l'usufruitier. Elle est contraire au régime traditionnel des améliorations, qui ouvrent en principe un droit à indemnisation[1] et contraire aux principes généraux du droit, car elle permet un enrichissement sans cause du propriétaire. Elle a été appliquée par la jurisprudence à la plupart des constructions de l'usufruitier, en définissant « comme amélioration soit les constructions nouvelles s'ajoutant au fonds et en augmentant la valeur, soit les constructions ayant pour effet d'achever un bâtiment commencé, ou bien d'agrandir un édifice préexistant »[2]. Cependant, les juges ont doublement tempéré la sévérité de la solution. D'une part, ils soumettent les grosses réparations à un autre régime et l'usufruitier peut se faire rembourser en fin d'usufruit les frais qu'il a engagés pour les réaliser[3]. D'autre part, ils accordent parfois une indemnité à l'usufruitier lorsque « l'exécution des constructions a eu pour résultat de créer une chose distincte du fonds sur lequel elles ont été élevées »[4] ;

– il faut déterminer un objet de remplacement lorsque l'usufruit porte sur une chose consomptible.

Le quasi-usufruitier ne peut pas être tenu de restituer les choses qu'il a reçues, car ces biens consomptibles ont disparu par l'usage. Il devra donc rendre « soit des choses de même quantité et qualité, soit leur valeur estimée à la date de la restitution » (C. civ., art. 587)[5].

§ 2. Obligation de réaliser des comptes

259 **Justifications de l'obligation de réaliser des comptes.** De nombreuses charges financières ont pu apparaître à la charge de l'usufruitier et du nu-propriétaire pendant l'usufruit.

1. C. civ., art. 861, 1437, 1634, 2175...
2. Req. 4 nov. 1885, *DP* 1886. 1. 361, rapport Alméras-Latour.
3. Civ. 17 juill. 1911, *D.* 1911. 1. 457 ; v. ss 247.
4. Paris 4 mars 1966, *Gaz. Pal.* 1966. 2. 6, note Cabanac (à propos de la construction d'une chambre de bonne distincte de l'appartement objet de l'usufruit).
5. V. ss 233.

L'usufruitier peut éventuellement demander au nu-propriétaire le paiement :

– des dépenses qu'il aurait réalisées pour des grosses réparations pendant l'usufruit[1] ;

– d'une indemnité pour construction nouvelle distincte si les tribunaux ont consenti à l'accorder[2].

Réciproquement, le nu-propriétaire peut éventuellement demander à l'usufruitier le paiement :

– des fruits civils que l'usufruitier aurait perçus abusivement ou prématurément (C. civ., art. 585)[3] ;

– d'une indemnité pour des dégradations de la chose qui serait imputable à l'usufruitier[4] ;

– d'une somme correspondant à la valeur de la chose en cas de quasi-usufruit[5] ;

– d'une indemnisation pour jouissance abusive[6], etc.

260 **Solde des comptes de clôture.** Les différentes obligations financières ne pourront être soldées que par des comptes de clôture en fin d'usufruit. Cette opération est imposée par des contraintes pratiques, mais elle paraît contredire la conception primitive présentant ces deux droits réels comme parallèles et étrangers. L'usufruitier est tenu à des obligations plus nombreuses et les opérations de compensation feront le plus souvent apparaître une dette à sa charge. La caution accordée lors de la constitution de l'usufruit servira à garantir le paiement de cette dette.

1. V. ss 247.
2. V. ss 258.
3. V. ss 238.
4. V. ss 258.
5. V. ss 233.
6. V. ss 256.

TITRE 2

LES SERVITUDES

261 **Justification de l'existence des servitudes.** Il est rare qu'un bien immobilier jouisse d'une situation totalement isolée des autres, aussi bien en zone rurale qu'en zone urbaine. Le plus souvent, il côtoie d'autres biens immobiliers et cette proximité va le contraindre à établir des relations. Parfois, la situation justifiera d'imposer au propriétaire de l'un des biens d'assumer une charge envers l'autre et le contraindra à prendre l'engagement de remplir certaines obligations : laisser passer les usagers de l'autre fonds qui est enclavé, ne pas élever de construction qui empêche d'apercevoir la mer... Dans certains cas, ces droits seront qualifiés de servitudes. Cette qualification n'est pas systématique, car la notion de servitude est précise et elle nécessite la présence de nombreux éléments constitutifs (CHAPITRE 1). Elle permettra de soumettre le bien à un régime particulier et strictement défini (CHAPITRE 2), jusqu'à la survenance d'une cause d'extinction (CHAPITRE 3).

CHAPITRE 1

Notion de servitude

262 **Définition de la servitude dans le Code civil.** La notion de servitude est clairement définie par le Code civil, dans le premier article du titre V consacré à cette question. Selon l'article 637, « une servitude est une charge imposée sur un héritage pour l'usage et l'utilité d'un héritage appartenant à un autre propriétaire ». Le terme héritage signifie immeuble, ce qui restreint doublement le domaine d'application de la notion :

– d'une part, les servitudes ne porteront que sur des biens. Elles ne pourront donc jamais imposer de contraintes directes à une personne et elles ne doivent pas permettre de restreindre la liberté d'un individu ;

– d'autre part, les servitudes ne porteront que sur des biens immobiliers et jamais sur des biens mobiliers. Seuls les biens immobiliers par nature pourront être l'objet de tels droits et non les immeubles par destination, à cause de leur mobilité, ni les immeubles par l'objet auxquels ils s'appliquent, en raison de leur impossibilité à faire l'objet d'une emprise matérielle.

Le terme de servitude remonte au droit romain, où il correspondait à une notion assez large qui englobait même l'usufruit. Aujourd'hui, une servitude se définit par ses éléments constitutifs (SECTION 1) et ses caractères (SECTION 2). Il existe un grand nombre de critères de classement des servitudes (SECTION 3).

Section 1
Éléments constitutifs de la notion de servitude

263 **Nécessité de trois éléments constitutifs.** Une servitude est une charge imposée à un immeuble, qualifié de fonds servant, au profit d'un autre immeuble appelé fonds dominant. Elle nécessite donc trois éléments : une pluralité de propriétaires (**§ 1**), une charge imposée au fonds servant (**§ 2**) et une utilité pour le fonds dominant (**§ 3**).

§ 1. Pluralité de propriétaires

264 **Présence exigée de deux fonds appartenant à des propriétaires différents.** L'existence d'une servitude suppose une pluralité de propriétaires. Il importe peu que ces deux fonds soient en contact ou qu'ils ne se touchent pas[1]. En revanche, les juges posent une double exigence :

– les fonds doivent faire l'objet d'un droit de propriété ;

– les fonds ne doivent pas appartenir à la même personne. Un propriétaire peut aménager son terrain, par exemple en créant une route. Tant qu'il conservera la propriété entière du fonds, cette réalisation correspondra à l'exercice de ses prérogatives découlant du droit de propriété. Ultérieurement, si le propriétaire divise son fonds, la route pourra devenir une servitude qui deviendra effective au moment de la division.

Cette exigence de pluralité de propriétaires empêche de constituer une servitude entre :

– un usufruitier et un nu-propriétaire car leurs droits portent sur le même fonds[2] ;

– des propriétaires indivis d'un fonds[3].

---

1. Solution posée par une jurisprudence très ancienne : Req. 3 août 1852, *DP* 1852. 1. 220.
2. Paris 4 juin 1970, *JCP* 1970. II. 16497, note G. Goubeaux.
3. Civ. 3e, 6 févr. 1973, *Bull. civ.* III, n° 101.

La Cour de cassation avait également décidé, depuis plus de vingt ans, qu'il existait une incompatibilité absolue entre servitude et copropriété. Elle refusait la constitution d'une servitude sur les parties communes, car les copropriétaires n'ont qu'un pouvoir de jouissance exclusive sur leur lot dont la propriété demeure commune entre tous[1]. Étendant cette solution au-delà de sa justification, la Cour de cassation avait même refusé que puisse être constituée une servitude entre deux copropriétaires sur leurs parties privatives[2]. Dans un arrêt du 30 juin 2004, elle est revenue sur cette jurisprudence établie[3]. Se fondant clairement sur l'article 637 du Code civil dont elle a repris la terminologie, elle a rappelé que le titulaire d'un lot disposait d'une propriété exclusive sur la partie privative de son lot et d'une propriété indivise sur la quote-part des parties communes attachées à ce lot. Elle en a déduit qu'une servitude pouvait être établie entre les parties privatives de deux lots de copropriété, ces héritages appartenant à des propriétaires distincts. Dans cet arrêt, elle a permis la constitution d'une servitude de passage pour que le propriétaire d'un garage puisse accéder à son emplacement. Dans la continuité de ce revirement de jurisprudence, un arrêt du 17 novembre 2004 a admis l'instauration d'une servitude entre lots d'un lotissement[4]. En revanche, les juges ont refusé qu'une servitude soit établie entre une partie privative et une partie commune[5].

§ 2. Charge imposée au fonds servant

265 **Nécessité d'une réduction des droits du propriétaire du fonds servant.** La servitude est une charge imposée au fonds servant, créant un

1. Civ. 3e, 10 janv. 1984, *D.* 1985. 335, note J.-L. Aubert. Plus récemment, pour une copropriété horizontale : Civ. 3e, 21 mars 2001, *D.* 2002. Somm. 1525, obs. J.-R. Bouyeure.
2. Civ. 3e, 6 mars 1991, *D.* 1991. IR 85.
3. Civ. 3e, 30 juin 2004, *Bull. civ.* III, n° 140, *RDI* 2004. 440-441, obs. J.-L. Bergel, *RTD civ.* 2004. 753, obs. Th. Revet ; *JCP* 2004. I. 171, n° 15, obs. H. Périnet-Marquet. Solution réaffirmée plusieurs fois, récemment, dans Civ. 3e, 1er juill. 2009, *JCP* 2009. Chron. 337, n° 9, obs. H. Périnet-Marquet.
4. Civ. 3e, 17 nov. 2004, *JCP* 2005. I. 119, n° 15, obs. H. Périnet-Marquet.
5. Pour une porte ouverte dans une partie commune afin de créer une sortie de secours d'une partie privative. Civ. 3e, 11 mars 2014, n° 12-29.734, *RTD civ.* 2014. 907, note W. Dross.

démembrement de propriété de ce fonds. Cette qualification entraîne trois conséquences :

– le propriétaire du fonds servant doit accepter de réduire ses droits pour transmettre des prérogatives au propriétaire du fonds dominant. Il doit tolérer le passage sur son terrain, accepter de construire moins haut, supporter l'écoulement des eaux... ;

– le propriétaire du fonds servant doit conserver des droits. La servitude ne doit pas totalement supprimer ses prérogatives. Cette règle a justifié plusieurs réponses jurisprudentielles. Deux lots de copropriété avaient été séparés. L'un des lots avait reçu la jouissance exclusive d'une enclave dans l'autre lot. Il disposait également d'un accès sur cette enclave, alors qu'un mur empêchait les propriétaires de la partie enclavée d'y pénétrer. La Cour de cassation a refusé ce démembrement en posant comme principe qu'« une servitude ne peut être constituée par un droit exclusif interdisant au propriétaire du fonds servant toute jouissance de sa propriété »[1]. Un constructeur réalise une corniche qui empiète au-dessus du toit voisin. Revenant sur sa jurisprudence antérieure, la troisième chambre civile admet la constitution d'une servitude de surplomb alors que le propriétaire du fonds servant était privé de toute jouissance de sa propriété[2] ;

– le propriétaire du fonds servant ne peut accorder des droits que sur son propre fonds et une servitude ne doit pas avoir pour effet de créer un empiétement sur la propriété d'un tiers[3].

§ 3. Utilité pour le fonds dominant

266 **Nécessité d'une utilité pour le fonds dominant.** La servitude doit être utile pour le fonds dominant, lui permettant d'être atteint en cas de servitude de passage, de pouvoir profiter d'une belle vue en cas de servitude de vue, d'éviter l'inondation en cas de servitude

1. Civ. 3e, 24 mai 2000, *D.* 2001. 151, note R. Libchaber.
2. Civ. 3e, 12 mars 2008, n° 07-10.164, *Bull. civ.* III, n° 47, *D.* 2008. 919, obs. G. Forest ; confirmé par Civ. 3e, 5 mars 2013, n° 12-12.377, *RTD civ.* 2013. 414, note W. Dross.
3. Civ. 3e, 27 juin 2001, *D.* 2001. IR 2182, à propos d'une véranda qui se prolongeait en surplomb de l'appartement d'un tiers.

d'écoulement... L'application de cette exigence varie suivant les types de servitudes. En effet, les servitudes légales ne profitent pas nécessairement à un fonds dominant, pouvant également avoir pour « objet l'utilité publique ou communale » (C. civ., art. 649)[1]. En revanche, les autres servitudes doivent profiter directement à un fonds dominant. La Cour de cassation a donc refusé de qualifier de servitude l'implantation de pylônes et de câbles, faute de fonds dominant bénéficiaire[2].

267 **Qualification difficile de certaines clauses.** La servitude doit être utile pour un fonds lui-même et non pour une personne, même si elle est propriétaire du fonds. En application de cette exigence, la jurisprudence a refusé de qualifier de servitude la concession d'un droit de chasse et plus récemment le droit pour EDF d'édifier un poste de transformateur, au motif « qu'une servitude est une charge imposée sur un héritage pour l'usage et l'utilité d'un héritage appartenant à un autre propriétaire ; que s'il est permis aux propriétaires d'établir sur leur fonds ou en faveur de leurs propriétés telles servitudes que bon leur semble, c'est à la condition que les services établis ne soient imposés ni à la personne ni en faveur de la personne, mais seulement à un fonds et pour un fonds »[3]. Au-delà de ces illustrations, cette question a connu deux grandes applications, l'une classique et l'autre plus récente.

Lors de la constitution d'une opération immobilière importante, il est fréquent de préciser contractuellement les contraintes imposées dans cet ensemble : la couleur des maisons, leur hauteur, les destinations prohibées des lieux... Cette dernière précision est appelée « clause d'habitation bourgeoise » et elle permet d'éviter l'installation de professionnels. Qualifier les diverses contraintes de servitudes apporte la certitude qu'elles s'imposeront aux propriétaires successifs des lots. Mais cette qualification suppose que soient surmontées deux difficultés. En premier lieu, il faut que ces obligations profitent à un fonds dominant au détriment d'un

1. Sur les servitudes légales, v. ss 287 s.
2. Civ. 3e, 12 déc. 1984, *JCP* 1985. II. 20411, obs. G. Goubeaux. Une servitude légale a ensuite été créée par une loi du 9 janvier 1985.
3. Civ. 3e, 13 juin 2012, no 10-21.788, *JCP* 2012. I. 1186, no 9, obs. H. Périnet-Marquet, *D.* 2012. 2140, obs. B. Mallet-Bricout.

fonds servant. Il faut donc considérer ces contraintes comme réciproques, chaque lot devenant successivement fonds dominant et fonds servant. En second lieu, cette clause doit profiter au fonds et non pas uniquement à son propriétaire pour pouvoir constituer une servitude. La jurisprudence a admis que cette disposition contractuelle puisse être qualifiée de servitude[1], à condition que la rédaction mette en valeur un intérêt procuré au fonds distinct de celui de son propriétaire[2].

Dans ce contexte, la qualification retenue plus récemment pour une clause insérant une obligation de non-concurrence dans un contrat de cession d'un bien immobilier est assez surprenante. Un terrain avait été cédé à une société civile immobilière. L'acte de cession comportait une clause interdisant, aux divers commerçants qui viendraient à s'installer sur le terrain vendu, d'exercer l'activité de fabrication et de vente de pain et de pâtisserie. Dans cette affaire, la troisième chambre civile de Cour de cassation, semble avoir admis que cette obligation soit qualifiée de « servitude de non-concurrence »[3]. Elle réaffirme ainsi qu'une clause de non-concurrence puisse être qualifiée de servitude[4], selon une solution admise depuis de nombreuses années par la chambre commerciale[5]. Cette solution a été vivement critiquée par une doctrine majoritaire, qui avance deux arguments pour refuser de qualifier cette obligation de servitude[6]. D'une part, cet engagement profite non pas à un fonds dominant, mais à une personne, propriétaire du fonds. D'autre part, il ne profiterait au fonds servant, qui éviterait un concurrent, que dans la mesure où il nuirait au fonds dominant, qui ne peut plus exercer cette activité. Ces

1. Civ. 30 juin 1936, *DP* 1938. I. 65, note A. Besson, *S.* 1937. I. 161, note Vialleton.
2. Ph. Malaurie, L. Aynès, *Droit civil, les biens, op. cit.*, n° 1121, p. 367.
3. Civ. 3e, 4 juill. 2001, *D.* 2002. 433, note R. Libchaber, et chron. J.-F. Astruc, *D.* 2002. 908. Cet arrêt ne réaffirme pas cette qualification, qui peut être déduite du fondement de la solution sur l'art. 686 du Code civil.
4. Civ. 3e, 24 mars 1993, *Defrénois* 1993. 771, obs. I. *Defrénois*-Souleau, *RTD civ.* 1993. 853, obs. F. Zenati.
5. Com. 15 juill. 1987, *D.* 1988. 360, note C. Atias et C. Mouly.
6. En ce sens en particulier, E. Moreau, « La servitude de non-concurrence, étude critique », *D.* 1994. Chron. 331, R. Libchaber, note préc. ss Civ. 3e, 4 juill. 2001.

deux éléments devraient conduire à exclure la qualification de servitude[1].

268 **Les « obligations réelles d'environnement ».** La loi du 8 août 2016, pour la reconquête de la biodiversité, de la nature et des paysages, a créé les obligations réelles environnementales. L'article L. 132-3 du Code de l'environnement dispose désormais que « les propriétaires de biens immobiliers peuvent conclure un contrat avec une collectivité publique, un établissement public ou une personne morale de droit privé agissant pour la protection de l'environnement en vue de faire naître à leur charge, ainsi qu'à la charge des propriétaires ultérieurs du bien, les obligations réelles que bon leur semble, dès lors que de telles obligations ont pour finalité le maintien, la conservation, la gestion ou la restauration d'éléments de la biodiversité ou de fonctions écologiques ». Un tel dispositif se distingue des servitudes, faute d'identifier en l'espèce un fonds dominant. Peu de contraintes sont imposées au contrat qui devra simplement comporter la durée des obligations souscrites et la teneur des engagements réciproques ainsi que les possibilités de révision et de résiliation. Conscient de la faible attractivité du dispositif, le législateur a prévu que le gouvernement devra déposer dans un délai de deux ans à compter de la promulgation de la loi un rapport sur les moyens de renforcer son attractivité, « notamment au moyen de dispositifs fiscaux incitatifs ». En conséquence, c'est peut-être d'un point de vue théorique que le texte aura les effets les plus significatifs. Ainsi, « même si la notion de propriété est âprement discutée, l'importance prêtée à la protection de l'environnement pourrait bousculer la conception très individuelle que le Code civil retient de la propriété »[2]. Les auteurs sont partagés sur la qualification de cet instrument innovant, certains évoquant non pas « une obligation accessoire à un droit réel démembré, mais un contrat accessoire à la propriété de l'immeuble »[3], d'autres « une nouvelle catégorie de charge fon-

1. Qualification exclue pour le « droit au bois bourgeois ». Civ. 3e, 13 mai 2009, *D.* 2009. 2306, obs. B. Mallet-Bricout.
2. J. B. Seube, Th. Revet, « Droit des biens », chron., *Dr & Pa.* 2016, n° 263, p. 95.
3. W. Dross, « L'originalité de l'obligation réelle environnementale en droit des biens », J.-Cl. *Énergie, Environnement, Infrastructures*, juin 2017, n° 13, p. 55.

cière, qui, d'un point de vue fonctionnelle, transfigure la notion de servitude »[1].

SECTION 2
CARACTÈRES DES SERVITUDES

269 **Conséquences de l'existence d'un lien entre deux fonds.** Une servitude constitue nécessairement un lien entre deux fonds. Cette contrainte présente un inconvénient. Elle subordonne cette qualification au constat d'une situation bien précise mettant en relation deux fonds. Inversement, elle présente des avantages. Elle permet de reconnaître aux servitudes des caractères bien particuliers qui feront leur force et expliqueront pourquoi cette qualification est souvent recherchée. En effet, une servitude est un droit réel (**§ 1**), accessoire (**§ 2**), perpétuel (**§ 3**) et indivisible (**§ 4**).

§ 1. Caractère réel

270 **Conséquences du caractère réel de la servitude.** La servitude est un droit réel et ce caractère entraîne deux conséquences principales.

D'une part, elle est opposable aux tiers ou aux ayants cause à titre particulier. Elle suit le fonds en quelque main qu'il se trouve et doit être respectée par les acquéreurs successifs, par l'éventuel locataire...

D'autre part, son opposabilité est subordonnée à sa publication à la publicité foncière. Cette contrainte est écartée lorsque les servitudes sont légales, car il est inutile de publier la loi pour la rendre obligatoire.

1. N. Reboul-Maupin et B. Grimontrez, « Les obligations réelles environnementales : chronique d'une naissance annoncée », *D.* 2016. 2077.

§ 2. Caractère accessoire

271 **Conséquences du caractère accessoire de la servitude.** La servitude est un accessoire du fonds. Elle ne peut être ni cédée, ni transmise, ni saisie ni hypothéquée indépendamment du fonds.

§ 3. Caractère perpétuel

272 **Caractère non systématique de la perpétuité des servitudes.** En principe, la servitude est un droit perpétuel, à l'image du fonds dont elle est l'accessoire.

Cette perpétuité la distingue des autres démembrements de la propriété qui sont en général temporaires. Elle peut néanmoins être écartée dans deux cas. D'une part, il est possible de préciser contractuellement qu'une servitude aura un terme, tel le décès du vendeur, de son conjoint ou de ses enfants[1]. D'autre part, selon l'article 706 du Code civil, elle s'éteint par un non-usage trentenaire. Ainsi, par exemple, disparaîtrait une servitude de passage qui serait oubliée pendant 30 ans ou une servitude *non aedifandi* que le propriétaire du fonds servant aurait violé en édifiant une construction sans aucune réaction du propriétaire du fonds dominant pendant 30 ans.

§ 4. Caractère indivisible

273 **Conséquences du caractère indivisible de la servitude.** La servitude est un droit indivisible, ce qui oblige à reconnaître qu'il reste dû intégralement pour chaque portion en cas de division du fonds. Si le fonds dominant ou servant vient à être divisé, la servitude grève ou profite complètement à toutes les parties du fonds divisé.

Ainsi, une servitude de passage permet aux propriétaires de la parcelle A de traverser la parcelle B. Si la parcelle A est divisée, chaque copropriétaire aura le droit de traverser, mais la servitude

1. Civ. 3e, 22 mars 1989, *D.* 1990. Somm. 90, obs. A. Robert.

ne doit pas en être alourdie et l'article 700 du Code civil précise donc que tous les copropriétaires seront obligés de l'exercer par le même endroit. Si la parcelle B est divisée, chaque parcelle reste en principe intégralement tenue de la servitude. Cette situation est assez théorique. Le partage du fonds servant permet souvent d'affranchir certaines portions de fonds de la servitude, en délimitant son assiette tout en maintenant son efficacité (le passage se fera uniquement par l'une des nouvelles parcelles).

Section 3
Classification des servitudes

274 **Variété des critères de classement.** Il existe de nombreux critères de classement des servitudes. Les auteurs distinguent les servitudes passives et actives, les unes donnant au propriétaire du fonds dominant le droit de faire certains actes positifs sur le servant (passage, extraction, puisage), les autres ne permettant à leurs titulaires que d'exiger une abstention du propriétaire du fonds servant (ne pas bâtir, ne pas dépasser une certaine hauteur). Mais cette classification n'a pas de conséquences juridiques propres. Opérant une autre classification, l'article 639 du Code civil distingue suivant leurs modes d'établissement entre les servitudes qui dérivent de la situation des lieux, celles qui sont établies par la loi et celles qui sont établies par le fait de l'homme. Cette présentation a pour principal intérêt d'améliorer la clarté de l'énumération des très nombreuses servitudes. En revanche, d'autres classifications ont une influence sur le régime applicable, ce qui justifie de les étudier de façon plus approfondie. Il convient donc de distinguer entre les servitudes continues et discontinues (**§ 1**), entre les servitudes apparentes et non apparentes (**§ 2**) et entre les servitudes d'utilité publique et les servitudes d'utilité privée (**§ 3**).

§ 1. Servitudes continues et discontinues

275 **Critère de distinction entre les servitudes continues et discontinues.** Selon l'article 688 du Code civil, les servitudes sont continues ou discontinues. Le texte précise que « les servitudes continues sont celles dont l'usage est ou peut être continuel, sans avoir besoin du fait actuel de l'homme » et il cite quelques exemples de ce type de servitudes : les conduites d'eau, les égouts et les vues. L'homme est donc intervenu initialement pour construire ou mettre en place la servitude, qui s'exerce ensuite seule, sans intervention humaine continue.

Les servitudes discontinues sont également définies par l'article 688 comme « celles qui ont besoin du fait actuel de l'homme pour être exercées : tels sont les droits de passage, puisage, pacage et d'autres semblables ». Elles restent discontinues quand bien même elles seraient rendues artificiellement permanentes au moyen d'un outillage approprié, dès lors que cet outillage ne peut fonctionner que sous le contrôle de l'homme[1].

La distinction paraît simple et elle repose sur la nécessité ou non d'une intervention de l'homme pour exercer la servitude. Cependant, certaines situations sont délicates à qualifier. Ainsi, les servitudes d'égout sont continues lorsque l'eau vient d'un toit, car elles sont alimentées sans intervention de l'homme et discontinues lorsqu'il s'agit d'eaux ménagères, qui supposent une intervention d'un homme qui les verse.

276 **Intérêt de la distinction entre les servitudes continues et discontinues.** La distinction est importante, en raison de la différence de régime des deux catégories de servitudes. Seules les servitudes continues sont susceptibles de possession, peuvent être acquises par prescription (C. civ., art. 690) et peuvent faire l'objet d'une protection possessoire[2]. Elles sont également soumises à des règles particulières pour calculer le point de départ de leur éventuelle prescription extinctive[3].

1. Pour une servitude de puisage, Civ. 3e, 19 mai 2004, *JCP* 2004. I. 171, n° 22, obs. H. Périnet-Marquet.
2. V. ss 284 et 305.
3. V. ss 313.

§ 2. Servitudes apparentes et non apparentes

277 **Critère de distinction entre les servitudes apparentes et non apparentes.** Selon l'article 689, alinéa 2, du Code civil, les servitudes sont apparentes ou non apparentes. Le texte précise que les servitudes apparentes sont « celles qui s'annoncent par des ouvrages extérieurs, tels qu'une porte, une fenêtre, un aqueduc ». En revanche, les servitudes non apparentes sont celles « qui n'ont pas signe extérieur de leur existence comme, par exemple, la prohibition de bâtir sur un fonds, ou de ne bâtir qu'à une hauteur déterminée ».

La distinction entre ces deux types de servitudes repose sur l'existence de signes extérieurs visibles pour le propriétaire du fonds servant. La qualification relèvera du pouvoir souverain des juges du fond. Ainsi, une servitude nécessitant le passage de canalisations d'eau sera qualifiée d'apparente si une partie de la maçonnerie est visible et de non apparente si les canalisations sont enterrées.

278 **Intérêt de distinguer les servitudes apparentes des non apparentes.** Le rattachement à l'une ou l'autre de ces catégories entraîne des différences de régimes.

Seules les servitudes apparentes sont susceptibles de possession, peuvent être acquises par prescription (C. civ., art. 690) et peuvent faire l'objet d'une protection possessoire[1]. Ce sont également les seules qui, à moins d'une impossibilité de les exercer pendant trente ans, ne peuvent pas s'éteindre du seul fait d'un non-usage prolongé[2] et peuvent être acquises par destination du père de famille (C. civ., art. 692 et 694)[3]. En revanche, les servitudes non apparentes ne peuvent s'acquérir et se prouver que par des titres.

1. V. ss 284 et 305.
2. V. ss 312.
3. V. ss 286.

§ 3. Servitudes d'intérêt privé et public

279 **Servitudes d'intérêt public.** L'article 649 du Code civil, distingue les servitudes qui « ont pour objet l'utilité publique ou communale, ou l'utilité des particuliers ».

Aujourd'hui, les servitudes qualifiées d'utilité publique sont de plus en plus nombreuses. Le Code civil prévoyait leur mise en place afin d'assurer l'exploitation des rivières (servitudes de halage, servitude de curetage des cours d'eau) et la construction des ouvrages publics et communaux que ce soit des bâtiments ou des routes. L'évolution des techniques et du mode de vie a provoqué une explosion de la variété et du nombre de ces servitudes, afin de permettre à l'État de mettre en place les structures nécessaires pour assurer les nouveaux services proposés aux citoyens et afin de répondre aux nouvelles demandes. Suite au développement du monde des loisirs, une servitude a été créée pour assurer le passage des piétons sur les propriétés privées riveraines du domaine public maritime[1], une autre est destinée à assurer le passage des pistes de ski, l'installation des remontées mécaniques ainsi que l'accès aux voies d'alpinisme et d'escalade en zone de montagne[2]... Les contraintes liées au souci croissant de protection de l'environnement justifient la création d'autres servitudes : servitude de passage et d'aménagement établie par l'État pour assurer la continuité des voies de défense des bois et forêts contre l'incendie[3], servitude au voisinage des installations classées[4]... D'autres contraintes sont justifiées par le fort développement et la diversification des moyens de communication : les servitudes aéronautiques[5], les servitudes permettant le fonctionnement des postes et téléphones[6], les servitudes instituées en vue d'installer et d'exploiter sur les toits, terrasses et superstructures des édifices publics et privés les ouvrages nécessaires à la diffusion par voie

1. C. urb., art. L. 160-6 à L. 160-8 et R. 160-8 à R. 160-33.
2. Code du tourisme, art. L. 342-20 à L. 342-26.
3. C. for., art. L. 321-5-1 et L. 321-5-2.
4. C. envir., art. L. 515-8 à L. 515-12.
5. C. aviat., art. R. 241-3.
6. C. communic., art. L. 45-1, L. 48, L. 54 à L. 64 et R. 20-55 à R. 20-62.

hertzienne[1], puis les réseaux de câbles de télévision[2]... Enfin d'autres servitudes sont justifiées par les besoins en énergie de notre civilisation moderne : servitudes pour les ouvrages d'électricité et de gaz[3], servitudes de passage des canalisations de transport et de distribution de chaleur[4]... Cette liste ne décrit qu'une partie des besoins et des applications de servitudes d'utilité publique. Leur nombre ne fait que grandir et elles ont toutes pour point commun de relever du droit administratif.

280 **Servitudes d'intérêt privé.** En revanche, les servitudes d'utilité privée sont en nombre stable. Elles relèvent du droit privé et leur régime est décrit avec grande précision par le Code civil.

1. L. n° 82-652, 29 juill. 1982, art. 34-1.
2. L. n° 86-1067, 30 sept. 1986, art. 34-3.
3. Décr. n° 85-1109, 15 oct. 1985, art. 2.
4. L. n° 80-531, 15 juill. 1980, art. 14 à 19.

CHAPITRE 2

Régime des servitudes

281 **Plan.** Le régime des servitudes comprend des dispositions quant à leur mode d'établissement (SECTION 1) et leur exercice (SECTION 2).

SECTION 1

MODES D'ÉTABLISSEMENT DES SERVITUDES

282 **Variété des modes d'établissement.** Le plus souvent, les servitudes ont pour origine soit un texte de loi, soit une initiative des utilisateurs. Il existe également un cas particulier de possibilité de création d'une servitude judiciaire[1]. Le juge peut créer une servitude *non aedificandi* sur le fonds voisin, dite servitude de « cour commune », lorsqu'une disposition d'urbanisme impose de laisser des espaces libres autour d'une construction et qu'aucun accord conventionnel n'a pu être conclu entre les intéressés. Dans l'hypothèse de deux fonds contigus et nus, le premier à construire peut le faire à l'aplomb de la ligne divisoire. Il fera alors supporter à l'autre propriétaire la charge du respect de la distance entre les

1. Décr. 4 déc. 1958.

constructions qui empêchera le voisin de construire sur la bande limitrophe. Ce mode d'établissement des servitudes n'a pas connu d'autres applications. En général, les servitudes sont établies par loi afin de répondre à des contraintes naturelles ou sociales (**§ 4**) ou elles sont créées par l'homme, soit par un titre (**§ 1**), soit par l'effet d'une prescription (**§ 2**), soit par destination du père de famille (**§ 3**).

§ 1. Constitution par titre

283 **Conditions imposées pour créer une servitude par titre.** Deux propriétaires sont libres de constituer des servitudes dans les conditions qu'ils déterminent. Cette convention doit respecter les obligations traditionnelles imposées à tous les actes juridiques : respect de l'ordre public et rencontre de deux consentements libres et éclairés. Elle doit respecter également d'autres contraintes spécifiques :

– elle doit établir un rapport entre deux fonds et non une obligation imposée à une personne qui serait qualifiée d'obligation personnelle[1] ;

– les deux propriétaires doivent avoir la capacité pour faire des actes de disposition ;

– le propriétaire du fonds servant doit donner son consentement soit par convention soit par acte unilatéral sous forme de testament ou d'acte de partage[2] ;

– pour rendre l'acte opposable aux tiers, il faut procéder à une publicité foncière et une mention dans l'acte d'acquisition, sauf si est établie la connaissance que l'acquéreur avait de la servitude au moment de l'acquisition[3].

En revanche, aucune contrainte n'est imposée quant à l'existence d'une contrepartie financière et, suivant les cas, la charge

1. V. ss 267.

2. N'a donc pas été considéré comme titre constitutif l'apport à la SCI souhaitant bénéficier de la servitude qui mentionnait le droit de passage existant depuis des décennies : Civ. 3e, 23 nov. 2017, n° 16-20.112, *AJDI* 2018. 302, obs. P. Haas.

3. Civ. 3e, 16 sept. 2009, *JCP* 2010. Chron. 336, n° 17, obs. H. Périnet-Marquet, confirmé par Civ. 3e, 26 janv. 2011, *JCP* 2011. Chron. 323, n° 15, obs. H. Périnet-Marquet.

subie donnera lieu ou non à rémunération. L'acte n'est pas non plus soumis à des conditions de forme. Il est tenu de respecter les exigences probatoires des articles 1358 et suivant du Code civil, avec des assouplissements apportés en matière de servitude. Ainsi, selon des modalités particulières posées par l'article 695 du Code civil, une servitude peut également être prouvée par aveu ou par serment du propriétaire du fonds asservi.

§ 2. Constitution par prescription

284 **Conditions imposées pour créer une servitude par prescription.** Comme tous les autres droits réels immobiliers, les servitudes peuvent être acquises par prescription. Mais les auteurs du Code civil ont craint de voir se reconstituer trop de servitudes abrogées par la nuit du 4 août 1789 et ils ont fortement restreint l'application de l'usucapion aux servitudes. Plusieurs conditions doivent donc être réunies :

– l'utilisateur de la servitude doit exercer une possession répondant aux exigences traditionnelles, c'est-à-dire comprenant un *corpus* et un *animus* et dépourvue de vices[1] ;

– la possession doit être exercée pendant trente ans. L'article 690 du Code civil précise ce délai sans évoquer une éventuelle possibilité de bénéficier des prescriptions abrégées. Les auteurs déduisent traditionnellement de cette rédaction que la possession doit toujours être trentenaire en matière de servitude et ils critiquent cette solution qui se distingue, sans justification particulière, de celle appliquée pour acquérir la propriété ;

– les servitudes légales ne peuvent pas être établies par prescription trentenaire, car l'article qui décrit cette faculté est inséré dans le chapitre consacré aux « servitudes établies par le fait de l'homme ». Ainsi, les juges ont refusé de constater la création par prescription d'une servitude permettant l'implantation d'une ligne

1. V. ss 147 s.

électrique au profit d'EDF, au motif qu'elle ne constituait pas une « servitude de droit privé instituée pour l'utilité des particuliers »[1] ;

– seules les servitudes apparentes et continues peuvent être acquises par prescription (C. civ., art. 690). La doctrine donne deux explications de cette exigence. D'une part, si la servitude est non apparente et non continue, elle est difficile à percevoir pour le propriétaire du fonds servant qui risque de se faire surprendre par une possession dont il pouvait ne pas avoir connaissance. D'autre part, les servitudes non apparentes et non continues sont souvent de simples tolérances acceptées par un aimable propriétaire voisin qui souhaite établir des relations de bon voisinage. Il serait choquant que cette gentillesse se retourne contre son auteur en le contraignant à subir une servitude créée par prescription. En outre, cette création serait contraire à l'article 2262 du Code civil qui énonce que les actes de simple tolérance ne peuvent fonder ni possession, ni prescription.

Compte tenu de ces nombreuses contraintes, les juges admettent rarement la création d'une servitude par prescription. Ils ont reconnu l'établissement d'une servitude d'écoulement des eaux tombant d'un toit sur le fonds d'un voisin[2] ou d'une servitude de vue permettant de ne pas détruire des ouvertures irrégulières percées par un voisin plus de trente ans auparavant[3] ou d'une servitude de surplomb (qui permet au propriétaire du fonds dominant de faire dépasser la corniche de sa maison au-dessus du fonds servant)[4]. En revanche, une servitude de passage, qui n'a pas le caractère de continuité, ne peut faire l'objet d'une prescription acquisitive ou évoluer par prescription[5]. Cette solution est bien étrange, car le droit refuse d'établir une servitude, c'est-à-dire un droit d'usage, au profit de celui qui passe pendant trente

1. Civ. 3e, 7 mars 2007, *Bull. civ.* III, n° 35, *D.* 2007. 866, note S. Bigot de la Touanne, *JCP* 2007. I. 197, n° 12, obs. H. Périnet-Marquet.
2. Toulouse 1re ch., 27 févr. 1984.
3. Montpellier 1re ch., 28 févr. 1995. En revanche, les juges ont refusé qu'une servitude de vue empêche la construction d'un bâtiment alors que la fenêtre avait été ouverte, puis murée avant d'être définitivement condamnée par la construction voisine. Civ. 3e, 12 mai 2016, n° 14-26.840, *RTD civ.* 2016. 901, obs. W. Dross.
4. Civ. 3e, 12 mai 2008, *D.* 2008. 2462, obs. B. Mallet-Bricout et N. Reboul-Maupin, *JCP* 2008. I. 194, n° 15, obs. H. Périnet-Marquet.
5. Civ. 3e, 23 févr. 2005, *JCP* 2005. IV. 1745 et I. 181, n° 14, obs. H. Périnet-Marquet.

ans au même endroit, alors qu'il accepte de lui reconnaître la propriété de la bande utilisée par usucapion.

§ 3. Constitution par destination du père de famille

285 **Conditions pour créer une servitude par destination du père de famille.** Les articles 692 et 693 du Code civil décrivent l'établissement de servitudes « par destination du père de famille ». Cette expression est une reprise de l'ancien droit et elle désigne le propriétaire initial des fonds, car ce type de servitude ne peut être créé qu'entre deux fonds, actuellement divisés, mais qui ont appartenu à la même personne. À l'origine, ce propriétaire unique a créé entre ses parcelles des situations de fait comme des aqueducs ou des fenêtres qui auraient été qualifiées de servitudes si elles avaient été mises en place entre deux propriétaires différents. Dans un second temps, les parcelles ont été transmises à des propriétaires distincts et cette situation de fait se transformera en servitude sous réserve de remplir certaines conditions :

– l'aménagement doit être antérieur à la division du fonds et il doit avoir été demandé par le propriétaire de l'époque lui-même[1] ;

– la transformation de l'aménagement en servitude ne doit pas être exclue par l'acte de séparation[2] ;

– le propriétaire commun doit avoir une volonté, à l'origine, de mettre en place un aménagement qui soit permanent[3] et, par la suite, de maintenir cet aménagement sous forme de servitude[4] ;

– la constitution de cette servitude ne doit pas produire des effets sur les tiers, ni en réalisant un empiétement[5], ni en causant des troubles de voisinage[6].

1. L'aménagement réalisé par le locataire et toléré par le propriétaire ne peut donner lieu à la constitution d'une servitude par destination du père de famille. Civ. 3e, 29 oct. 1973, *JCP* 1973. IV. 404.
2. Civ. 1re, 23 mai 1959, *D.* 1959. 473.
3. Les juges ont refusé de qualifier d'aménagement permanent une porte de communication entre deux parties d'une maison. Req. 17 mai 1933, *DH* 1933. 363.
4. Civ. 3e, 22 juill. 1987, *Bull. civ.* III, n° 157. Ainsi, refus de reconnaitre une telle servitude si le titre mentionne l'inexistence de toute servitude. Civ. 3e, 6 sept. 2018, n° 17-21.527.
5. Civ. 3e, 27 juin 2001, *D.* 2001. IR 2182.
6. Pour des projections de poussière provenant d'un court de tennis, Civ. 3e, 2 juin 1993, *D.* 1995. Somm. 67, obs. J. Mouly.

286 **Domaine d'application des servitudes par destination du père de famille.** Le domaine d'application de ce mode d'établissement des servitudes a fait l'objet d'une controverse entre les auteurs en raison de la difficulté à concilier deux textes apparemment contradictoires du Code civil. L'article 692 énonce que « la destination du père de famille vaut titre à l'égard des servitudes continues et apparentes », alors que l'article 694 paraît l'admettre pour toutes les servitudes apparentes, même discontinues. La jurisprudence a dépassé cette contradiction en distinguant deux cas. Soit le titre séparatif des deux fonds existe encore et il est muet sur cette question. Il convient alors d'appliquer l'article 694 qui vise la présence d'un titre, ce qui permet de créer par destination toutes les servitudes apparentes, qu'elles soient continues ou discontinues[1]. Soit aucun titre ne peut être produit et il convient alors d'appliquer l'article 692 et ne peuvent être créées que des servitudes à la fois apparentes et continues.

Au-delà des arguments textuels des termes employés par les deux articles du Code civil, cette distinction repose sur l'analyse traditionnelle selon laquelle la constitution d'une servitude par destination du père de famille repose sur une convention tacite présumée des auteurs de la division, qui auraient convenu de maintenir en tant que servitude un état de fait antérieur. En l'absence de titre séparatif des fonds, cette volonté tacite est plus difficile à invoquer, car absolument rien n'indique, même par omission, que le propriétaire n'a pas voulu s'opposer à la constitution d'une servitude. La volonté tacite étant plus hypothétique, seules des servitudes à la fois apparentes et continues pourront être ainsi créées. En présence d'un titre, une volonté tacite est plus facile à invoquer et il sera possible d'admettre la création de toutes les servitudes apparentes, qu'elles soient continues ou discontinues.

1. Civ. 3e, 19 avr. 2005. Donc la création d'une servitude apparente et discontinue nécessite la preuve du titre de division. Civ. 3e, 16 sept. 2009, *D.* 2010. 2193, obs. N. Reboul-Maupin.

§ 4. Constitution en application d'une obligation légale

287 **Différences de régime entre les servitudes réciproques et unilatérales.** À côté des servitudes légales d'utilité publique soumises au droit administratif[1], il existe de nombreuses servitudes légales d'utilité privée. Elles sont établies par la loi dans un intérêt particulier. Toutes sont décrites avec minutie par le Code civil. Certaines sont réciproques, c'est-à-dire qu'elles sont instituées au profit et à la charge des deux parties, chacune profitant des efforts de l'autre (**A**). D'autres sont unilatérales, ne profitant qu'à l'une et étant totalement une charge pour l'autre (**B**). Entre ces deux types de servitudes, il existe principalement deux différences de régime. Les servitudes unilatérales étant par nature déséquilibrées, elles seront le plus souvent accordées moyennant le paiement d'une indemnité et ne pourront être imposées qu'avec un accord de celui qui la subit ou par une décision particulière d'un juge. En revanche, les servitudes réciproques seront en général imposées sans contrepartie, par simple application directe d'une disposition légale.

A. Les servitudes réciproques

288 **Variété des servitudes réciproques.** Les servitudes réciproques sont très nombreuses dans les relations de voisinage. Certaines imposent des distances entre voisins pour les plantations et les ouvrages (**1**), d'autres décrivent les possibilités d'ouvrir des jours et des vues sur les fonds voisins (**2**) et, enfin, une servitude est accordée pour organiser la chute des eaux pluviales des toits (**3**).

1. Distances des plantations et ouvrages

289 **Contraintes imposées pour planter et construire.** La détermination des distances imposées entre les bâtiments répond à deux préoccupations : d'une part, elle cherche à préserver l'intérêt général qui souhaite voir se construire des villes harmonieuses et présen-

1. Pour un ex. de refus d'application des règles civiles de la prescription acquisitives à une servitude permettant à EDF le passage d'une ligne électrique, Civ. 3e, 7 mars 2007, préc. ss 284.

tant un aspect cohérent et, d'autre part, elle désire respecter les intérêts particuliers des voisins qui essayent de ne pas se gêner les uns les autres. Ce double objectif entraîne une double réglementation. La servitude de distance des plantations et ouvrages est imposée à la fois par des servitudes d'intérêt général posées par le droit public et insérées dans le Code de l'urbanisme et par des servitudes d'intérêt privé posées par le Code civil.

Les servitudes d'urbanisme décrivent de façon fort détaillée les multiples contraintes imposées lors de l'implantation d'un bâtiment quant à la distance par rapport aux bâtiments voisins, à la hauteur, au volume, à l'aspect extérieur des constructions etc. Leur respect subordonnera l'octroi du permis de construire.

Les servitudes d'utilité privée sont laconiques à propos des règles imposées en matière de constructions. Elles renvoient à toutes les contraintes d'urbanisme et précisent seulement qu'il convient de « laisser la distance prescrite par les règlements » (C. civ., art. 674). En revanche, en digne réglementation d'un monde rural, elles posent de nombreuses règles applicables aux plantations. Les arbres doivent être plantés à plus de deux mètres du mur s'ils ont une hauteur supérieure à deux mètres et à cinquante centimètres du mur dans les autres cas, sauf si une réglementation d'urbanisme fixe une autre règle ou s'ils sont plantés en espalier (C. civ., art. 671) ou si les voisins sont convenus d'une hauteur moins élevée[1]. Est également prévu le sort des arbres morts (C. civ., art. 672), des branches qui dépassent sur le fonds voisin (C. civ., art. 673), des racines qui avancent dans l'héritage contigu (C. civ., art. 673), etc.

290 **Sanctions de la violation des contraintes de plantation et construction.** Les plantations violant ces règles pourront être arrachées ou réduites par le voisin, « à moins qu'il n'y ait titre, destination du père de famille ou prescription trentenaire » (C. civ., art. 672). Le régime des sanctions de la violation des règles en matière de construction de bâtiments sera plus complexe, car il conjugue l'application de dispositions applicables à des servitudes d'utilité

1. Validation d'une hauteur de 1,30 m prévue par la réglementation d'un lotissement. Civ. 3e, 27 mars 2013, n° 11-21.221, *JCP* 2013. Doctr. 1060, n° 12, obs. H. Périnet-Marquet.

privée et d'utilité publique contrôlée lors de l'examen du permis de construire. Deux situations sont donc à distinguer :

– soit aucun permis de construire n'a été demandé. Dans ce cas, pourront être saisis le tribunal d'instance pour déterminer la sanction applicable à la violation des servitudes d'utilité privée[1] et le tribunal administratif pour sanctionner l'absence de permis ;

– soit une construction a été édifiée conformément à un permis de construire. Dans ce cas, le propriétaire ne peut être condamné par un tribunal de l'ordre judiciaire du fait de la méconnaissance des règles d'urbanisme ou servitudes d'utilité publique, que, si, préalablement, le permis a été annulé pour excès de pouvoir ou son illégalité constatée par la juridiction administrative[2].

2. Jours et vues sur les fonds voisins

291 **Contraintes imposées aux ouvertures donnant sur le fonds voisin.** Afin de préserver la vie privée de chacun, les ouvertures sont réglementées lorsqu'elles donnent sur le fonds voisin. La loi distingue les jours qui sont des ouvertures à verre dormant, c'est-à-dire ne s'ouvrant pas et ne permettant donc pas de se pencher pour regarder, des vues qui sont des ouvertures ordinaires susceptibles d'être ouvertes. Les jours sont moins gênants et ils sont donc plus facilement acceptés. Le propriétaire du mur peut les établir, même si le mur est à la ligne séparative (C. civ., art. 676), à condition de le mettre à une hauteur élevée pour empêcher les regards (C. civ., art. 677) et de demander le consentement de son voisin si le mur est mitoyen (C. civ., art. 675). Les vues sont plus favorables aux indiscrétions, particulièrement lorsqu'elles sont droites, c'est-à-dire pratiquées sur un mur parallèle à celui du voisin. Soumises au même régime que les balcons et les terrasses, elles ne sont autorisées que si elles sont pratiquées à plus de dix-neuf décimètres du mur du fonds voisin (C. civ., art. 678). En revanche, les vues obliques, qui ne permettent de voir chez le voisin qu'en tournant la tête, peuvent être ouvertes dès que le mur voisin est distant de plus de six décimètres (C. civ., art. 679). Bien que les textes

1. COJ, art. R. 221-16, R. 221-17 et R. 221-35.
2. C. urb., art. L. 480-13.

ne le précisent pas, la jurisprudence n'applique ces contraintes qu'aux relations entre fonds contigus[1].

Si une ouverture est réalisée en violation d'une de ces règles, le propriétaire du fonds voisin peut réclamer sa modification ou sa suppression[2] ou même unc éventuelle indemnisation en cas de trouble de jouissance pour privation de vue et/ou d'ensoleillement et/ou perte de chance de vendre la maison au prix initial[3].

292 **Cas d'autorisation des ouvertures donnant sur le fonds voisin.** Ces restrictions d'ouverture des jours et des vues sont écartées dans trois cas. Tout d'abord, le propriétaire peut conserver des ouvertures pratiquées en violation des distances légales, s'il peut se prévaloir d'une servitude de vue, correspondant à un droit de regarder, acquise par prescription, titre ou destination de père de famille. Par ailleurs, la loi dispense de respecter ces règles de distances lorsque le fonds voisin est grevé d'une servitude de passage, car sa tranquillité est alors déjà bien compromise. Enfin, ces contraintes sont écartées lorsque les deux propriétés ne sont pas contiguës mais séparées par un terrain appartenant à un tiers, même s'il s'agit d'un étroit chemin.

3. Servitudes d'égouts des toits

293 **Organisation de l'écoulement de l'eau tombant des toits.** La circulation des eaux est une question bien délicate dans les rapports de voisinage, car les eaux ne coulent pas en respectant le découpage des propriétés déterminées par les hommes. De nombreuses servitudes ont été prévues par la loi pour obliger les voisins à régler cette question. La plupart sont des servitudes unilatérales[4], mais il existe également une servitude réciproque appelée servitude d'égout des toits. « Tout propriétaire doit établir des toits de manière que les eaux pluviales s'écoulent sur son terrain ou sur la voie publique ; il ne peut les faire verser sur le fonds de son voisin » (C. civ., art. 681). Les eaux qui tombent d'un toit doivent donc se déverser sur le terrain appartenant au propriétaire du toit,

1. Civ. 3e, 23 nov. 2017, n° 15-26.240, *D.* 2018. 1772, obs. N. Reboul-Maupin, *JCP* 2017. 404, n° 10, obs. H. Périnet-Marquet.
2. Civ. 18 juill. 1859, *D.* 1859. 1. 400.
3. Bastia, ch. civ., sect. 1, 14 mars 2018, n° 17/00145, *JCP* 2018. 752, obs. G. Kessler.
4. V. ss 298.

peu importe si, par la suite, elles s'écoulent sur un fonds voisin. Ainsi, chaque propriétaire a le droit de ne pas recevoir les eaux de son voisin, mais il peut aménager conventionnellement cette prérogative ou la perdre par prescription[1].

B. Les servitudes unilatérales

294 **Servitudes unilatérales d'intérêt public ou privé.** Les servitudes unilatérales s'imposent, sans réciprocité, à un fonds, au bénéfice d'un autre fonds. Elles sont soit positives, imposant par exemple de laisser un passage, soit négatives, interdisant de construire sur une partie de son terrain. La plupart sont d'utilité publique, car de telles atteintes unilatérales à la liberté, sont surtout justifiées par des considérations d'intérêt général. Il existe également des servitudes unilatérales d'intérêt privé, le Code civil décrivant la servitude de passage en cas d'enclave (**1**) et les servitudes liées au passage des eaux (**2**).

1. Servitudes de passage

295 **Équilibre entre deux intérêts antagonistes.** La servitude de passage apparaît à la fois comme la plus naturelle et la plus étrange des servitudes. En effet, il semble tout à fait normal de permettre à un propriétaire de terrain enclavé d'accéder à son fonds, sans l'obliger à emprunter une voie aérienne. Néanmoins, est-il légitime d'imposer à un fonds de laisser circuler librement des étrangers au simple motif que son voisin a acquis un terrain en situation d'enclavement ? Les règles applicables à cette servitude tentent de concilier ces aspects contradictoires. L'étude du domaine d'application de la servitude de passage montre qu'elle profite rarement à un propriétaire qui aurait acquis en toute légèreté un terrain et qui découvrirait ultérieurement son caractère enclavé (**a**). Le régime et les situations d'application de cette servitude révèlent que tout est fait pour réduire la charge imposée au fonds servant (**b**).

1. Civ. 1re, 9 oct. 1963, *Bull. civ.* I, n° 425.

a. Application de la servitude de passage

296 **Servitude justifiée souvent par une évolution des besoins du fonds.** L'article 682 du Code civil accorde une servitude de passage à tout propriétaire dont le fonds « n'a sur la voie publique aucune issue ou qu'une issue insuffisante, soit pour l'exploitation agricole, industrielle et commerciale de sa propriété, soit pour la réalisation d'opération de construction ou de lotissement ». Le plus souvent, l'état d'enclave résulte donc d'une évolution dans l'utilisation du fonds qui a rendu l'accès d'origine inadapté. L'état d'enclave s'apprécie en fonction des besoins actuels du fonds, compte tenu de sa destination présente et non des besoins antérieurs.

Parfois, cette évolution est le fait du propriétaire qui a souhaité modifier son usage du terrain. Les juges ont admis la création d'une servitude de passage due à un besoin de desserte accrue, suite à une opération de lotissement réalisée sur un fonds à vocation agricole devenu constructible[1]. La notion « d'utilisation normale du fonds » sera établie souverainement par les juges du fond[2], mais elle demeure d'application restrictive et ne peut justifier le passage de canalisations[3], excepté si le titre instituant la servitude le prévoit[4].

Le plus souvent, la modification des besoins rendant le passage antérieur inadapté est imposée par l'évolution des techniques. Ainsi, l'augmentation de la taille des machines agricoles, la banalisation de la circulation automobile ou les nouvelles contraintes de sécurité qui imposent de prévoir une possibilité d'accès pour des secours ont justifié de nombreuses créations ou élargissements de passages.

Cependant, le propriétaire d'un fonds n'est pas fondé à invoquer le bénéfice d'une servitude de passage pour cause d'enclave quand l'état d'enclavement est son fait volontaire. La notion de fait volontaire est difficile à définir et elle est déterminée souverainement par les juges du fond. Un enclavement sera qualifié de

1. Civ. 3e, 4 oct. 2000, *JCP* 2001. I. 305, n° 14, obs. H. Périnet-Marquet.
2. Civ. 3e, 7 avr. 1994, *Bull. civ.* III, n° 81.
3. Civ. 3e, 8 avr. 2010, n° 09-65.261, *D.* 2010. 2195, obs. N. Reboul-Maupin, *Dr. et patr.* 2011. 199, obs. Th. Revet, *JCP* 2010. Chron. 1162, n° 23, obs. H. Périnet-Marquet.
4. Civ. 3e, 14 juin 2018, n° 17-20.280, P, *JCP* 2018. 1093, n° 13, obs. H. Périnet-Marquet.

volontaire s'il est dû à l'édification, par le propriétaire du fonds enclavé, d'une construction coupant l'accès à la voie publique[1]. En revanche n'est pas considéré comme un enclavement volontaire le fait de construire un ensemble immobilier en sachant que l'accès existant est insuffisant pour sa future desserte[2].

b. *Régime de la servitude de passage*

297 **Régime visant à restreindre les inconvénients subis par le fonds servant.** La servitude de passage se présente comme fortement attentatoire à la propriété privée. Elle impose à un voisin de laisser des tiers traverser son fonds, ce qui l'oblige à laisser son terrain ouvert et qui restreint fortement son intimité. Plusieurs dispositions du régime applicable à cette servitude tentent de limiter ces inconvénients :

– le passage accordé doit être établi afin de présenter une gêne minimum pour le propriétaire du fonds servant. Cet objectif détermine deux règles applicables à la détermination physique du chemin. En premier lieu, l'article 683 du Code civil dispose que « le passage doit régulièrement être pris du côté où le trajet est le plus court du fonds enclavé à la voie publique. Néanmoins, il doit être fixé dans l'endroit le moins dommageable à celui sur le fonds duquel il est accordé ». Le tracé du passage sera déterminé souverainement par les juges du fond, en choisissant le chemin le plus court et le moins gênant[3]. En second lieu, ce passage doit déranger en priorité ceux qui ont participé à la mise en place de cette situation d'enclavement. En conséquence, lorsque l'enclave résulte de la division d'un fonds, par suite d'une vente, d'un échange, d'un partage ou de tout autre contrat, le passage ne peut être demandé que sur les terrains qui ont fait l'objet de ces actes (C. civ., art. 684) ;

– pour rééquilibrer les aspects négatifs de cette contrainte, le propriétaire du fonds servant doit recevoir une indemnité proportionnée au dommage que la servitude peut occasionner (C. civ., art. 682) ;

1. Req. 16 mars 1870, *DP* 1870. 1. 241.
2. Civ. 3e, 4 oct. 2000, préc.
3. Civ. 1re, 19 janv. 1966, *Bull. civ.* I, n° 47.

– la servitude de passage ne doit être maintenue que lorsqu'elle demeure indispensable et elle doit cesser dès que l'état d'enclave prend fin. Cette règle est expressément posée par l'article 685-1 du Code civil, qui renforce son efficacité en prévoyant les modalités dc sa mise en œuvre. Dès la cessation de la situation d'enclave, que ce soit par construction d'une nouvelle route ou suite à l'acquisition par le propriétaire du fonds enclavé d'un fonds lui permettant un autre accès, le propriétaire du fonds servant pourra invoquer l'extinction de la servitude. « À défaut d'accord amiable, cette disparition est constatée par une décision de justice » (C. civ., art. 685-1, al. 2).

2. Servitudes liées au passage des eaux

298 **Variété des servitudes unilatérales liées à l'écoulement des eaux.** L'écoulement des eaux, qu'elles proviennent de la pluie ou d'une source, produit de nombreuses servitudes, imposées en général au profit du fonds le plus élevé qui pourra se déverser dans le fonds le plus bas (C. civ., art. 640). En dépit de son caractère unilatéral, cette servitude ne donne lieu à aucune indemnisation pour le propriétaire du fonds servant, excepté lorsque l'usage ou la direction donnés aux eaux aggravent la servitude naturelle d'écoulement et lorsque l'eau est apparue suite à des travaux ou des sondages effectués par le propriétaire du fonds supérieur (C. civ., art. 641, al. 2 et 3)[1]. Inversement, celui qui a une source sur son fonds ne peut en user de manière à enlever aux habitants d'une commune, village ou hameau, l'eau qui leur est nécessaire (C. civ. art. 642)[2]. La jurisprudence souligne que cette contrainte demeure même si un système de distribution publique d'eau a été mis en place[3]. D'autres servitudes sont destinées à faciliter l'exploitation rurale et sont donc insérées dans le Code rural. Ainsi, il existe une servitude légale d'aqueduc permettant d'acheminer les eaux potables et les eaux d'irrigation (C. rur., art. L. 152-14), une servitude d'appui

---

1. Les juges ont ainsi pu décider que le propriétaire du fonds supérieur qui avait édifié une piscine débordant sur le fonds inférieur devait accepter d'installer une pompe sur son fonds, car on ne pouvait pas imposer au propriétaire du fonds inférieur de mettre en place un drainage, même si la solution était trois fois moins chère. Civ. 3e, 29 sept. 2010, *Dr. et patr.* 2011. 199, obs. Th. Revet, *JCP* 2010. Chron. 1162, n° 21, obs. H. Périnet-Marquet.
2. V. ss 112.
3. Civ. 3e, 14 déc. 2005, *JCP* 2006. IV. 1096.

facilitant l'emploi des eaux d'une rivière par les fonds riverains – (C. rur., art. L. 152-17) et une servitude de drainage pour permettre d'assécher des terrains (C. rur., art. L. 152-20).

Section 2
Exercice des servitudes

299 **Divers aspects de l'exercice des servitudes.** Quels que soient leur mode d'établissement et leur classification, toutes les servitudes sont des charges imposées à un fonds servant au profit d'un fonds dominant. Leur exercice doit être apprécié en étudiant les droits accordés au propriétaire du fonds dominant (**§ 1**), les charges imposées au propriétaire du fonds servant (**§ 2**) et les actions judiciaires destinées à protéger ces situations (**§ 3**).

§ 1. Situation du propriétaire du fonds dominant

300 **Évolution des prérogatives du propriétaire du fonds dominant.** Grâce à la servitude, le propriétaire du fonds dominant pourra exercer un droit d'usage sur le fonds servant. Deux questions doivent être envisagées : d'une part, quelles prérogatives précises sont à sa disposition lors de la mise en place de la servitude (**A**) et, d'autre part, comment sera envisagée l'évolution dans le temps de ses droits (**B**).

A. Étendue des droits conférés par la servitude

301 **Étendue des servitudes conventionnelles.** Lorsqu'une servitude est établie par une convention, son étendue doit être déterminée par référence à ce contrat. Si les termes du contrat sont obscurs ou incomplets, le juge devra l'interpréter en respectant deux règles. D'une part, il devra respecter les principes d'interprétation des conventions, en recherchant « la commune intention des parties plutôt qu'en s'arrêtant au sens littéral de ses termes » (C. civ.,

art. 1188). Bien que la servitude soit une atteinte au droit de propriété, les juges disposent d'un pouvoir souverain d'appréciation de son étendue et ils ne sont pas toujours tenus de l'interpréter respectivement[1]. D'autre part, l'article 696 du Code civil énonce de façon très générale que « quand on établit une servitude, on est censé accorder tout ce qui est nécessaire pour en user ». La jurisprudence a reconnu une applicabilité générale de cette disposition, aussi bien aux servitudes acquises par prescription qu'à celles qui sont établies par titre, par destination du père de famille[2] ou même par une obligation légale[3].

302 **Étendue des servitudes légales.** L'étendue des servitudes légales ne peut être déterminée par référence à la volonté des parties et elle sera définie par les dispositions législatives et réglementaires. Le propriétaire du fonds dominant doit disposer de tous les droits lui permettant de mettre en œuvre la servitude. Ainsi, il doit recevoir des droits annexes, le Code civil donnant l'exemple de la servitude de puiser l'eau à la fontaine d'autrui qui oblige à accorder un droit de passage (C. civ., art. 696). Il a également la possibilité de réaliser des aménagements qui se révéleraient nécessaires pour user et conserver sa servitude (C. civ., art. 697), ces ouvrages restant à ses frais, excepté si une convention en avait décidé autrement (C. civ., art. 698) ou si ces aménagements sont la conséquence d'une faute du propriétaire du fonds servant, la faute étant très rarement retenue par les juges[4].

B. Évolution des droits conférés par la servitude

303 **Évolution de la servitude corrélativement aux besoins du fonds dominant.** La configuration des terrains, leur destination et les modalités de leur exploitation évoluent dans le temps. L'évolution peut justifier la création même d'une servitude[5] et elle peut autoriser

1. Civ. 5 nov. 1856, *DP* 1856. 1. 392.
2. Req. 10 nov. 1908, *DP* 1909. 1. 268.
3. Civ. 3e, 12 mars 2014, no 12-28.152, *JCP* 2014. 1187, no 15, obs. H. Périnet-Marquet.
4. Arrêt de cassation reprochant à la cour d'appel d'avoir retenu une faute, Civ. 3e, 5 déc. 1972, *Gaz. Pal.* 1973. 1. 136. Néanmoins, frais mis à la charge du fonds servant par Civ. 3e, 4 févr. 2009, P, *JCP* 2009. I. 127, no 15, obs. H. Périnet-Marquet.
5. Pour une servitude de passage, v. ss 296.

sa modification, à la condition qu'elle ne provoque pas son aggravation (C. civ., art. 702). Cette contrainte est appelée règle de fixité de la servitude et les juges du fond apprécient souverainement s'il y a eu ou non aggravation d'une servitude[1]. Ainsi, les juges ont considéré qu'il n'y avait pas d'aggravation dans le cas d'une servitude de passage devant desservir des constructions nouvelles supplémentaires[2] ou en cas d'établissement d'une canalisation sur le chemin d'un droit de passage existant[3] ou en cas d'extension au passage des voitures et piétons alors que la servitude avait été accordée pour faire passer du vin et du bois[4]. En revanche, certains arrêts ont qualifié d'aggravation la modification d'un chemin utilisé pour une servitude de passage, afin de permettre la circulation des voitures,[5], alors que d'autres ont reproché aux juges du fond de ne pas avoir recherché « si l'élargissement de la servitude piétonnière destiné à permettre d'accéder au fonds était compatible avec l'usage pour lequel la servitude avait été consentie, à une époque où l'utilisation d'un véhicule automobile était peu répandue à Basse-Terre, et si, compte tenu des nécessités de la vie moderne, le passage était suffisant pour un accès normal du propriétaire à son fonds »[6]. Si la modification est qualifiée d'aggravation, les tribunaux n'ordonnent pas toujours le rétablissement des choses en l'état. Ils se bornent parfois à allouer des dommages-intérêts, posant ainsi une solution beaucoup moins sévère qu'en cas d'empiétement[7].

1. Civ. 3e, 16 déc. 1970, *Bull. civ.* III, n° 713.
2. Civ. 1re, 12 nov. 1963, *Bull. civ.* I, n° 490.
3. Civ. 1re, 14 oct. 1963, *D.* 1964. 513, note Tallon.
4. Civ. 3e, 13 déc. 2018, n° 17-24.685.
5. Civ. 1re, 3 juill. 1961, *Bull. civ.* I, n° 364.
6. Civ. 3e, 22 mars 2011, n° 09-70.533, *D.* 2011. 2306, obs. N. Reboul-Maupin.
7. Pour une appréciation critique de cette position, Ph. Malaurie, L. Aynès, *Droit civil, les biens, op. cit.*, n° 1172, p. 387.

§ 2. Situation du propriétaire du fonds servant

304 **Principe de fixité de la servitude.** Une servitude est une charge imposée au fonds servant, le plus souvent par une loi donc sans l'acceptation de celui qui en a la charge. Les dispositions légales visent à réduire au maximum les contraintes subies par le propriétaire du fonds servant. Les obligations d'entretien ne peuvent pas lui être donc imposées et il ne peut y être soumis que s'il les a acceptées par une disposition conventionnelle[1]. Cependant, certaines charges lui sont imposées contre sa volonté. On peut craindre que le propriétaire du fonds servant tente de les réduire en diminuant les prérogatives accordées au propriétaire du fonds dominant. Pour éviter de tels comportements, l'article 701 du Code civil pose que « le propriétaire du fonds débiteur de la servitude ne peut rien faire qui tende à en diminuer l'usage ou à le rendre plus incommode ». Ainsi, le principe de fixité énoncé à propos du propriétaire du fonds dominant s'impose également au propriétaire du fonds servant, le Code civil décrivant même ses modalités d'application avec plus de détails. Deux conséquences spécifiques sont décrites.

– Tout d'abord, au nom du principe de fixité, la servitude doit être maintenue, même si l'héritage pour lequel elle a été établie est divisé (C. civ., art. 700). Elle bénéficie alors à chaque portion. Mais fixité ne veut pas dire aggravation et s'il s'agit d'un droit de passage, tous les copropriétaires bénéficiaires du passage devront l'exercer par le même endroit.

– Par ailleurs, le principe de fixité interdit également de modifier l'état des lieux ou de déplacer l'assiette de la servitude (C. civ., art. 701, al. 2). Les aménagements du fonds sont autorisés à partir du moment où ils restent compatibles avec l'exercice de la servitude. Ainsi, l'existence d'une servitude de passage n'interdit pas de clore, mais si le propriétaire du fonds servant fait poser une

1. Civ. 3e, 5 déc. 1972, *Gaz. Pal.* 1973. 1. 136.

serrure, il devra remettre une clef au propriétaire du fonds dominant. La transposition de l'exercice de la servitude dans un endroit différent de celui où elle a été primitivement assignée est également interdite. Cependant « si cette assignation primitive était devenue plus onéreuse au propriétaire du fonds assujetti, ou si elle empêchait d'y faire des réparations avantageuses, il pourrait offrir au propriétaire de l'autre fonds un endroit aussi commode pour l'exercice de ses droits, et celui-ci ne pourrait pas le refuser » (C. civ., art. 701, al. 3). Le propriétaire du fonds assujetti peut demander la modification de l'assiette de la servitude à la double condition que l'assignation primitive soit devenue plus onéreuse pour lui et que le nouvel endroit proposé soit aussi commode[1]. Si ces deux conditions sont remplies, le propriétaire du fonds dominant ne pourra pas refuser le déplacement de la servitude[2].

§ 3. Protection judiciaire des situations

305 **Actions pétitoires, fondées sur la possession et en réparation.** Trois types d'actions en justice peuvent être exercés par les propriétaires des fonds dominant et servant.

– La servitude est un droit réel et elle sera protégée au fond par des actions pétitoires[3], l'une étant accordée au propriétaire du fonds servant et, l'autre, au propriétaire du fonds dominant :

• le propriétaire du fonds servant peut exercer une action pétitoire appelée action négatoire destinée à contester l'existence de la servitude. Il lui suffit d'établir son droit de propriété et la preuve de la servitude devra alors être établie par le propriétaire du fonds dominant ;

• le propriétaire du fonds dominant pourra faire reconnaître l'existence de son droit réel grâce à une autre action pétitoire appelée action confessoire.

1. Civ. 3e, 24 mars 1982, *Bull. civ.* III, n° 83.
2. Civ. 3e, 18 mars 1987 *Bull. civ.* III, n° 57.
3. Un autre titulaire de droit réel, le propriétaire, peut également exercer une action pétitoire, v. ss 184.

– Les servitudes peuvent également être protégées par des actions fondées sur la possession. Il faut exercer une possession répondant aux exigences de l'article 2261 du Code civil, pendant au moins un an. Or, seules les servitudes continues et apparentes, comme la servitude d'aqueduc[1] ou de vue[2], sont susceptibles de possession. Elles seules devraient pouvoir bénéficier de la protection d'une action fondée sur la possession, mais la jurisprudence a autorisé l'exercice des actions possessoires en cas de servitudes fondées sur un titre[3] et de servitudes de passage[4]. Depuis la disparition des actions possessoires, la possession peut être invoquée dans le cadre d'une action de droit commun[5]. L'action fondée sur la possession permettra au propriétaire du fonds dominant de réclamer le maintien de sa servitude si elle est troublée. Elle permettra au propriétaire du fonds servant d'éviter l'éventuelle création d'un droit par prescription acquisitive et d'invoquer une simple situation de fait comme le tracé d'un chemin et elles sont opposables à des tiers totalement étrangers à l'élaboration de la servitude.

– Enfin une action pourra être exercée pour obtenir des dommages-intérêts ou une remise en l'état, si un préjudice est causé par une utilisation fautive de la servitude, en général lorsque le propriétaire du fonds dominant reconnaît avoir augmenté ses droits.

1. V. ss 298.
2. V. ss 292.
3. Civ. 14 avr. 1893, *DP* 1993. 1. 415.
4. Civ. 12 déc. 1853, *DP* 1954. I. 346.
5. V. ss 185.

Chapitre 3

Extinction des servitudes

306 **Diversité des modes d'extinction des servitudes.** L'extinction des servitudes fait l'objet d'une section entière dans le Code civil. Ces règles spécifiques sont justifiées par la nature particulière des servitudes, qui ne sont pas des conventions classiques, car leur création et parfois même leur maintien peuvent être imposés par la loi. Les servitudes seront donc éteintes, soit par impossibilité d'exercice (SECTION 1), soit par absence de pluralité de fonds (SECTION 2), soit par renonciation (SECTION 3), soit par non-usage (SECTION 4).

Section 1

Impossibilité d'exercice d'une servitude

307 **Extinction de la servitude pour impossibilité ou inutilité de son exercice.** De même que la vente d'une voiture est annulée en cas de disparition du véhicule faute d'objet, une servitude est éteinte en cas d'impossibilité d'exercice. Cette règle est expressément posée par l'article 703 du Code civil qui énonce que « les servitudes cessent lorsque les choses se trouvent en tel état qu'on ne peut

plus en user ». Deux cas d'extinction des servitudes peuvent être déduits de cet article :

– les servitudes cessent lorsque leur exercice est devenu impossible. Cette impossibilité peut être due soit à un événement naturel (par exemple une source qui se tarit entraîne l'extinction des servitudes qui permettaient son exploitation), soit à une intervention humaine. Ainsi, des servitudes de passage ont été jugées éteintes par application de l'article 703, dès lors qu'à la suite des aménagements réalisés par le propriétaire du fonds dominant, les choses se trouvaient en tel état qu'on ne pouvait plus en user conformément au titre[1] ou suite au classement en espace boisé d'une partie du fonds servant[2]. Cependant, seule une impossibilité absolue d'exercice permettra d'éteindre une servitude. Si l'impossibilité n'est pas absolue, la servitude est seulement suspendue[3] et si l'impossibilité disparaît, la servitude renaît (C. civ., art. 704) ;

– les servitudes cessent lorsqu'elles sont devenues inutiles. Cette solution est une application extensive des textes et elle n'est retenue que par certains arrêts[4] et recommandée seulement par une partie de la doctrine. Néanmoins, les juges ont considéré que la modification des règles d'urbanisme faisant disparaître l'obligation de distance entre les bâtiments n'éteint pas la servitude de cour commune devenue inutile car « la cause d'une servitude s'appréciait au moment où elle était consentie »[5].

1. Civ. 3e, 10 févr. 1976, *JCP* 1976. IV. 119 ; Civ. 3e, 9 juill. 2003, *D.* 2004. 1115, note V. Fernandez, *JCP* 2004. I. 125, no 15, obs. H. Périnet-Marquet ; Civ. 3e, 28 sept. 2005, *JCP* 2005. IV. 3280.
2. Civ. 3e, 15 mars 2018, no 17-14.366, *AJDI* 2018. 724, obs. N. Le Rudulier.
3. Req. 22 févr. 1875, *S.* 1875. 1. 293.
4. Pour la cessation d'une servitude inutile sous peine de réaliser un abus de droit : Pau 17 déc. 1968, *JCP* 1969. II. 15878. Contre l'assimilation de l'inutilité à l'impossibilité pour justifier l'extinction d'une servitude : Civ. 3e, 3 nov. 1981, *JCP* 1982. II. 19909, note J.-F. Barbiéri. Pour une servitude d'enclave, Civ. 3e, 16 janv. 1991, *D.* 1991. Somm. 313, 1re esp., obs. A. Robert et nombreuses décisions depuis, dont récemment Civ. 3e, 17 sept. 2013, no 12-20724, *D.* 2014. 1854, obs. N. Reboul-Maupin.
5. Civ. 3e, 23 janv. 2013, no 11-27.086, *RTD com.* 2013. 408, note W. Dross.

SECTION 2

ABSENCE DE PLURALITÉ DE FONDS

308 **Extinction de la servitude pour disparition de la pluralité des fonds.** Parmi les trois éléments constitutifs d'une servitude, est exigée la pluralité des propriétaires[1]. Il est alors logique de constater l'extinction d'une servitude en cas de disparition de cet élément, que ce soit à la suite de la perte de l'un des fonds (**§ 1**) ou de la réunion dans la même main des propriétés des fonds servant et dominant (**§ 2**).

§ 1. Perte de l'un des fonds

309 **Extinction de la servitude pour perte de l'un des fonds.** La servitude disparaît en cas de disparition de l'un des fonds, servant ou dominant. Il n'existe pas de cas d'application jurisprudentielle de disparition d'un immeuble depuis le milieu du XXe. En revanche, le rattachement au domaine public est assimilé à la perte d'un fonds, cette situation étant beaucoup moins exceptionnelle et justifiant l'extinction des servitudes attachées au fonds.

§ 2. Confusion

310 **Extinction de la servitude pour réunion des fonds dans la même main.** Selon l'article 705 du Code civil, « toute servitude est éteinte lorsque le fonds à qui elle est due, et celui qui la doit, sont réunis dans la même main ». De même qu'un propriétaire ne peut créer de servitude sur deux parties de son propre fonds, il ne peut maintenir de servitude existante sur deux fonds qui ont été réunis entre ses propres mains. « L'acquisition par le propriétaire du fonds dominant de parcelles issues de la division du fonds servant éteint

1. V. ss 264.

la servitude grevant ces parcelles »[1], mais la servitude n'est pas éteinte lorsque le propriétaire du fonds servant n'a acquis que la nue-propriété[2].

Si les deux fonds réunis sont par la suite de nouveau séparés, la servitude ne revit que par destination du père de famille[3]. La jurisprudence semble refuser son rétablissement automatique[4], en dépit de l'opinion de la doctrine majoritaire.

Section 3
Renonciation à une servitude

311 **Extinction de la servitude par renonciation.** La renonciation à un droit est possible à une triple condition : le droit doit avoir un effet limité au seul renonçant, il doit être acquis et avoir fait l'objet d'une renonciation expresse. Seules les servitudes unilatérales mises en place dans un intérêt privé satisferont la première exigence. La renonciation devra être affirmée dans un document postérieur à l'établissement de la servitude pour satisfaire les autres exigences. En conséquence, les juges ont refusé de considérer que l'acceptation par pure tolérance d'une construction violant une servitude *non aedificandi* était constitutive d'une renonciation mettant fin à cette servitude[5]. Même et si elle est acceptée, une renonciation n'empêche pas les exploitants ultérieurs de redemander à bénéficier d'une servitude légale[6].

Au-delà de ces règles générales, l'article 699 du Code civil décrit une situation spécifique de renonciation à une servitude. Dans le cas où le propriétaire d'un fonds servant serait chargé de faire à ses frais les ouvrages nécessaires pour l'usage et la conservation de la servitude, il peut s'affranchir de son obligation

1. Civ. 3e, 8 sept. 2016, *RTD civ.* 2016. 898, obs. W. Dross.
2. Civ. 3e, 17 avr. 1996, *D.* 1996. IR 140.
3. V. ss 285.
4. Jurisprudence très rare sur cette question. Pour un refus, Aix 4e ch., 16 mai 1995.
5. Paris 2e ch. A, 27 nov. 1989, *D.* 1991. Somm. 26, obs. A. Robert.
6. Pour une servitude de passage, v. Civ. 3e, 23 janv. 2008, *D.* 2008. 2464, obs. B. Mallet-Bricout et N. Reboul-Maupin et plus récemment, Civ. 3e, 24 oct. 2019, n° 18-20.119, *D.* 2020. 1766, obs. N. Reboul-Maupin.

en abandonnant le fonds assujetti au propriétaire du fonds dominant. Cet abandon constitue une renonciation, la jurisprudence ayant précisé qu'elle était unilatérale et n'avait pas à être acceptée par le propriétaire du fonds dominant[1]. Les juges peuvent interdire cette renonciation et obliger le propriétaire à réaliser les travaux prévus[2].

SECTION 4
NON-USAGE D'UNE SERVITUDE

312 **Servitudes pouvant s'éteindre par non-usage.** L'article 706 du Code civil énonce que « la servitude est éteinte par le non-usage pendant trente ans ». Le domaine d'application de cet article est vaste. Il comprend toutes les servitudes créées par l'homme, y compris les servitudes discontinues et non apparentes qui peuvent donc être perdues par prescription extinctive, alors qu'elles ne peuvent pas être constituées par prescription acquisitive[3]. En revanche, les juges ont affirmé à propos de plusieurs servitudes légales qu'elles ne s'éteignaient pas par le non-usage[4] et la Cour de cassation a précisé que l'extinction par non-usage était impossible pour toutes les servitudes « poursuivant un intérêt général et ayant un caractère d'ordre public »[5].

313 **Preuve du non-usage d'une servitude.** Le non-usage sera souvent difficile à établir. Il devra être prouvé par celui qui l'invoque[6] et sera apprécié souverainement par les juges[7], qui refuseront de le constater en cas de fonds indivis si l'un des copropriétaires a continué à exercer la servitude (C. civ., art. 709) ou si l'un des copropriétaires du fonds est mineur (C. civ., art. 710). Un non-usage trentenaire devra être établi et, comme en matière de pres-

1. Req. 11 mai 1908, *DP* 1908. 1. 365.
2. Civ. 1re, 4 nov. 1963, *Bull. civ.* I, n° 470.
3. V. ss 284.
4. Pour une servitude d'écoulement des eaux, Angers 9 déc. 1968, *JCP* 1969. II. 15783, note G. Goubeaux.
5. Civ. 3e, 18 déc. 2002, *D.* 2003. IR 181.
6. Civ. 3e, 17 févr. 1993, *D.* 1993. Somm. 308, obs. A. Robert.
7. Civ. 3e, 9 avr. 1970, *Bull. civ.* III, n° 239.

cription acquisitive, aucun délai abrégé ne pourra être invoqué[1]. Le point de départ de la prescription varie suivant le type de servitude (C. civ., art. 707). Si la servitude est discontinue, la prescription commence à courir au jour où le propriétaire du fonds servant néglige d'en jouir. À titre d'exemple, une servitude de passage s'éteindra 30 ans après l'arrêt de l'utilisation du chemin, bien que l'événement soit difficile à établir. Les juges refusent que le point de départ de ce délai soit la disparition du chemin, qui serait pourtant plus aisée à prouver[2]. En revanche, il faut une action contraire à l'exercice de la servitude pour faire démarrer la prescription extinctive d'une servitude continue. Ainsi, une servitude *non aeficandi*, qui est continue, est éteinte par un non-usage trentenaire. Ce délai commence à courir au commencement des travaux d'édification, qui constituent une action spécifique de non-usage.

314 **Effets du non-usage d'une servitude.** Lorsque le non-usage a été établi pendant trente ans, il met fin définitivement à la servitude. La reprise de l'usage de la servitude après l'expiration du délai de prescription ne la fait pas renaître, à moins que l'acte d'exercice ultérieur ne puisse s'interpréter comme valant renonciation, de la part du propriétaire du fonds servant, au bénéfice de la prescription[3].

Seule une non-utilisation totale de la servitude pendant trente ans entraîne son extinction. L'usage restreint d'une servitude entraînera son extinction partielle (C. civ., art. 708). Cependant, la jurisprudence impose que ce non-usage partiel soit dû à un obstacle matériel et non à une abstention volontaire de son titulaire, afin de ne pas pénaliser un comportement modéré du propriétaire du fonds servant[4].

1. V. ss 284.
2. Civ. 3e, 11 janv. 2006, *JCP* 2006. IV. 1216, et I. 178, n° 16, obs. H. Périnet-Marquet.
3. Civ. 1re, 7 juin 1961, *Bull. civ.* I, n° 295.
4. Civ. 3 déc. 1929, *DH* 1930. 18.

Troisième partie

La propriété collective

315 **Développement de la propriété collective dans le mode moderne.** Envisager de longs développements consacrés à la propriété collective semble doublement étonnant. En effet, l'un des caractères de la propriété est son exclusivité[1]. Par ailleurs, lorsque les rédacteurs du Code civil ont envisagé le droit de propriété, ils souhaitaient opérer une rupture avec les pratiques de l'Ancien Régime reposant sur une conception féodale et souvent collective des droits. Le caractère individuel de la propriété a donc été clairement affirmé et peu d'articles ont été consacrés à des situations de propriétés collectives comme l'indivision ou la copropriété par appartement. Encore récemment, une décision de justice a affirmé que « le caractère absolu du droit de propriété reconnu par les articles 544 et 545 du Code civil était lié à son caractère individuel »[2].

Cependant, la propriété collective s'est développée en raison de la multiplication de l'urbanisation, qui a entraîné des immeubles partagés, de l'émergence de situations familiales nouvelles et de l'évolution économique qui a nécessité la réunion de capitaux ou

1. V. ss 90 s.
2. Lyon 23 mai 1990, *Gaz. Pal.* 1990. 1. 125, note A. Piedelièvre, *D.* 1990. IR 41, pourvoi rejeté par Civ. 1re, 30 juin 1992, *Bull. civ.* I, n° 208.

de personnes pour réaliser des projets plus ambitieux. Il existe donc désormais un grand nombre de situations dans lesquelles une masse de biens (communauté légale, indivision légale ou conventionnelle, patrimoine d'une personne morale, fonds commun de placements...), un bien (tontine, œuvre de collaboration...) ou une partie d'un bien (mitoyenneté, copropriété des immeubles bâtis...) sont soumis à la maîtrise collective de plusieurs et non au droit individuel d'un seul. L'étude de certaines de ces situations relève plus particulièrement du droit commercial ou du droit des propriétés industrielles et artistiques. En droit civil, les principales propriétés collectives sont l'indivision (TITRE 1), la copropriété (TITRE 2) et la mitoyenneté (TITRE 3).

TITRE 1

L'INDIVISION

316 **Première approche de l'indivision.** Le terme indivision renvoie au contenu de l'institution. Il signifie situation de non-division, c'est-à-dire un état dans lequel la division est souhaitée. Il comporte ainsi une connotation négative de regret dû à une absence de division. Cette situation a évolué avec les utilisations de cette forme de propriété collective. Fort répandue aujourd'hui, la notion doit être définie (CHAPITRE 1), avant de pouvoir étudier son régime (CHAPITRE 2).

CHAPITRE 1

Notion d'indivision

317 **Définition de l'indivision.** Plusieurs personnes sont en indivision lorsqu'elles sont titulaires simultanément de droits identiques et concurrents sur un même bien, qu'il s'agisse le plus souvent de droits de propriété ou même d'usage ou d'habitation [1]. Cette situation se distingue donc du démembrement qui permet à plusieurs personnes de détenir des droits différents sur un bien. Néanmoins, les démembrements peuvent être eux-mêmes indivis, s'ils sont partagés à droits égaux entre plusieurs personnes. Les hypothèses de propriétés collectives qualifiées par la loi d'indivision se distinguent par leur domaine (SECTION 1) et leurs caractères (SECTION 2).

SECTION 1

DOMAINE DE L'INDIVISION

318 **Évolution du domaine de l'indivision.** À Rome, l'indivision permettait aux descendants d'un même auteur d'avoir la propriété com-

1. Civ. 3e, 7 juill. 2016, n° 15-10.278, *JCP* 2016. Chron. 1191, n° 3, obs. H. Périnet-Marquet, *RTD civ.* 2017. 180, obs. W. Dross, à propos de l'indivision d'un droit d'usage et d'habitation entre deux époux divorcés.

mune d'un bien dans un esprit égalitaire s'ils ne souhaitaient pas un partage immédiat. Au Moyen-Âge, le domaine d'application de cette institution s'est étendu, afin d'organiser d'autres relations familiales comme celles des époux et des collaborations plus économiques appelées « sociétés tacites ». Aujourd'hui l'indivision reste fortement répandue, particulièrement dans les relations familiales, car son développement en droit de la famille a été accompagné par son repli dans le secteur économique.

319 **L'indivision dans les relations familiales.** Le droit de la famille a été le berceau de l'indivision, comme outil de gestion des universalités successorales et des relations dans le couple. Tout d'abord, elle ne fut utilisée que pour organiser les relations pendant la période qui suit la dissolution de la communauté de biens entre les époux[1]. Par la suite, la fragilisation de la stabilité conjugale favorisa le développement des situations de séparations de biens. Pour tous les époux séparés, le législateur de 1975 posa une présomption d'indivision des biens (C. civ., art. 1538). Lorsque deux époux soumis à un régime séparatiste acquièrent ensemble un bien, ce bien sera présumé en indivision, peu importe l'origine des fonds qui ont permis de le payer, même si l'acquisition a été financée que par un seul des époux[2]. Cette présomption d'indivision ne pourra être combattue que si l'un des époux apporte la preuve qu'il a la propriété exclusive du bien. La loi du 15 novembre 1999 relative au pacte civil de solidarité a poursuivi ce mouvement de développement des situations d'indivision dans des relations familiales[3], mais la réforme du 23 juin 2006 vise à réduire l'utilisation de l'indivision dans le régime du PACS. Désormais, un régime légal de séparation de biens est proposé aux partenaires. Il prévoit que tous les biens antérieurs à la conclusion du pacte sont propres et que les biens postérieurs sont indivis pour moitié si aucun ne justifie d'une propriété exclusive (C. civ., art. 515-5).

1. Capitant, « De l'indivision qui suit la dissolution de la communauté de biens entre époux », *Rev. crit. législ. et jur.* 1929. 65.
2. Civ. 1re, 5 oct. 1994, *JCP* 1995. I. 3835, n° 12, obs. H. Périnet-Marquet.
3. En 2014, 241 000 mariages ont été conclus dont 10 000 de personnes de même sexe pour 168 126 Pacs dont 6 054 de personnes de même sexe (derniers chiffres disponibles). Actuellement, environ un million de personnes vivent avec le statut de pacs (environ 30 % de plus chaque année).

Un nouvel article 515-5-1 a été inséré pour permettre aux partenaires de conclure une convention dans laquelle ils peuvent « choisir de soumettre au régime de l'indivision les biens qu'ils acquièrent, ensemble ou séparément, à compter de l'enregistrement de ces conventions. Ces biens sont alors réputés indivis par moitié, sans recours de l'un des partenaires contre l'autre au titre d'une contribution inégale ».

320 **L'indivision dans les relations non familiales.** Dans les relations non familiales, l'indivision s'est raréfiée. Longtemps, elle a concurrencé la notion de société. Des partenaires économiques, qui choisissaient de ne pas formaliser leur collaboration, pouvaient voir leur relation être qualifiée soit d'indivision, soit de société de fait. L'enjeu de cette qualification était faible, car ces deux types d'organisation connaissent de nombreuses similitudes : elles ne requièrent pas de formalités de constitution, sont dépourvues de personnalité morale, leurs membres peuvent demander à tout moment la dissolution ou le partage et elles ne peuvent pas faire l'objet de procédures collectives. Néanmoins, en pratique, les projets économiques ont été de plus en plus souvent organisés sous forme sociétaire pour des raisons comptables et fiscales. Parallèlement à ce comportement des utilisateurs, les juges et le législateur ont exclu du domaine de l'indivision plusieurs montages de collaboration économique. Ainsi, des clauses dites d'accroissement ou de tontine peuvent être stipulées entre deux acquéreurs d'un même bien. Elles permettent à celui qui survivra à l'autre de devenir propriétaire exclusif du bien par accroissement de sa part. La Cour de cassation a rappelé que la clause d'accroissement écartait toute indivision[1]. L'application de l'indivision a également été écartée par le législateur dans les nouveaux textes sur les fonds communs de placement au profit de la copropriété[2].

1. Civ. 1re, 9 févr. 1994, *D.* 1994. 417, rapp. Thierry, *D.* 1995. Somm. 51, obs. M. Grimaldi.
2. L. n° 88-1201, 23 déc. 1988.

SECTION 2

CARACTÈRES DE L'INDIVISION

321 **Caractère provisoire de l'indivision.** Le caractère provisoire de l'indivision est clairement affirmé dans la première disposition du Code civil consacrée à cette institution, l'article 815 : « nul ne peut être contraint à demeurer dans l'indivision et le partage peut toujours être provoqué, à moins qu'il n'y ait été sursis par jugement ou convention ». Cette règle remonte au droit romain, très hostile à l'indivision. Elle fut atténuée sous l'ancien droit qui marquait ainsi son souhait de développer les propriétés collectives de toutes sortes. Elle fut reprise par le Code civil par souci de défavoriser et donc de restreindre l'application de ce mécanisme. Le législateur de 1804 n'accordait de possibilité de suspendre conventionnellement le partage que pour une durée maximale de cinq ans. La méfiance envers un maintien de l'indivision s'explique par des motifs économiques : en pratique, une telle situation souvent totalement désorganisée et dans laquelle personne ne prenait vraiment de décision de gestion était catastrophique à la préservation des biens.

322 **Limites du caractère provisoire de l'indivision.** Le caractère provisoire de l'indivision connaît plusieurs atténuations :

– dans les faits, l'indivision étant le plus souvent successorale, elle se prolonge fréquemment, en particulier lorsque certains enfants sont mineurs ;

– la jurisprudence a admis parfois des divisions perpétuelles pour des biens qu'il est apparu opportun de maintenir pour toujours au sein d'une famille comme les souvenirs[1] ou les tombeaux[2] de famille ;

– une disposition conventionnelle peut organiser le caractère provisoire si l'indivision a été organisée par un contrat (C. civ., art. 815-1)[3] ;

---

1. Civ. 1re, 29 nov. 1994, *JCP* 1995. IV. 289, *RTD civ.* 1995. 665, obs. J. Patarin.
2. Paris 15 févr. 2000, *JCP* 2000. IV. 286, *Dr. fam.* 2001. 9, 6e arrêt, note B. Beignier.
3. V. ss 353.

– la loi permet au juge d'écarter le caractère provisoire dans certaines situations. Ainsi, « à la demande d'un indivisaire, le tribunal peut surseoir au partage pour deux années au plus si sa réalisation immédiate risque de porter atteinte à la valeur des biens indivis ou si l'un des indivisaires ne peut reprendre l'entreprise agricole, commerciale, industrielle, artisanale ou libérale dépendant de la succession qu'à l'expiration de ce délai. Ce sursis peut s'appliquer à l'ensemble des biens indivis ou à certains d'entre eux seulement » (C. civ., art. 820). En outre, si le défunt laisse des enfants mineurs ou un conjoint survivant qui le demande, et si les intérêts en présence ou les possibilités d'existence de la famille le requièrent, le tribunal peut imposer un maintien de l'indivision de toute entreprise agricole, commerciale, industrielle ou libérale ou de la propriété d'un local d'habitation ou à usage professionnel, ainsi que des objets garnissant ce local, pour une durée maximale de cinq ans (C. civ., art. 820 à 824). Enfin, le juge peut autoriser à écarter le partage en réalisant une opération appelée attribution éliminatoire, qui lui permet d'accorder à celui qui veut sortir de l'indivision sa part (C. civ., art. 824, al. 1er). S'il n'existe pas dans l'indivision de somme suffisante, les indivisaires souhaitant demeurer dans l'indivision pourront verser un complément à celui qui désire partir, en bénéficiant ainsi d'une éventuelle augmentation de leur part d'indivision (C. civ., art. 824, al. 2). Ce nouveau régime demeure assez proche des règles antérieures mais il témoigne néanmoins de ce que le législateur contemporain envisage l'état d'indivision avec moins de défaveur qu'autrefois[1].

323 **Caractère inorganisé de l'indivision.** La seconde caractéristique de l'indivision est son inorganisation. Elle résulte du caractère provisoire de l'institution qui rend très difficile toute organisation structurée et durable des rapports entre indivisaires. En outre, l'existence d'un partage toujours possible maintient chez l'indivisaire son âme de propriétaire et le rend réticent à accepter une aliénation de ses pouvoirs au profit d'une structure collective

1. F. Terré, Ph. Simler, *Droit civil, les biens*, *op. cit.*, *n°* 557, p. 454.

contraignante. L'organisation de l'indivision se réduisait alors dans de telles conditions à « articuler autant que faire se peut les égoïsmes des propriétaires indivis entre eux »[1]. Cette situation a évolué avec le vote de la loi de 1976 qui a fortement précisé le régime de l'indivision.

1. F. Zenati-Castaing, Th. Revet, *Les biens*, *op. cit.*, n° 358, p. 534.

CHAPITRE 2

Régime de l'indivision

324 **Diversité des régimes applicables aux situations d'indivision.** Les caractères de l'indivision sont communs à toutes les formes d'indivision. En revanche, le régime de l'indivision varie suivant sa source. L'indivision peut avoir une origine légale, en cas de succession ou de dissolution de communauté conjugale. Elle peut également avoir une origine conventionnelle, si elle est décidée par les parties. La loi du 31 décembre 1976 a distingué deux régimes applicables à l'indivision, correspondant à deux situations différentes : d'une part le régime légal inséré aux articles 815 à 815-18 du Code civil qui est le mode de gestion le plus fréquent (SECTION 1) et, d'autre part, le régime conventionnel décrit aux articles 1873-1 à 1873-18 du même Code (SECTION 2).

SECTION 1

INDIVISION LÉGALE

325 **Régime destiné à éviter les nombreux conflits potentiels.** L'indivision est une propriété collective. Elle réunit donc plusieurs personnes qui auront des intérêts communs sur le bien, tout en conservant des intérêts personnels parfois distincts ou même opposés en fonction des disparités de leurs situations, de leurs objectifs et

de leurs ambitions. Pour établir un régime efficace en dépit de l'absence de personnalité morale de la masse de biens et de la précarité fréquente de la situation, le législateur a prévu un système prévoyant des interventions faciles du juge pour concilier les intérêts en présence. Le risque de conflits oblige la loi à prévoir un régime précis d'organisation de la masse indivise (**§ 1**) et de fonctionnement de l'indivision (**§ 2**).

§ 1. Organisation de la masse indivise

326 **Autonomie de la masse indivise.** Au jour du décès ou de la séparation de communauté conjugale, la masse indivise, bien que dénuée de personnalité morale[1], constitue une globalité pourvue d'une certaine autonomie. Elle comprend un actif (**A**) et un passif (**B**).

A. Actif de la masse

327 **Actifs composant la masse indivise.** Les biens de la masse indivise sont ceux qui existent au jour de l'indivision. Les biens acquis par les différents indivisaires postérieurement à l'ouverture de l'indivision ne viennent pas compléter la masse indivise.

328 **Modification des actifs composant la masse indivise.** La composition de la masse n'est pas figée, car elle subira les effets de la subrogation. Par exemple, si un immeuble de la masse est vendu, il sera remplacé par la somme d'argent reçue de l'acquéreur, qui pourra elle-même être remplacée ultérieurement par un autre immeuble ou par une œuvre d'art. Se pose alors un problème de preuve : comment prouver que l'œuvre d'art acquise par l'un des indivisaires constitue un remploi de la somme d'argent disponible plutôt qu'un achat personnel de cet indivisaire ? Toute acquisition est présumée personnelle et elle ne rentrera dans la masse indivise qu'à la condition de prouver qu'il s'agissait d'un remploi souhaité par l'ensemble des indivisaires. À défaut d'apporter la preuve de

1. Caractéristique confirmée à propos de la nullité d'un bail conclu par l'indivision par Civ. 3e, 16 mars 2017, n° 16-13.063, *JCP* 2017. Chron. 454, n° 6, obs. H. Périnet-Marquet.

cette volonté, le bien acquis par l'indivisaire demeure personnel, même s'il a été financé grâce à des fonds indivis. Mais l'indivisaire s'expose alors à devoir à la masse une indemnité correspondant à la valeur actuelle du bien aliéné[1].

329 **Augmentation des actifs composant la masse indivise.** La subrogation réelle permettra de modifier la composition de la masse, en maintenant en principe une valeur constante des biens. En revanche, les fruits et les revenus augmenteront la masse indivise. Lorsque l'indivision porte sur une entreprise commerciale ou agricole et que l'exploitation est assurée par l'un des coïndivisaires, la répartition des fruits et revenus est souvent difficile entre l'ensemble des coïndivisaires, chaque indivisaire individuellement et l'indivisaire exploitant. La loi a posé plusieurs règles pour organiser ce partage :

– « sont de plein droit indivis, par l'effet d'une subrogation réelle, les créances et indemnités qui remplacent des biens indivis, ainsi que les biens acquis, avec le consentement de l'ensemble des indivisaires, en emploi ou remploi des biens indivis » (C. civ., art. 815-10, al. 1er) ;

– tous les fruits et revenus des biens indivis accroissent l'ensemble de l'indivision (C. civ., art. 815-10, al. 2) ;

– l'indivisaire qui gère un ou plusieurs biens indivis est redevable des produits nets de sa gestion, tout en ayant droit à une rémunération pour son activité (C. civ., art. 815-12) ;

– chaque indivisaire peut demander sa part annuelle dans les bénéfices, déduction faite des dépenses entraînées par les actes auxquels il a consenti ou qui lui sont opposables (C. civ., art. 815-11).

La combinaison de ces règles peut entraîner des conflits, d'autant plus que ces questions seront rarement réglées par des conventions précises en raison des liens de parenté existant entre les différents indivisaires. Ces conflits seront réglés par le juge qui disposera d'un pouvoir souverain d'appréciation. En outre, la loi a posé une règle destinée à restreindre les contestations. Elle limite

1. Bordeaux 18 févr. 1954, *D.* 1955. 151, note A. Weill.

les possibilités de revendications dans le temps. « Aucune recherche relative aux fruits et revenus des biens indivis ne sera, toutefois, recevable plus de cinq ans après la date à laquelle ils ont été perçus ou auraient pu l'être » (C. civ., art. 815-10, al. 3).

330 **Répartition des actifs composant la masse indivise.** La composition de la masse ne pourra être modifiée que par les subrogations et la répartition de fruits et de revenus. Excepté par l'effet éventuel d'une de ces deux opérations, les actifs de la masse au jour du partage seront identiques à ceux qui sont présents au jour de l'indivision. La répartition sera effectuée en retenant leur valeur au jour du partage. Cette valeur sera éventuellement pondérée par deux éléments posés par l'article 815-13 du Code civil :

– sera déduit le remboursement des dépenses que les indivisaires auraient réalisées sur leurs fonds personnels pour l'amélioration ou la conservation des biens indivis (réparation d'un bâtiment appartenant à l'indivision financée par l'un des coïndivisaires). Le montant de ces dépenses sera calculé en fonction de l'augmentation de valeur du bien [1], l'article prévoyant l'obligation de tenir « compte de l'équité » qui a permis aux juges de valider l'octroi de 70 000 euros alors que la dépense avait été de 37 000 et la plus-value de 156 000 euros [2] ;

– sera réintégrée une moins-value si elle est subie par un bien appartenant à l'indivision suite à une faute personnelle de l'un des coïndivisaires (travaux nécessaires à l'entretien du bâtiment qui auraient été refusés par l'un des coïndivisaires).

B. Passif de la masse

331 **Premier élément du passif de la masse : les dettes de la masse.** Les dettes de la masse comprennent :

– les droits des créanciers qui auraient pu agir sur les biens indivis avant qu'il y eût indivision (droit d'une banque prêteuse des sommes destinées à financer l'achat de l'immeuble devenu indivis) ;

1. Civ. 1re, 29 nov. 1994, *D.* 1995. IR 18 et récemment Civ. 3e, 15 mai 2008, *JCP* 2008. I. 194, n° 6, obs. H. Périnet-Marquet.
2. Civ. 1re, 24 sept. 2014, *JCP* 2014. 1129, n° 6, obs. H. Périnet-Marquet.

– les créances dues pour la conservation ou la gestion des biens indivis.

Ces créanciers disposent de deux prérogatives particulières (C. civ., art. 815-17, al. 1er) :

– ils seront payés sur l'actif de l'indivision avant le partage. Cette règle a des conséquences importantes si l'un des indivisaires fait l'objet d'unc procédure collective, car elle permet aux créanciers de l'indivision de passer avant les créanciers du coïndivisaire soumis à une procédure de redressement ou de liquidation[1]. Si l'un des indivisaires a apporté des améliorations au bien, il sera réglé avant les créanciers du coïndivisaire défaillant, sans même avoir à déclarer sa créance[2]. Une procédure collective ouverte à l'encontre d'un coïndivisaire ne permet ni d'opposer aux créanciers de l'indivision l'inaliénabilité temporaire résultant du plan de continuation arrêté par le tribunal[3], ni à un créancier de l'indivision de poursuivre la vente de l'immeuble indivis avant le partage par prélèvement sur l'actif[4] ;

– ils peuvent poursuivre la saisie et la vente des biens indivis, sans être tenus d'attendre l'issue des opérations de partage[5].

332 **Second élément du passif de la masse : les dettes des coïndivisaires.** Le passif de la masse comprend également les dettes personnelles des coïndivisaires. Ces créanciers ont moins de possibilités d'action que les créanciers de l'indivision. Ainsi, ils ne peuvent pas pratiquer de saisie sur la part indivise de leur débiteur, excepté lorsque tous les coïndivisaires sont ses codébiteurs solidaires[6]. Ils disposent de deux prérogatives :

– ils peuvent prendre des sûretés sur la part indivise de leur débiteur[7]. La garantie souscrite sur la part indivise sera transférée sur les lots attribués après le partage[8] ;

– ils peuvent provoquer le partage ou la licitation (vente aux enchères du bien). Cette faculté leur est retirée lorsqu'a été conclue

1. Com. 18 févr. 2003, *D.* 2003. 766.
2. Com., 2 juin 2015, n° 12-29.405, *RTD civ.* 2015. 905, obs. W. Dross.
3. Com. 7 févr. 2012, n° 11-12.787, *Bull. civ.* IV, n° 31.
4. Civ. 2e, 16 mai 2013, n° 12-16.216, *JCP* 2013. Doctr. 1060, n° 7, obs. H. Périnet-Marquet.
5. Civ. 1re, 20 févr. 2001, *D.* 2001. IR 906, *JCP* 2001. I. 358, obs. H. Périnet-Marquet.
6. Civ. 1re, 6 nov. 2001, *Bull. civ.* I, n° 271, *Dr. fam.* 2002. 12, obs. B. Beignier.
7. Civ. 2e, 17 févr. 1983, *Bull. civ.* II, n° 42.
8. Civ. 3e, 21 oct. 1980, *JCP N* 1981. II. 57, note B. Stemmer.

une convention, qui prévoit le maintien de l'indivision pendant une durée déterminée (C. civ., art. 815-17, al. 3).

§ 2. Le fonctionnement de l'indivision

333 **Fonctionnement conciliant les intérêts collectifs et individuels.** Dans l'indivision, la coexistence d'intérêts collectifs et d'intérêts individuels influence également le fonctionnement de cette institution. Chaque indivisaire dispose de droits individuels (**A**), mais un régime global doit permettre de gérer l'ensemble de l'indivision (**B**).

A. Les droits des coïndivisaires

334 **Qualité de propriétaire assortie de certaines particularités.** Selon un principe jurisprudentiel bien établi, « ceux qui achètent un bien en indivision en acquièrent la propriété, quelles que soient les modalités de financement »[1], ce qui signifie que les droits précisés dans les actes l'emporteront sur la réalité du financement réalisé par chacun. Les coïndivisaires sont propriétaires d'une part qualifiée d'« abstraite » par certains auteurs[2], car la masse indivise n'ayant pas la personnalité morale, les parts de chaque indivisaire ne sont pas aussi réelles que des parts sociales de sociétés. Ils disposent des prérogatives traditionnelles liées à la qualité de propriétaire. Cependant, des règles particulières régissent la mise en œuvre de leurs droits d'usage et de jouissance (**1**), ainsi que de leurs droits de disposition (**2**).

1. Droit d'usage et de jouissance des coïndivisaires

335 **Droit d'usage et de jouissance des coïndivisaires sur les biens indivis.** « Chaque indivisaire peut user et jouir des biens indivis conformément à leur destination, dans la mesure compatible avec le droit des autres indivisaires et avec l'effet des actes régulièrement passés au cours de l'indivision » (C. civ., art. 815-9, al. 1er). Cette règle attribue clairement à chaque indivisaire un droit de jouir et d'user

1. Civ. 1re, 10 janv. 2018, n° 16-25.190, *AJDI* 2018. 455, obs. N. Le Rudulier.
2. F. Terré, Ph. Simler, *Droit civil, les biens*, *op. cit.*, n° 558, p. 455.

des biens composant l'indivision, ainsi que la possibilité d'effectuer des actes conservatoires[1]. Elle s'accorde parfaitement avec le droit de chaque indivisaire à percevoir les fruits et les revenus des biens indivis[2]. Si trois héritiers sont coïndivisaires d'une maison, ils pourront tous l'habiter, donc s'y installer ensemble. La mise en œuvre de cette prérogative obligera à conférer à chacun des droits égaux et concurrents. En conséquence et très logiquement, « l'indivisaire qui use et jouit privativement de la chose indivise est, sauf convention contraire, redevable d'une indemnité » (C. civ., art. 815-9, al. 2). À titre d'exemple, dans le cas d'une indivision qui avait été mise en place suite à une liquidation de communauté conjugale après un divorce, les juges ont pu décider qu'une indemnité était due depuis l'assignation en divorce par le conjoint qui jouissait privativement d'un bien indivis[3]. Une indemnité est dûe même si le bien occupé était trop vétuste pour pouvoir être loué[4] et son montant est déterminé souverainement par les juges du fond, la Cour de cassation ayant autorisé les coïndivisaires à conclure une convention entre eux à ce sujet[5]. Elle n'est due que si l'utilisation privative a été voulue par l'indivisaire, ce qui n'est pas le cas si, par exemple, elle fait suite à un placement en maison de retraite consécutif à une mise sous tutelle[6]. Lorsque le bien indivi est occupé par l'un des membres de la famille, un bail est parfois conclu entre eux. L'indivisaire-locataire n'est alors pas redevable d'une indemnité d'occupation envers l'indivision, et ce, peu important finalement que le montant du loyer versé soit faible en comparaison de la valeur locative du bien[7]. Si aucun droit n'est versé par celui qui occupe seul le bien, le juge refusera a priori de l'expulser même si l'occupation

1. Par ex. une mise en demeure pour payer les loyers en visant une clause résolutoire. Civ. 3e, 9 juill. 2014, n° 13-21.463, obs. J.B. Seube et Th. Revet, *Dr. et Pa.* 2015, n° 243, p. 71.
2. V. ss 329.
3. Civ. 2e, 11 févr. 1998, *D.* 1998. 493, note Ph. Malaurie, *Dr. fam.* 1998. 154, note H. Lecuyer (1re esp.), *RTD civ.* 1999. 68, note J. Hauser.
4. Civ. 1re, 3 oct. 2019, n° 18-20.430, *D.* 2020. 1766, obs. N. Reboul-Maupin, *JCP* 2020, 648, n° 7, obs. H. Périnet-Marquet.
5. Civ. 1re, 4 oct. 2005, *JCP* 2005. IV. 3344 et 2006. I. 127, n° 2, obs. H. Périnet-Marquet.
6. Civ. 1re, 3 oct. 2018, n° 17-26.020, P, *JCP* 2019. 438, n° 3, obs. H. Périnet-Marquet.
7. Loyer de 381 pour une valeur locative de 1 200 euros. Civ. 1re, 18 mars 2020, n° 19-11.206, *D.* 2020. 1216, note N. Jullian et p. 2206, obs. Sara Godechot-Patris et Cl. Grare-Didier et p. 1766, obs. N. Reboul-Maupin.

se poursuit depuis plus de 30 ans[1] et, en application de l'article 815-10, seul l'arriéré d'indemnités des cinq dernières années pourra lui être réclamé.

2. Droit de disposition des coïndivisaires

336 **Droits de disposition des coïndivisaires sur leurs droits dans l'indivision.** Les coïndivisaires peuvent disposer de leurs droits dans l'indivision, soit en les vendant, soit en les donnant, soit en les transmettant à cause de mort, soit en y renonçant au profit d'un autre.

Mais l'exercice de ce droit se heurte à plusieurs problèmes pratiques. Il est difficile à envisager compte tenu du caractère collectif, précaire et peu organisé de l'indivision. De plus, l'indivision s'exerce le plus souvent dans un contexte familial. Lorsqu'un indivisaire souhaite mettre en œuvre son droit de disposition, le plus souhaitable est qu'il le fasse au profit d'un autre coïndivisaire. Dans ce but, le législateur a mis en place des droits de préemption et de substitution, dont il a clairement énoncé l'importance en frappant de nullité toute cession intervenue en violation de ces règles (C. civ., art. 815-16) :

– lorsque la cession est amiable, les coïndivisaires disposent d'un droit de préemption. « L'indivisaire qui entend céder, à titre onéreux, à une personne étrangère à l'indivision, tout ou partie de ses droits dans les biens indivis ou dans un ou plusieurs de ces biens est tenu de notifier par acte extrajudiciaire aux autres indivisaires le prix et les conditions de la cession projetée ainsi que les nom, domicile et profession de la personne qui se propose d'acquérir » (C. civ., art. 815-14, al. 1er). Les autres indivisaires peuvent alors, dans le mois qui suit cette notification, exercer un droit de préemption, aux prix et conditions qui lui ont été notifiés (C. civ., art. 815-14, al. 2). En cas de préemption, celui qui l'exerce dispose pour la réalisation de l'acte de vente d'un délai de deux mois à compter de la date d'envoi de sa réponse au vendeur. Passé ce délai, sa déclaration de préemption est nulle de plein droit,

1. Civ. 1re, 7 nov. 2018, n° 17-22.280, *RTD civ.* 2019. 148, note W. Dross. *Contra*, Civ. 1re, 30 janv. 2019, n° 18-12.403, qui qualifie le maintien en les lieux de « trouble manifestement illicite » justifiant l'expulsion, *RLDC* 2019, n° 171, obs. V. Perruchot-Triboulet.

quinze jours après une mise en demeure restée sans effet et sans préjudice des dommages-intérêts qui peuvent lui être demandés par le vendeur (C. civ., art. 815-14, al. 3). Si plusieurs coïndivisaires exercent leur droit de préemption, ils sont réputés acquérir ensemble la portion mise en vente en proportion de leur part respective dans l'indivision (C. civ., art. 815-15, al. 4).

– lorsqu'il y a adjudication de tout ou partie des droits d'un indivisaire dans les biens indivis ou dans un ou plusieurs de ces biens, l'avocat ou le notaire doit en informer les indivisaires par notification un mois avant la date prévue pour la vente (C. civ., art. 815-15, al. 1er). Grâce à cette information, chaque indivisaire peut prendre la décision de se substituer à l'acquéreur dans un délai d'un mois à compter de l'adjudication, par déclaration au greffe ou auprès du notaire (C. civ., art. 815-15, al. 1er). Contrairement à la règle posée en cas de préemption, si plusieurs indivisaires demandent à être substitués, seul le premier ayant fait la déclaration se trouve substitué comme acquéreur à l'adjudicataire[1].

B. La gestion de l'indivision

337 **Nécessité d'organiser la gestion de cette masse de biens.** Comme toute masse de biens, l'indivision doit être gérée. La loi fixe avec précision les modalités des prises de décisions entre indivisaires (**1**), mais donne peu d'indications sur d'éventuels titulaires de pouvoirs de gestion (**2**).

1. Mode de décision

338 **Variété des règles de majorité.** En principe, les décisions de gestion de l'indivision devront être prises à l'unanimité des coïndivisaires (**a**). Mais la grande difficulté à prendre une décision à l'unanimité a obligé à assortir cette règle d'exceptions de plus en plus nombreuses (**b**).

1. Civ. 1re, 7 oct. 1997, *D.* 1998. 145, concl. J. Sainte-Rose, *JCP* 1998. I. 117, n° 7, obs. H. Périnet-Marquet.

a. Principe d'unanimité

339 **Actes soumis à l'accord de l'unanimité des indivisaires.** En matière de gestion des biens indivis, la loi du 31 décembre 1976 avait repris la disposition du droit antérieur imposant l'unanimité. Cette règle était énoncée par l'article 815-3, alinéa 1er, du Code civil : « les actes d'administration et de disposition relatifs aux biens indivis requièrent le consentement de tous les indivisaires ». Cet article a été abrogé par la loi du 23 juin 2006. En dépit de cette suppression formelle, la règle demeurerait applicable dans tous les cas où elle n'a pas été expressément écartée[1]. Elle serait justifiée par l'origine de l'indivision, qui est souvent une situation subie, ce qui rend délicate la soumission des indivisaires à une décision prise à la majorité et à laquelle ils pourraient être opposés.

Un indivisaire devra obtenir l'accord de tous les autres pour :

– effectuer tout acte qui ne ressortit pas à l'exploitation normale des biens indivis (C. civ., art. 815-3, al. 3) ;

– réaliser des actes de disposition, par exemple vendre ou donner en garantie un bien si l'acte n'est pas justifié par le paiement des dettes et charges de l'indivision ;

– agir en justice.

Les inconvénients de la règle de l'unanimité ont imposé de la restreindre par de nombreuses exceptions.

b. Exceptions au principe d'unanimité

340 **Trois types d'exception au principe d'unanimité.** Les exceptions à l'exigence d'unanimité pour les décisions de gestion de l'indivision sont de trois types : certaines valident des décisions prises par un indivisaire tout seul, d'autres permettent de se passer de l'accord de l'un des indivisaires et la loi du 23 juin 2006 a posé une liste d'actes pouvant être décidés à une majorité des deux tiers des droits indivis.

341 **Actes pouvant être accomplis par un indivisaire seul.** Certains actes seront reconnus valables, bien qu'accomplis par un indivisaire seul.

– Des actes conservatoires.

1. F. Terré, Ph. Simler, *Droit civil, les biens*, *op. cit.*, n° 563, p. 460.

« Tout indivisaire peut prendre les mesures nécessaires à la conservation des biens indivis, même si elles ne présentent pas un caractère d'urgence » (C. civ., art. 815-2, al. 1er). Sous le régime de la loi de 1976, les juges avaient qualifié de mesure conservatoire une mise en demeure de payer des loyers[1] et une action en complainte répondant à un trouble de la possession[2]. En revanche, ils avaient refusé de retenir cette qualification pour une demande de résolution de bail[3] ou une action en bornage[4]. Ces solutions sont peut-être remises en cause depuis que la loi du 23 juin 2006 accepte de qualifier un acte de conservatoire même en l'absence de caractère d'urgence. Un arrêt de 2014 a retenu cette qualification pour un commandement de payer visant une clause résolutoire[5].

– Des actes réalisés par un coïndivisaire outrepassant ses droits et qui seront ultérieurement validés grâce à la rétroactivité de l'effet déclaratif du partage.

Un mécanisme successoral classique, appelé « effet déclaratif du partage », est applicable à l'indivision. Il permet de faire rétroagir au premier jour de l'indivision la propriété des biens par la suite attribués par le partage. Si un indivisaire a accompli seul des actes en outrepassant ses droits, ses actes seront rétroactivement validés si le bien sûr lequel portaient les actes, lui est attribué par partage.

– Des mesures urgentes.

Lorsque l'intérêt commun requiert une mesure urgente, le président du tribunal de grande instance peut la prescrire ou autoriser un indivisaire à l'accomplir (C. civ., art. 815-6). Un indivisaire peut ainsi être autorisé « à percevoir des débiteurs de l'indivision ou des dépositaires de fonds indivis une provision destinée à faire face aux besoins urgents » (C. civ., art. 815-6, al. 2).

1. Civ. 3e, 30 juin 1999, *JCP* 2000. I. 211, n° 2, obs. H. Périnet-Marquet.
2. Civ. 3e, 9 mars 1982, *Bull. civ.* III, n° 63.
3. Civ. 3e, 23 mars 1994, *JCP* 1995. I. 3835, n° 15, obs. H. Périnet-Marquet.
4. Civ. 3e, 9 oct. 1996, *JCP* 1997. I. 4010, n° 8, obs. H. Périnet-Marquet.
5. Civ. 3e, 9 juill. 2014, *JCP* 2014. 1129, n° 4, obs. H. Périnet-Marquet.

342 **Actes pouvant être accomplis sans l'accord de l'un des indivisaires.** Certains actes peuvent être accomplis, en se passant de l'accord de l'un des coïndivisaires :

– si l'un des indivisaires se trouve hors d'état de manifester sa volonté, un autre peut se faire habiliter par la justice à le représenter (C. civ., art. 815-4, al. 1er). Les conditions et l'étendue de ce mandat seront décidées par le juge qui l'a accordé ;

– si l'intérêt commun est en péril, le juge (le tribunal de grande instance ou son président s'il y a urgence en application de C. civ., art. 815-6[1]) peut autoriser à réaliser un acte en dépit du refus de l'un des coïndivisaires (C. civ., art. 815-5, al. 1er). Les juges apprécient souverainement la présence d'un péril pour l'intérêt commun. Ils ont retenu cette qualification pour le refus d'un coïndivisaire de consentir à la vente des biens indivis alors qu'il y avait urgence pour acquitter les droits de succession et les pénalités de retard[2]. Cependant, le législateur a posé une limite à cette possibilité d'autoriser des actes dont le refus mettrait en péril l'intérêt commun. Il a précisé que « le juge ne peut, à la demande d'un nu-propriétaire, ordonner la vente de la pleine propriété d'un bien grevé d'usufruit contre la volonté de l'usufruitier » (C. civ., art. 815-5, al. 2).

– s'il s'agit d'actions personnelles, telle une action en justice pour nullité d'un bail conclu par un coïndivisaire locataire-gérant dont le contrat a, entre-temps, été dénoncé[3].

343 **Actes pouvant être accomplis à la majorité des deux tiers.** L'alinéa 1er de l'article 815-3 issu de la loi du 23 juin 2006 donne une liste d'actes qui peuvent être accomplis à la majorité des deux tiers des droits indivis :

– les actes d'administration relatifs aux biens indivis sous réserve que ces actes ressortissent à l'exploitation normale, la distinction avec les actes conservatoire étant parfois délicate[4] ;

1. V. ss 341.
2. Civ. 1re, 14 févr. 1984, *D.* 1984. 453, note A. Breton.
3. Civ. 3e, 6 mai 2009, *JCP* 2009. Chron. 337, n° 7, obs. H. Périnet-Marquet.
4. Le bornage a été qualifié d'acte d'administration : Civ. 3e, 12 avr. 2018, n° 16-24.556, *D.* 2018. 1772, obs. N. Reboul-Maupin, *JCP* 2018. 859, note S. Ravenne ; J. Laurent, « Action en justice par un indivisaire : le bornage est un acte d'administration », *D.* 2018. 1582.

– le mandat général donné à l'un ou plusieurs indivisaires ou à un tiers pour administrer l'indivision, sous réserve également de se limiter à l'exploitation normale des biens ;

– la vente des biens meubles indivis pour payer les dettes et charges de l'indivision ;

– la conclusion et le renouvellement des baux autres que ceux qui portent sur un immeuble à usage agricole, commercial, industriel ou artisanal.

La loi n° 2009-526 du 12 mai 2009 a ajouté une décision supplémentaire pouvant être prise à la majorité des deux tiers. Selon un nouvel article 815-5-1, les indivisaires titulaires d'une telle majorité auront la faculté de demander l'aliénation du bien indivis qui pourra être autorisée par le tribunal de grande instance en cas d'opposition d'un ou de plusieurs autres indivisaires.

Tous ces actes ne pourront être décidés à une majorité des deux tiers qu'à la condition que les autres indivisaires en aient été informés, faute de quoi, « les décisions prises seront inopposables à ces derniers » (C. civ., art. 815-3, al. 2 et 815-5-1 al. 7).

2. Titulaires des pouvoirs de gestion

344 **Nécessité de désigner un titulaire pour gérer quotidiennement.** L'indivision est un régime caractérisé par son inorganisation[1], particulièrement lorsque l'indivision est légale, car les parties ne se sont pas préalablement rencontrées pour conclure une convention et réfléchir à des modalités de fonctionnement. À titre supplétif, la loi impose l'accord de l'unanimité pour pouvoir prendre la plupart des décisions[2]. Une gestion quotidienne s'accommode très mal de telles contraintes de fonctionnement et les pouvoirs de gestion doivent être confiés à une personne qui prendra facilement et efficacement des décisions. La loi évoque deux organisations :

345 **Gestion spontanée par l'un des coïndivisaires.** La gestion spontanée par l'un des coïndivisaires est l'organisation la moins perfectionnée. L'article 815-3, alinéa 4, du Code civil énonce que « si un indivisaire prend en main la gestion des biens indivis, au su des

1. V. ss 323.
2. V. ss 339.

autres et néanmoins sans opposition de leur part, il est censé avoir reçu un mandat tacite ». Cette organisation ne nécessite pas de formalités. Aucun pouvoir n'a été expressément attribué. Une personne a spontanément pris la gestion en main, les autres n'ont pas réagi et leur absence d'opposition leur retire le droit de contester ultérieurement les actes accomplis[1]. Seuls des actes d'administration peuvent être accomplis par ce mandataire tacite, qui pourra par exemple commander des travaux d'amélioration du bien[2] ou contracter un emprunt pour payer le passif de l'exploitation[3]. En revanche, le mandat tacite ne pourra couvrir ni les actes de disposition ni la conclusion ou le renouvellement des baux (C. civ., art. 815-3, al. 4).

346 **Mandat express accordé à l'un des coïndivisaires.** Les indivisaires peuvent donner, à une majorité des deux tiers, à l'un ou à plusieurs d'entre eux, un mandat général d'administration (C. civ., art. 815-3, al. 1, 2°). Mais le mandat devra être accordé à l'unanimité pour tout acte qui ne relève pas de l'exploitation normale des biens indivis, ainsi que pour la réalisation d'actes de dispositions autres que la vente de meubles indivis destinée à payer les charges de l'indivision (C. civ., art. 815-3, al. 3). Une rémunération est prévue pour l'indivisaire qui assume ces fonctions de gestion : « il a droit à la rémunération de son activité, dans les conditions fixées à l'amiable, ou, à défaut, par décision de justice » (C. civ., art. 815-12). Lorsque le juge fixe cette rémunération, il dispose d'un pouvoir souverain d'appréciation et n'est pas limité par les résultats de la gestion, sauf à tenir compte, le cas échéant, de la responsabilité éventuelle du gérant pour ses actes de gestion[4].

347 **L'indivision des droits sociaux.** En pratique, il est fréquent que des droits sociaux fassent l'objet d'une indivision[5]. Cette organisation soulève de réelles difficultés de mise en œuvre. Bien que le principe soit l'exercice collectif, certains droits seront exercés indivi-

1. Civ. 1re, 11 oct. 2000, *D.* 2001. Somm. 3580, obs. J.-R. Bouyeure, *Dr. fam.* 2000. 148, note B. Beignier.
2. Civ. 1re, 10 oct. 1995, *Defrénois* 1996. 405, obs. M. Grimaldi, *RTD civ.* 1996. 963, obs. J. Patarin.
3. Civ. 1re, 12 nov. 1986, *RTD civ.* 1987. 786, obs. J. Patarin.
4. Civ. 1re, 28 févr. 1984, *D.* 1984. 549, note A. Breton, *RTD civ.* 1985. 430, note J. Patarin.
5. S. Schiller et H. Fabre, « Indivision des droits sociaux », *JCP N* 2014, n° 45, p. 86 s.

duellement. Ainsi, chaque coïndivisaire doit purger les droits de préemption et d'agrément conventionnel s'il désire vendre. Il bénéficie également d'un droit individuel à l'information, à participer aux assemblées générales de la société reconnu par la Cour de cassation dans un arrêt du 21 janvier 2014[1] et à demander la désignation d'un administrateur provisoire[2]. Néanmoins, c'est collectivement que la plupart des droits seront exercés, ce qui pose de nombreuses questions pour déterminer comment désigner le représentant à l'assemblée, comment seront comptabilisés les votes et comment s'appliqueront les interdictions ou obligations de vote par exemple en cas de convention réglementée ou d'exclusion[3].

SECTION 2
INDIVISION CONVENTIONNELLE

348 **Précision des règles du régime de l'indivision conventionnelle.** La loi du 31 décembre 1976 décrit avec grande précision le régime de l'indivision conventionnelle, auquel la loi antérieure ne consacrait qu'un seul article. Un titre neuvième bis intitulé « des conventions relatives à l'exercice des droits indivis » a été créé dans le Code civil pour insérer les articles 1873-1 à 1873-18.

349 **Objectif des règles du régime de l'indivision conventionnelle.** L'objectif du législateur était double :

– d'une part, permettre d'organiser une indivision légale en écartant les règles particulièrement néfastes si cette situation était amenée à durer ;

– d'autre part, proposer une structure sinon concurrente, du moins proche des formes sociales les plus élémentaires, susceptible de constituer une organisation satisfaisante pour un projet regroupant plusieurs personnes et qui ne nécessiterait ni une gestion complexe ni la création d'une personne morale. Ce souhait

1. Com. 21 janv. 2014, n° 13-10.151, *Bull. civ.* IV, n° 16.
2. Même s'il est nu-propriétaire indivis : Civ. 3e, 17 janv. 2019, n° 17-26. 695, *RLDC* 2019, n° 169, p. 32, obs. V. Perruchot-Triboulet.
3. S. Schiller et H. Fabre, « Indivision des droits sociaux », préc.

explique la similitude entre les dispositions applicables à l'indivision et celles applicables aux sociétés.

350 **Faible succès de l'indivision conventionnelle.** Ce système est peu utilisé. Il est assez proche de la société comme le montrent son emplacement dans le Code civil et la nécessaire présence entre les coïndivisaires d'un *affectio communionis*[1]. Cependant, il n'a pas les mêmes avantages fiscaux et comptables que les sociétés et si les coïndivisaires omettent de préciser certains éléments, ils se retrouvent soumis au régime légal de l'indivision qui se révèle souvent catastrophique (obligation d'unanimité fréquente pour les prises de décisions, caractère provisoire de l'organisation, etc.). En général, les utilisateurs préfèrent donc en général mettre en place une société souple et simple, type société civile.

351 **Avantages de l'indivision conventionnelle.** L'indivision conventionnelle a pour avantage de permettre la mise en place d'un système stable (**§ 1**) et organisé (**§ 2**), en écartant la précarité et l'inorganisation, qui caractérisent l'indivision légale.

§ 1. Stabilité de l'indivision conventionnelle

352 **Modalités de la décision de stabiliser l'indivision.** Chaque coïndivisaire doit donner son accord pour écarter le principe posé par l'article 815 du Code civil selon lequel « nul ne peut être contraint à demeurer dans l'indivision ». Une unanimité est donc requise pour prendre cette décision (C. civ., art. 1873-2, al. 1er). Toutes les parties doivent avoir le pouvoir et la capacité de conclure des actes de disposition (C. civ., art. 1873-4). En outre, la loi pose des contraintes de forme : la convention doit être constatée par écrit à peine de nullité et la nature des biens indivis ainsi que les quotes-parts appartenant à chaque indivisaire doivent être indiquées (C. civ., art. 1873-2, al. 2).

1. Expression employée par P. Catala, *Défrénois* 1979. 31874, par analogie avec l'*affectio societatis* existant entre les associés d'une société.

353 **Durée maximale de l'indivision conventionnelle.** La convention qui respecte toutes ces conditions de fond et de forme pourra prévoir une durée limitée de l'indivision. Elle ne pourra pas prévoir une durée supérieure à cinq ans, mais pourra se renouveler par décision expresse des parties ou par tacite reconduction. Cependant, dans tous les cas, le partage pourra toujours être provoqué avant le terme pour juste motif (C. civ., art. 1873-3).

§ 2. Organisation de l'indivision conventionnelle

354 **Présence d'un gérant dans l'indivision conventionnelle.** En principe, les décisions sont prises à l'unanimité et, à cet effet, la loi impose de transmettre une bonne information aux coïndivisaires (C. civ., art. 1873-11, al. 1er). Cependant, selon un régime proche de celui prévu désormais pour l'indivision légale, l'article 1873-8 du Code civil précise que cette unanimité n'est requise que pour les « décisions qui excèdent les pouvoirs du gérant ». Le gérant constitue ainsi l'élément fondamental de l'organisation de l'indivision conventionnelle.

355 **Nomination du gérant de l'indivision conventionnelle.** Les coïndivisaires peuvent nommer un ou plusieurs gérants, choisis ou non parmi eux (C. civ., art. 1873-5, al. 1er). Les modalités de désignation pourront être fixées dans la convention d'indivision. À défaut, le gérant sera nommé à l'unanimité et il sera révoqué à l'unanimité sans sa voix, s'il est l'un des coïndivisaires, et à la majorité, s'il est tiers à l'indivision. Le gérant peut également être révoqué par le tribunal, à la demande d'un indivisaire, lorsque, par ses fautes de gestion, il « met en péril les intérêts de l'indivision » (C. civ., art. 1873-5, al. 3).

356 **Pouvoirs du gérant de l'indivision conventionnelle.** Le gérant représente les indivisaires pour les actes de la vie civile ou pour les actions en justice et il administre l'indivision (C. civ., art. 1873-6). En revanche, il ne peut disposer des meubles corporels que pour les besoins de l'exploitation normale ou pour effectuer des mesures conservatoires. La convention peut réduire ces pouvoirs,

mais « toute clause extensive des pouvoirs du gérant est réputée non écrite » (C. civ., art. 1873-6, al. 2)[1].

La convention peut prévoir une pluralité de gérants et elle répartira alors les pouvoirs entre eux. À défaut de stipulation spéciale, chacun détiendra les pleins pouvoirs avec une possibilité de s'opposer à toute opération avant qu'elle ne soit conclue (C. civ., art. 1873-9).

357 **Statut du gérant de l'indivision conventionnelle.** Le gérant a droit à une rémunération dans des conditions identiques à celles qui sont prévues pour l'indivisaire qui gérerait une indivision légale (C. civ., art. 1873-10)[2]. Comme tout mandataire, il répond des fautes qu'il commet dans sa gestion.

1. Cette disposition est l'inverse de celle posée pour les sociétés, où les clauses statutaires limitant les pouvoirs des dirigeants sont inopposables aux tiers (C. civ., art. 1850, C. com., art. 225-56, etc.).
2. V. ss 346.

Titre 2

La copropriété

358 **Réunion d'une propriété individuelle et d'une propriété collective.** La copropriété est la combinaison d'une indivision forcée et de propriétés individuelles et exclusives. Dans un immeuble soumis à ce régime, chaque copropriétaire est à la fois :

- titulaire d'un droit privatif de propriété sur son lot qui prend en général la forme d'un appartement ;
- copropriétaire indivis des parties communes de l'immeuble.

359 **Distinction de la copropriété et de la multipropriété.** Cette technique ne doit pas être confondue avec un autre mode de répartition d'immeuble dont le nom est proche : la multipropriété[1]. Le développement des résidences secondaires s'est heurté à la difficulté pour de nombreuses familles de réaliser un investissement immobilier qui venait s'ajouter à la charge du financement de la résidence principale. Cette acquisition lourde à payer avait la particularité de n'être utilisée que quelques semaines par an. Les promoteurs ont donc proposé de vendre des biens immobiliers pour une période limitée dans l'année. Le bien étant réparti entre plusieurs propriétaires, le prix réclamé à chacun était très inférieur à celui exigé pour une propriété traditionnelle. Les utilisateurs ont appelé cette formule la multipropriété et les juristes ont tenté de

1. V. ss 93.

l'intégrer à une qualification existante. Il était impossible de la soumettre au régime de l'indivision, même conventionnelle, qui reste limitée dans le temps, alors que la multipropriété avait la même perpétuité que la propriété. Il était également exclu de la qualifier de copropriété, car les utilisateurs successifs n'avaient qu'un droit d'usage temporaire sur le bien, alors que la copropriété confère un droit de propriété exclusif sur le lot individuel. Les initiateurs de ce mécanisme ont donc eu recours à la notion de société. On considère que chaque acheteur a fait un apport. Tous les acheteurs constituent ensemble un groupement, qui sera financé grâce à leurs apports respectifs et qui sera propriétaire du bien commun. L'appartenance au groupement permet de profiter du bien commun. La loi du 6 janvier 1986 a confirmé cette qualification en créant une nouvelle forme sociale destinée à accueillir cette technique : la société d'attribution d'immeubles en jouissance à temps partagé. Le législateur a clairement rejeté la qualification de copropriété : il a interdit de faire figurer le terme « propriétaire » sur les publicités de ces produits, l'acquéreur est désormais désigné comme « consommateur » et il bénéficie de mesures de protection intégrées au Code de la consommation[1].

360 **Évolution de la réglementation de la copropriété.** La copropriété est très fréquemment utilisée en raison de l'organisation du mode d'habitat, désormais souvent urbain et constitué d'immeubles[2]. Elle remonte à l'Antiquité, mais le Code civil ne lui consacrait qu'un seul article, par hostilité envers toutes les formes de propriétés collectives[3]. Pour compenser l'absence de texte, les utilisateurs prirent l'habitude d'organiser leurs relations dans un document contractuel appelé règlement de copropriété. Mais, comme tous les contrats, cette organisation ne s'imposait qu'à ceux qui l'avaient acceptée et risquait d'être refusée par tout nouvel arrivant dans l'immeuble. La solution contractuelle était

1. L. n° 98-566, 8 juill. 1998 devenue C. consom., art. L. 121-60 à L. 121-76.
2. En 2010 (derniers chiffres disponibles), il existait en France 27,6 millions de résidences principales et 57 % sont des maisons individuelles. La copropriété reste encore une situation minoritaire, mais elle concerne quand même plus de 11 millions de Français et 50 % des immeubles parisiens (5 % en 1950).
3. V. ss 315.

inadaptée et une intervention législative s'imposait. Une loi du 28 juin 1938 permit de définir un cadre juridique à la copropriété. Elle proposait de regrouper les copropriétaires en un syndicat, chargé de l'administration des parties communes, qui prenait ses décisions à l'unanimité. Un organe exécutif appelé syndic avait également été créé. Cette loi fut vivement critiquée. On lui reprocha le caractère inéquitable de la répartition des charges, l'inefficacité du régime en raison de l'obligation de prendre toute décision à l'unanimité, l'inutilité du texte dépourvu de caractère impératif et enfin l'inadaptation du système pour organiser les ensembles immobiliers plus vastes et plus complexes apparus après la Seconde Guerre mondiale.

361 **Réglementation actuelle de la copropriété.** Une nouvelle loi fut promulguée le 10 juillet 1965, complétée par un décret d'application du 17 mars 1967 et retouchée à de nombreuses reprises. Par la suite, sont apparues les premières copropriétés en difficultés, qui se sont multipliées avec les mesures favorisant l'accès à la propriété de personnes aux revenus plus modestes. Le législateur est intervenu en 1994 pour mettre en place une procédure d'administration provisoire destinée à traiter les maux déclarés, puis par une loi du 25 mars 2009 complétée d'un décret du 20 avril 2010, pour améliorer ce dispositif curatif ainsi que la prévention des difficultés en créant une procédure d'alerte. L'une des innovations de la loi de 1965 avait été de rendre impératif le régime applicable. Cette mesure fortement souhaitée à l'époque n'est pas unanimement approuvée aujourd'hui[1]. Les dispositions impératives sont jugées trop détaillées et minutieuses, ce qui aurait l'inconvénient de soumettre à des règles nécessairement identiques des copropriétés de tailles très différentes. Le domaine d'application de ce régime légal de la copropriété doit être déterminé (CHAPITRE 1), avant de pouvoir décrire ses différentes dispositions (CHAPITRE 2).

1. Un auteur considère que c'est la première caractéristique de cette loi. Ch. Atias, *Droit civil, les biens*, *op. cit.*, n° 370, p. 270.

CHAPITRE 1

Domaine d'application du régime légal de la copropriété

362 **Régime impératif, supplétif ou impossible en fonction des situations.** L'article 1er de la loi du 10 juillet 1965 définit le domaine d'application du texte. La copropriété est impérative dans certaines situations (SECTION 1), elle est facultative pour d'autres (SECTION 2) et l'on peut donc en déduire qu'elle est parfois impossible (SECTION 3).

SECTION 1

APPLICATION OBLIGATOIRE DU RÉGIME LÉGAL DE LA COPROPRIÉTÉ

363 **Conditions de l'application obligatoire du régime légal de la copropriété.** Selon l'alinéa 1er de l'article 1er de la loi du 10 juillet 1965, « la présente loi régit tout immeuble bâti ou groupe d'immeubles bâtis dont la propriété est répartie entre plusieurs personnes, par lots. Le lot de copropriété comporte obligatoirement une partie

privative et une quote-part de parties communes, lesquelles sont indissociables ». De cette règle, il est possible de déduire que la copropriété sera impérativement appliquée si sont cumulativement réunies trois conditions.

– Présence d'un ou plusieurs immeubles bâtis

La loi s'applique aux copropriétés qualifiées de verticales (immeuble unique divisé par étage ou par appartements) et aux copropriétés horizontales (groupe d'immeubles verticaux). En revanche, elle ne s'applique pas de façon obligatoire aux lotissements qui se distinguent des copropriétés horizontales, car la propriété du sol y est divisée entre les différents copropriétaires, alors que dans les ensembles d'immeubles, la propriété du sol est indivise[1].

– Pluralité de propriétaires

Dans le silence de la loi, qui se contente de parler de « plusieurs personnes », il est généralement admis que deux lots suffisent à rendre applicable le statut de la copropriété. La copropriété disparaît si tous les lots échoient à un unique propriétaire.

– Juxtaposition de lots privatifs et de parties communes

La loi impose la présence simultanée de lots privatifs et de parties communes. Il n'y a pas d'obligation à appliquer le statut de la copropriété si un immeuble est divisé en appartements sans aucune partie commune[2] ou si deux ensembles immobiliers utilisaient la même rampe de parking située intégralement dans l'un des deux[3]. En revanche, la configuration des lots est indifférente, la loi ayant abandonné la référence à la notion d'étage et la destination des lots n'est pas non plus précisée, l'immeuble pouvant être à usage commercial, professionnel ou d'habitation.

364 **Durée de l'application obligatoire du régime légal de la copropriété.** Dès la réunion de ces trois conditions, le régime de la copropriété doit nécessairement être appliqué. Ainsi, lorsqu'un immeuble est construit pour être revendu par lots, c'est l'achèvement du premier

---

1. Les lotissements constituent des ensembles immobiliers auxquels l'application du statut légal de la copropriété est facultatif, v. ss 365.
2. Règle rappelée récemment par Civ. 3e, 8 sept. 2010, n° 09-15.554, *Dr. et patr.* 2011. 199, note J.-B. Seube, *JCP* 2010. Chron. 1162, n° 12, obs. H. Périnet-Marquet.
3. Civ. 3e, 26 mars 2020, n° 18-16.117, *JCP* 2020. 648, n° 9, obs. H. Périnet-Marquet.

bâtiment et la vente de deux lots à deux personnes différentes qui créeront la pluralité de propriétaire et qui détermineront l'application obligatoire de la copropriété[1]. L'application obligatoire cesse lorsque les conditions d'application ont disparu[2].

Section 2

Application facultative du régime légal de la copropriété

365 **Conditions de l'application facultative du régime légal de la copropriété.** Selon l'alinéa 2 de l'article 1er de la loi du 10 juillet 1965, « à défaut de convention contraire créant une organisation différente, la présente loi est également applicable aux ensembles immobiliers qui, outre des terrains, des aménagements et des services communs, comportent des parcelles, bâties ou non, faisant l'objet de droits de propriété privatifs ». L'application du régime de la copropriété sera donc facultative en présence d'un « ensemble immobilier ». Le législateur a introduit cette disposition pour répondre aux besoins nouveaux nés de la création de complexes immobiliers différents, souvent plus vastes et comprenant des équipements collectifs nombreux (routes, parcs, piscines...). La notion d'ensemble immobilier n'a pas été précisément définie, la loi se contentant de préciser que des copropriétaires pourront être titulaires de droits privatifs sur certaines parcelles. La jurisprudence a clairement expliqué qu'« il ressort des dispositions de l'art. 1er de la loi du 10 juill. 1965 qu'un ensemble immobilier résulte du fait que, même s'il existe une organisation commune, certains copropriétaires ou groupes de copropriétaires ont des droits réels exclusifs sur certaines parcelles de terrain. En revanche, l'homogénéité des droits sur le sol caractérise le groupe

1. Civ. 3e, 12 janv. 2011, n° 09-13.822, *D.* 2012. 2416, obs. D. Tomasin.
2. Civ. 3e, 4 juill. 2007, *JCP* 2007. I. 197, n° 7, obs. H. Périnet-Marquet, pour une réunion de tous les lots entre les mains d'un même propriétaire.

d'immeubles bâtis visé par l'al. 1er de l'art. 1er de la loi du 10 juill. 1965 ayant pour unité de base le lot comprenant une partie privative et une quote-part des parties communes indivisiblement liées »[1].

366 **Diverses organisations applicables aux ensembles immobiliers.** Lorsqu'un ensemble immobilier comprend des parcelles faisant l'objet de droits privatifs, les copropriétaires sont autorisés par la loi à organiser leurs relations librement par convention et le régime légal s'appliquera de façon supplétive. Un ensemble de propriétés ou copropriétés bordant un passage parisien ouvert au public a été qualifié d'ensemble immobilier[2]. Les juges ont pu en déduire l'application supplétive du régime de la copropriété, car ils n'avaient pas constaté de véritable organisation conventionnelle du passage. Le régime légal de la copropriété s'applique à titre subsidiaire si la convention « n'organise pas l'exercice majoritaire des pouvoirs ni les conditions dans lesquelles les décisions majoritaires seraient de nature à s'imposer au sein de l'ensemble immobilier ni a fortiori les conditions d'exercice de ces pouvoirs ni les organes propres à les exercer »[3].

Les copropriétaires d'un ensemble immobilier peuvent choisir de constituer une association syndicale libre dont le régime a été profondément remanié par l'ordonnance n° 2004-632 du 1er juillet 2004[4], une union de syndicats dont la mise en place a été facilitée par la loi du 13 décembre 2000 ou une association foncière urbaine libre (AFUL) régie par les articles L. 322-9 et suivants du Code de l'urbanisme ou toute autre organisation de leur choix. En pratique et par facilité, les ensembles immobiliers se placent en général sous le régime légal de la copropriété.

1. Civ. 3e, 17 févr. 1999, *D.* 2000. Somm. 1333, obs. Cl. Giverdon.
2. Paris 23e ch. A, 30 juin 1999, *D.* 1999. IR 233.
3. Paris 23e ch. A, 30 juin 1999, préc.
4. Ce régime laisse une large liberté d'organisation aux copropriétaires, tout en permettant la création d'une personne morale qui pourra agir en son nom et qui permettra aux copropriétaires de limiter leur responsabilité à l'égard du passif de l'association. Sur ce dernier point, v. Civ. 3e, 12 juin 2002, *D.* 2002. IR 2098.

SECTION 3

APPLICATION IMPOSSIBLE DU RÉGIME LÉGAL DE LA COPROPRIÉTÉ

367 **Circonstances interdisant l'application du régime légal de la copropriété.** La loi du 10 juillet 1965 s'applique aux « immeubles bâtis ». En conséquence, le régime de copropriété légale ne peut pas être appliqué pour régir :

– des meubles, comme un fonds de commerce ;

– des immeubles par destination ;

– des terrains nus. Lorsqu'un groupe d'immeubles est construit, le régime de la copropriété pourra être appliqué aux constructions dès l'achèvement du premier bâtiment, sans être obligé d'attendre la finition de l'ensemble du projet. La jurisprudence a décidé que la propriété d'un groupe d'immeubles entre plusieurs personnes est répartie dès les premières ventes et que le statut de la copropriété est alors applicable, même aux lots non encore bâtis[1],

– tous les immeubles ne répondant pas aux exigences sanitaires et de sécurité. Selon l'article 74 de la loi du 13 décembre 2000[2], « sont interdites toute division par appartements d'immeubles qui sont frappés d'une interdiction d'habiter, ou d'un arrêté de péril, ou sont déclarés insalubres... », ou qui ont reçu un avis défavorable de la commission de sécurité, ou qui ne sont pas pourvus d'une installation d'alimentation en eau potable, d'une installation d'évacuation des eaux usées ou d'un accès à la fourniture de courant électrique ou qui comprennent des locaux trop petits (d'une superficie inférieure à 14 m^2 et d'un volume habitable inférieur à 33 m^3)...

– tous les immeubles rattachés au domaine public. Ainsi, l'acquisition d'un bien en copropriété ne permet pas de le faire

1. Civ. 3e, 3 mai 1990, *D.* 1991. 155, note E.S. de la Marnière, *D.* 1991. Somm. 177, obs. Cl. Giverdon, J.-R. Bouyeure, J. Lafond ; v. ss 364.
2. CCH, art. L. 111-6-1.

rentrer dans le domaine public, même si les critères de la domanialité sont réunis[1] ; en revanche, le fonds qui est déjà dans le domaine public ne peut jamais entrer en copropriété[2].

1. CE, sect., 11 févr. 1994, *Cie assur. La Préservatrice Foncière, Lebon* 64.
2. Civ. 1re, 25 févr. 2009, *JCP* 2009. Chron. 337, n° 8, obs. H. Périnet-Marquet.

CHAPITRE 2

Régime légal de la copropriété

368 **Objectifs du régime légal de la copropriété.** La loi de 1965 et les textes ultérieurs relatifs au régime légal de la copropriété ont poursuivi deux objectifs principaux. Tout d'abord, ils ont tenté d'améliorer l'administration de l'immeuble en renforçant les prérogatives des organes collectifs de la copropriété. Par ailleurs, ils ont cherché à accroître les droits et garanties des copropriétaires. Le régime actuellement en vigueur établit donc des règles précises et minutieuses, relatives, d'une part, à l'organisation de la copropriété (SECTION 1) et, d'autre part, aux droits et obligations des copropriétaires (SECTION 2).

SECTION 1

L'ORGANISATION DE LA COPROPRIÉTÉ

369 **Organisation reposant sur la coexistence de parties privatives et communes.** L'une des conditions d'application du régime de la copropriété est la juxtaposition de lots privatifs et de parties communes.

Chaque copropriétaire est donc titulaire, à la fois, d'un droit de propriété exclusif sur son lot privatif et d'un droit de propriété sur une fraction indivise des parties communes. En 1965, la loi a consacré la notion de lot de copropriété qui est un ensemble indissociable constitué d'une partie privative et d'une fraction indivise des parties communes[1]. La notion de lot de propriété constitue le fondement du régime de la copropriété et elle devra être définie avec soin (**§ 1**). La présence d'une partie commune dans chaque lot obligera à prévoir une organisation collective de la copropriété (**§ 2**).

§ 1. Le fondement : existence d'un lot de copropriété

370 **Nécessité de déterminer le caractère privatif ou commun de chaque partie.** Dans une copropriété, chaque partie doit donc nécessairement être définie comme commune ou comme privative. Cette qualification peut être librement déterminée par l'ensemble des copropriétaires et ces indications figureront souvent dans le règlement de copropriété. En l'absence de volonté exprimée, la loi énonce des solutions supplétives définissant avec précision les notions de partie commune (**A**) et de partie privative (**B**), la réunion des deux constituant un lot de copropriété (**C**).

A. La notion de partie commune

371 **Critère général de qualification de partie commune.** L'article 3 de la loi de 1965 énonce que « sont communes les parties des bâtiments et des terrains affectées à l'usage ou à l'utilité de tous les copropriétaires ou de plusieurs d'entre eux ». Le critère général de qualification est donc l'usage. Il est assez facile à appliquer. Dans les immeubles modernes, compte tenu de la variété et de la complexité des éléments d'équipement conçus dans l'intérêt et

1. L'expropriation de la partie privative ne peut donc être prononcée sans expropriation de la partie commune. Civ. 3e, 31 janv. 2007, *JCP N* 2007. 218.

pour l'usage de tous, on peut considérer que les parties communes comprennent la quasi-totalité de la structure physique de l'immeuble. La propriété privative est l'exception et elle reste limitée aux espaces exclusivement réservés à chaque copropriétaire[1].

372 **Éléments matériels figurant sur la liste légale des parties communes.** Après avoir fixé un critère général, l'article 3 de la loi de 1965 pose une liste de parties communes, qui comprend, d'une part, des éléments matériels et, d'autre part, des droits accessoires à ces éléments matériels. Cette liste est supplétive et la Cour de cassation a expressément affirmé son caractère non exhaustif[2]. Les juges prennent l'initiative de qualifier des biens non cités dans la liste de biens communs et en particulier des droits. Ils ont affirmé le caractère commun du « droit de modifier l'usage de locaux existants lorsqu'il est limité par un COS calculé sur le sol, partie commune de l'immeuble »[3].

Les éléments matériels énumérés sur la liste sont :

– les éléments constitutifs de l'immeuble :

• « le sol, les cours, les parcs et jardins, les voies d'accès ». Ils ne comportent pas les emplacements réservés destinés à garer des voitures, qui seront qualifiés de partie privative si chaque utilisateur dispose d'une jouissance exclusive de sa partie[4] ;

• « le gros œuvre des bâtiments », c'est-à-dire l'ossature de la construction constituée par les fondations, les gros murs porteurs, les planchers et les toitures. Il est parfois difficile de distinguer la structure de l'aménagement. Les juges apprécient souverainement ces qualifications. Ils ont décidé de répartir les travaux de réfection d'une terrasse entre la copropriété et le propriétaire qui en avait la jouissance exclusive : « les frais de pose de carrelage des terrasses doivent, après réfection de leur étanchéité, être supportés par les seuls propriétaires des terrasses concernées », alors que « les gros travaux affectant la dalle et son étanchéité, résultant d'une

1. F. Terré, Ph. Simler, *Droit civil, les biens, op. cit.*, n° 624, p. 527.
2. Civ. 3e, 24 mai 2006, *D.* 2006. IR 1704, *JCP* 2006. IV. 2315.
3. Civ. 3e, 10 janv. 2001, *D.* 2002. Somm. 1521, obs. Cl. Giverdon, *JCP* 2001. I. 358, n° 7, obs. H. Périnet-Marquet.
4. Lyon 5 déc. 1978, *JCP N* 1980. II. 240.

vétusté normale, sont pris en charge par le syndicat des copropriétaires »[1] ;

– les éléments d'équipement commun :

• « les parties de canalisations y afférentes qui traversent les locaux privatifs » et la jurisprudence a intégré à cette catégorie tous les équipements modernes des immeubles comme les antennes collectives de TV et de radio, les interphones, etc. ;

• « les coffres, gaines et têtes de cheminées » ;

• « les locaux de services communs » qui comprennent les locaux destinés à recevoir les poubelles, les compteurs ou la chaudière, la loge de la gardienne ou de la concierge[2], etc. ;

• « les passages et corridors », ces passages étant parfois communs à tous les copropriétaires ou à certains d'entre eux[3].

373 **Droits accessoires figurant sur la liste légale des parties communes.** Sur la liste de parties communes, la loi fait également figurer des droits accessoires aux éléments matériels. Ainsi, certaines prérogatives ont pour assiette matérielle les parties communes de l'immeuble et leur exercice présente une utilité pour tous les propriétaires. Ces droits seront donc communs, c'est-à-dire qu'ils seront soumis au même régime juridique que les parties communes et en particulier, que leur exercice devra être décidé en assemblée des copropriétaires[4].

La loi énumère plusieurs droits accessoires qui seront qualifiés de partie commune :

– « le droit de surélever un bâtiment affecté à l'usage commun ou comportant plusieurs locaux qui constituent des parties privatives différentes, ou d'en affouiller le sol » ;

– « le droit d'édifier des bâtiments nouveaux dans les cours, parcs ou jardins constituant des parties communes », même si celui qui souhaite construire a une jouissance privative de la partie commune. En effet, les juges ont décidé qu'« est réputé droit

1. Aix-en-Provence 4e ch. civ., 6 mai 1997, *D.* 1998. Somm. 122, obs. C. Atias.

2. Excepté si cette loge est constitutive d'un lot dont le syndicat a la propriété exclusive, assortie de droits sur les parties communes, car elle devient alors une partie privative. Civ. 3e, 17 mai 1995, *RDI* 1995. 585.

3. Ils seront alors gérés par une assemblée spéciale comprenant uniquement les copropriétaires concernés. Paris 20 oct. et 16 déc. 1999, *Loyers et copr.* 2000. 48 et 95.

4. V. ss 400.

accessoire aux parties communes, dans le silence ou la contradiction des titres, le droit d'édifier des bâtiments dans les cours, parcs ou jardins constituant les parties communes »[1] ;

- « le droit d'affouiller de tels cours, parcs ou jardins » ;
- « le droit de mitoyenneté afférent aux parties communes » ;
- « le droit d'affichage sur les parties communes » ;
- « le droit de construire inhérent aux parties communes ».

B. La notion de partie privative

374 **Critère général de qualification de partie privative.** L'article 2 de la loi de 1965 énonce que « sont privatives les parties des bâtiments et des terrains réservés à l'usage exclusif d'un copropriétaire déterminé ». Cette définition n'est complétée par aucune liste et la description des parties privatives est le plus souvent faite par le règlement de copropriété. À défaut, la qualification sera établie souverainement par les juges du fond en fonction du caractère privatif de l'usage. La catégorie des parties privatives comprend également des prérogatives qui ont pour assiette matérielle un élément privatif. Ainsi, seront soumis au régime des parties privatives tous les travaux d'aménagement des locaux privatifs, car ils consisteront à adjoindre des éléments qui ne profiteront qu'aux propriétaires privatifs : peinture, pose de glaces, menuiserie... La jurisprudence a également qualifié de partie privative des combles situés sous le toit de l'immeuble commun, au motif que « l'expert ayant constaté que seul un copropriétaire peut avoir accès au comble litigieux dont la conservation n'est pas nécessaire au syndicat des copropriétaires et, dans le silence, tant du règlement de copropriété que de l'acte de vente, il en résulte que le comble doit être considéré comme une partie privative dépendant du lot du copropriétaire »[2]. Le règlement de copropriété peut attribuer par avance un droit de jouissance privatif et exclusif au copropriétaire de plusieurs lots, par exemple afin d'englober un morceau de couloir pour constituer un logement plus important en réunissant des

1. Civ. 3e, 19 janv. 1994, *D.* 1994. Somm. 203, obs. P. Capoulade.
2. Paris 23e ch. B, 14 déc. 1990, *D.* 1991. IR 15.

chambres de services[1]. En revanche, les juges ont refusé de qualifier de partie privative un droit de jouissance d'une partie commune (en l'espèce un emplacement de stationnement)[2].

C. La notion de lot de copropriété

375 **Éléments constitutifs d'un lot de copropriété.** Un lot de copropriété comprend nécessairement une partie privative et une partie commune. L'article 6 de la loi de 1965 dispose que ces deux prérogatives sont indissociablement liées, pour constituer le lot. Deux conséquences doivent être déduites de ce caractère indissociable. En premier lieu, il est impossible d'envisager l'absence d'un des deux éléments. Un lot ne peut être composé uniquement d'une partie privative ou d'une partie commune. En second lieu, tout acte ayant pour objet un lot produira des effets à la fois sur la partie privative et sur la partie commune. Par exemple, si un lot est vendu, la propriété privative sera transférée, ainsi qu'une fraction de la propriété indivise.

376 **Détermination de la composition de chaque lot de copropriété.** Les lots sont librement déterminés lors de la formation de la copropriété. En pratique, les utilisateurs préféreront en général ériger un lot par local privatif, que ce soit un local principal (appartement, boutique, local à usage commercial) ou secondaire (chambre de service, cave, grenier).

Ce lot sera complété par l'adjonction d'une partie commune. Les parties communes seront réparties entre les différents copropriétaires qui en recevront chacun une quote-part indivise et abstraite, exprimée en tantièmes, c'est-à-dire en fraction de l'ensemble. La copropriété sera divisée en dixièmes, centièmes, millièmes ou dix millièmes qui seront répartis entre tous les copropriétaires par une décision commune, le plus souvent consignée dans le règlement de copropriété. À défaut de disposition contractuelle, l'article 5 de la loi de 1965 prévoit un régime supplétif de répartition des tantièmes « proportionnelle à la valeur

1. Civ. 3e, 25 janv. 2011, n° 09-65.731, *D.* 2012. 2417, obs. D. Tomasin.
2. Civ. 3e, 6 juin 2007, *JCP N* 2007. 1273, étude C. Calfayon et 1322, n° 5, *JCP* 2007. I. 197, n° 5, obs. H. Périnet-Marquet.

relative de chaque partie privative par rapport à l'ensemble des valeurs desdites parties, telles que ces valeurs résultent lors de l'établissement de la copropriété, de la consistance, de la superficie et de la situation des lots, sans égard à leur utilisation ».

Pour l'essentiel, la distribution des tantièmes sert à répartir certaines charges et les voix lors des assemblées de copropriétés[1]. Dans la pratique, si la copropriété comprend des biens de nature différente (un local commercial et des appartements par exemple), la valeur de chacun variera souvent dans des proportions très différentes. Après quelques années, la répartition des tantièmes pourra se trouver tout à fait décalée et il sera très difficile de la modifier, car cette modification contractuelle sera soumise à l'accord de l'unanimité des copropriétaires[2].

377 **Description des lots de copropriété dans l'état descriptif de division.** La consistance des lots de copropriété sera décrite dans un document appelé état descriptif de division, dont la rédaction devra précéder la constitution de la copropriété. Cet acte décrit avec précision l'immeuble ainsi que ses différentes fractions, qu'elles soient communes ou privatives. Il décrit également la composition, l'emplacement et la nature de chaque lot et doit être dressé par acte authentique, car il est impératif de l'envoyer à la publicité foncière[3]. Un numéro permet de désigner chaque lot. Il est opposable aux tiers et constitue un instrument d'identification lors des opérations de transferts de propriétés ou de créations de droits, mais en cas de contradiction, un nouvel état descriptif de division non contesté conserve une valeur inférieure au règlement de copropriété même antérieur[4].

1. V. ss 395.
2. Civ. 3e, 6 mars 1991, *D.* 1992. Somm. 134, obs. J.-R. Bouyeure.
3. Décr. 14 oct. 1955, art. 71.
4. Civ. 3e, 7 sept. 2011, no 10-14.154, *JCP* 2011. 1298, no 11, obs. H. Périnet-Marquet.

§ 2. L'organisation collective de la copropriété

378 **Organisation collective imposée par l'existence de parties communes.** L'existence de parties communes oblige à mettre en place une organisation qui ménage les intérêts de tous, en assurant une gestion efficace. Le groupement matérialisera ses règles de fonctionnement dans un document, le règlement de copropriété (**A**) et agira par l'intermédiaire d'instruments de gestion (**B**).

A. Le règlement de copropriété

379 **Prolixité du règlement de copropriété.** La loi de 1965 a rendu impératives de nombreuses règles de fonctionnement de la copropriété. Elle a restreint le domaine des questions susceptibles d'être organisées par des stipulations contractuelles. Cependant, le règlement de copropriété conserve un rôle très important dans la pratique, les utilisateurs rédigeant rarement un document de moins de trente à quarante pages. Ce phénomène constitue un maintien des usages antérieurs à la loi de 1965. Il est amplifié par l'habitude actuelle de rédiger des contrats de plus en plus longs. Il s'explique aussi par la présence de règles nombreuses et précises décrivant le contenu imposé à ce document (**1**) et par l'efficacité que la loi accorde à ses effets (**2**).

1. Description du règlement de copropriété

380 **Contenu du règlement de copropriété établi par la loi.** La loi de 1965 énumère plusieurs rubriques qui doivent figurer dans le règlement de copropriété en précisant que ces dispositions sont impératives. Néanmoins, la Cour de cassation a considéré que l'absence de rédaction et de publication d'un règlement de copropriété ne faisait pas obstacle à la vente de lots en copropriété, dès lors qu'ils étaient individualisés et qu'il n'en résultait aucune confusion avec les lots des autres copropriétaires[1].

1. Civ. 3e, 17 nov. 2010, *JCP* 2011. Chron. 323, n° 11, obs. H. Périnet-Marquet.

381 **Le règlement de copropriété décrit chaque lot.** Selon l'article 8, aliéna 1, de la loi de 1965, « un règlement conventionnel de copropriété, incluant ou non l'état descriptif de division, détermine la destination des parties tant privatives que communes, ainsi que les conditions de leur jouissance ». Le règlement doit donc préciser pour chaque lot, privatif ou commun, s'il est affecté à un usage de jardin, de parking, d'habitation, de loge de concierge, de cave, de chambre de service... L'usage décrit peut être ultérieurement modifié par une décision de l'assemblée générale des copropriétaires.

382 **Le règlement de copropriété décrit l'administration des parties communes.** L'article 8, alinéa 1er, de la loi de 1965 précise ensuite que le règlement de copropriété « fixe également, sous réserve des dispositions de la présente loi, les règles relatives à l'administration des parties communes ». Cette description subordonnée à un silence de la loi devrait être brève, compte tenu du caractère très détaillé des dispositions légales. Les utilisateurs préfèrent en général consacrer de longs développements à ces questions, recopiant souvent les dispositions légales et décrivant avec force détails le fonctionnement et les pouvoirs des assemblées générales, du syndicat et du conseil syndical.

383 **Le règlement de copropriété décrit les charges applicables à chaque lot.** L'article 10, alinéa 3, de la loi de 1965 énonce que « le règlement de copropriété fixe la quote-part afférente à chaque lot dans chacune des catégories de charge ». La loi du 13 décembre 2000 a complété cette disposition en précisant que « tout règlement de copropriété publié à compter du 31 décembre 2002 indique les éléments pris en considération et la méthode de calcul permettant de fixer les quotes-parts de parties communes et la répartition des charges ». Les quotes-parts établies entre les différents copropriétaires sont fixées par le règlement de copropriété, mais le mode de répartition des charges est fixé par la loi[1].

384 **Le règlement de copropriété précise la destination de l'immeuble.** Le règlement de copropriété doit également préciser la destination de

1. V. ss 422 s.

l'immeuble, car cet élément sera la seule possibilité pour restreindre les droits des copropriétaires (L. 1965, art. 8, al. 2) et en particulier le droit d'usage de la partie privative comprise dans leur lot (L. 1965, art. 9, al. 1er). Le règlement précisera donc si l'immeuble est destiné à un usage commercial, professionnel, d'habitation, d'habitation bourgeoise ou uniquement à usage d'habitation bourgeoise à « des personnes honorables et de bonnes vie et mœurs »[1]. S'il autorise des boutiques au rez de chaussé, il peut préciser qu'aucune enseigne, réclame ou lanterne ne devra être placée sur la facade[2]. En revanche, les juges refusent les clauses qui ont pour objectif de ne défendre que l'un des colocataires, par exemple en interdisant l'installation d'un commerce exerçant la même activité. « Les dispositions du règlement de copropriété imposant une différence des commerces exercés, restreignant ainsi les droits des copropriétaires, doivent, dans ces conditions, être réputées non écrites comme non justifiées par la destination de l'immeuble »[3].

Si le règlement de copropriété décrit une destination limitée des lieux, les juges du fond apprécieront souverainement les activités pouvant être exercées par chaque copropriétaire[4]. Il existe une jurisprudence abondante sur cette question, qui est souvent invoquée pour refuser aux copropriétaires une modification de l'usage de leur lot. Les juges refuseront qu'un local soit utilisé en violation de la destination de l'immeuble uniquement si cet usage occasionne une gêne pour les autres occupants. Les juges ont interdit qu'un lot destiné à accueillir un garage devienne un appartement[5] ou qu'une société commerciale dont l'objet social est l'achat, la vente, le transfert, le négoce, l'échange et l'administration de tous biens meubles ou immeubles s'installe dans un immeuble interdit à l'exercice de toute activité commerciale[6]. Sans ambages, la cour d'appel d'Aix-en-Provence a rendu un arrêt

1. Clause de règlement de copropriété citée par un arrêt Paris 23e ch. A, 9 janv. 1991, *D.* 1991. IR 52 qui en a déduit une impossibilité à accepter l'installation de squatters.
2. Civ. 3e, 26 mars 2020, n° 18-22.441, *D.* 2020. 1767, obs. N. Reboul-Maupin.
3. Paris 23e ch. B, 9 nov. 1999, *D.* 2000. Somm. 212, obs. C. Atias.
4. Civ. 3e, 12 juill. 1995, *D.* 1996. Somm. 94, obs. C. Atias.
5. Aix-en-Provence 4e ch. civ. A, 24 juin 1999, *D.* 1999. Somm. 320, obs. C. Atias.
6. Paris 19e ch. B, 7 déc. 1995, *D.* 1996. IR 19.

refusant que les parties se fondent « sur une jurisprudence sinusoïdale qui donne le vertige aux juges du fond, confrontés dans les régions ensoleillées au détournement permanent et cynique de la charte contractuelle de la copropriété sous couvert de l'article 9 »[1]. La Cour de cassation a validé une stipulation interdisant de céder ou de louer séparément les locaux accessoires tels que cave, chambre de service, garage ou débarras, après avoir relevé « qu'il s'agissait d'une copropriété réduite, que la destination de l'immeuble ne pouvait permettre une subdivision indéfinie des parties privatives »[2]. Cependant, les juges donnent une interprétation stricte des dispositions du règlement de copropriété et ils acceptent parfois une utilisation, si elle ne se heurte pas directement à une disposition spécifique du règlement de copropriété. Ainsi, ils ont accepté que des activités culturelles et cultuelles soient exercées dans un bâtiment C, car le règlement de copropriété ne prohibait que l'installation d'un commerce dans les étages d'un bâtiment A[3].

385 **Publication obligatoire du règlement de copropriété.** Le règlement d'origine « et les modifications qui peuvent lui être apportées ne sont opposables aux ayants cause à titre particulier des copropriétaires qu'à dater de leur publication au fichier immobilier » (L. 1965, art. 13). La loi pose néanmoins un tempérament à cette règle en énonçant que « le règlement de copropriété, l'état descriptif de division et les actes qui les ont modifiés, même s'ils n'ont pas été publiés au fichier immobilier, s'imposent à l'acquéreur ou au titulaire du droit s'il est expressément constaté aux actes visés au présent article qu'il en a eu préalablement connaissance et qu'il a adhéré aux obligations qui en résultent » (Décr. 17 mars 1967, d'application de la loi de 1965, art. 4 al. 3). Le décret du 27 mars 2004, pris en application de la loi SRU du 13 décembre 2000 a rajouté un article 4-4 ainsi rédigé : « Lorsque le candidat à l'acquisition d'un lot ou d'une fraction de lot le demande, le propriétaire cédant est tenu de porter à sa connaissance le carnet d'entretien de l'immeuble ainsi que le diagnostic technique ».

1. Aix-en-Provence 4e ch. civ. A, 24 juin 1999, préc.
2. Civ. 3e, 10 mars 1981, *JCP* 1982. II. 19765, note E.-T. Guillot.
3. Civ. 3e, 8 mars 1995, *D.* 1998. Somm. 263, obs. P. Capoulade.

2. Effets du règlement de copropriété

386 **Nature juridique du règlement de copropriété.** La nature conventionnelle du règlement a été affirmée par la loi (L. 1965, art. 8) et confirmée par la jurisprudence[1]. Ce document est souvent rédigé avant la construction de l'immeuble, à un moment où les copropriétaires ne sont pas encore désignés. Dans ces conditions, il est discutable de parler de contrat, car les parties étant inconnues, elles ne peuvent avoir exprimé de volonté. La doctrine majoritaire préfère donc reconnaître au règlement de copropriété une nature hybride, précédant à la fois du contrat et du document statutaire ou institutionnel[2].

387 **Portée du règlement de copropriété.** La nature juridique du règlement de copropriété détermine sa portée. En effet, ce document essentiellement contractuel s'imposera dans toutes ses dispositions aux copropriétaires considérés comme parties au contrat et à leurs ayants cause universels ou à titre universel (héritiers, légataires universels) qui reprennent l'intégralité de leurs obligations. À l'égard des parties, sa nature contractuelle lui permet de prévaloir en cas de contradiction sur l'état descriptif de division[3], mais également sur la liberté religieuse. Les juges ont donc pu valablement ordonner la destruction d'un ouvrage prohibé par le règlement qui avait été édifié sur un balcon à l'occasion de la fête juive des cabanes[4]. En revanche, la force obligatoire sera plus discutable à l'égard des ayants cause à titre particulier des copropriétaires (acheteurs, donataires, légataires particuliers). L'article 13 de la loi de 1965 énonce que le règlement de copropriété ne leur sera opposable qu'à dater de sa publication au fichier immobilier. En outre, la jurisprudence a considéré que le locataire, bien que tiers au règlement, devait le respecter à partir du moment où il en avait connaissance[5] et la loi impose au

1. Les juges ont admis d'interpréter le règlement, reconnaissant ainsi sa nature contractuelle (Civ. 3e, 21 juin 2000, *RDI* 2001. 385, obs. Cl. Giverdon) et ils ont admis que la violation du règlement soit sanctionnée dans le cadre d'une action en responsabilité contractuelle (Civ. 3e, 22 mars 2000, *D.* 2001. Somm. 345, obs. J.-R. Bouyeure).
2. En ce sens, F. Terré, Ph. Simler, *Droit civil, les biens, op. cit.*, n° 635, p. 538.
3. Civ. 3e, 7 sept. 2017, n° 16-18.331, *AJDI* 2018. 43, obs. D. Tomasin.
4. Civ. 3e, 8 juin 2006, *JCP* 2006. I. 178, n° 8, obs. H. Périnet-Marquet, *D.* 2006. IR 1772.
5. Civ. 1re, 13 déc. 1965, *D.* 1966. Somm. 37.

bailleur de communiquer des extraits de ce document lors de la conclusion du bail[1]. La présence dans le règlement de copropriété suffit à rendre une servitude opposable à l'acquéreur d'un lot de copropriété, même en l'absence de mention dans l'acte de vente[2].

B. La gestion de la copropriété

388 **Gestion répartie entre syndicat et organes exécutifs de la copropriété.** La copropriété regroupe un certain nombre de copropriétaires et l'organisation du groupement doit ménager les intérêts de chacun tout en permettant de garantir les intérêts du groupe par une gestion efficace[3]. Tous les copropriétaires ont été regroupés dans une entité appelée syndicat. En application des principes démocratiques régissant tous les groupements, le syndicat réunissant l'ensemble des membres aura vocation à prendre toutes les décisions. Dans un souci de concilier efficacité et simplicité, la gestion du groupement sera répartie entre le syndicat (**1**) et des organes exécutifs de la copropriété (**2**).

1. Le syndicat

389 **Description du syndicat.** Le syndicat est un groupement dont l'organisation doit être présentée (**a**). Il est titulaire de pouvoirs qui pourront être exercés dans le cadre de l'assemblée générale des copropriétaires (**b**).

a. Présentation

390 **Nature juridique du syndicat.** L'article 14 de la loi du 10 juillet 1965 énonce très simplement que « la collectivité des copropriétaires est constituée en un syndicat qui a la personnalité civile » et cette disposition est impérative. Conséquence de sa qualification de personne, le syndicat peut usucaper un bien, en particulier un lot que ses membres ont utilisé comme partie commune pendant plus de trente années[4], il a un patrimoine et il peut agir en justice. Depuis la loi ALUR du 24 mars 2014, les syndicats de copro-

1. L. 6 juill. 1989, art. 3, al. 5.
2. Civ. 3e, 12 janv. 2005, *D.* 2005. 2357, obs. B. Mallet-Bricout et N. Reboul-Maupin.
3. Pour une description des mesures destinées à maintenir cette efficacité pendant la crise sanitaire, H. Périnet-Marquet, « Nouvelles adaptations temporaires au droit de la copropriété », *JCP* 2020. 716.
4. Civ. 3e, 8 oct. 2015, no 14-16.071, *RTD civ.* 2016. 157, obs. W. Dross.

priétaires doivent faire l'objet d'une immatriculation auprès d'un registre national des copropriétés afin « de faciliter la connaissance des pouvoirs publics sur l'état des copropriétés et la mise en œuvre des actions destinées à prévenir la survenance des dysfonctionnements » (CCH, art. L. 711-1 à L. 711-7 nouveaux).

391 **Patrimoine du syndicat.** La composition du patrimoine du syndicat appelle quelques observations :

– le patrimoine ne contient ni l'immeuble qui est l'objet de la copropriété, ni les parties communes de cet immeuble, car chaque propriétaire a sur son lot un droit réel et exclusif de propriété, qui empêche de reconnaître au groupement une qualité de propriétaire ;

– le patrimoine contient les sommes versées par les copropriétaires en vue de payer leurs charges et d'éventuelles parties privatives que le syndicat aurait achetées, comme un local destiné à loger la concierge. L'acquisition par le syndicat ne fait pas perdre au lot son caractère privatif (art. 16, al. 2, de la loi de 1965) et le syndicat exercera ses droits dans les mêmes conditions que tous les autres copropriétaires. Ce patrimoine pourra également comprendre des dettes, d'autant plus que le syndicat doit répondre d'une lourde responsabilité. Bien qu'il ne soit ni constructeur, ni propriétaire de l'immeuble, le syndicat est « responsable des dommages causés aux copropriétaires ou aux tiers par le vice de construction ou le défaut d'entretien des parties communes, sans préjudice de toutes les actions récursoires » (art. 14, al. 4, de la loi de 1965). En outre, le syndicat est soumis à une responsabilité civile classique et devra verser des dommages-intérêts, sur le fondement de l'article 1242, alinéa 1er, du Code civil, si l'un des objets dont il a la garde cause un dommage[1] ou sur le fondement de l'alinéa 5 du même article si l'un des préposés dont il est le commettant cause un dommage[2] ou sur le fondement de l'article 1240

1. Par ex., responsabilité pour défaut d'entretien des parties communes ayant entraîné des infiltrations, Civ. 3e, 17 oct. 2007, *JCP E* 2008. Act. 691, ou envers un éboueur pour contamination par le virus HIV suite à la piqûre d'une seringue, Civ. 2e, 2 juin 2005, *D.* 2005. IR 1658.

2. Par ex., faute du gardien ayant rendu possible un vol, Paris 14 sept. 2000, *D.* 2000. IR 261, *Loyers et copr.* 2001. 52.

du Code civil et même 1244 du même Code en cas de ruine d'une partie commune[1].

392 **Rôle du syndicat et pouvoir d'agir en justice.** L'aticle 14 de la loi de 1965, modifié par l'ordonnance du 30 octobre 2019 énonce que le syndicat « a pour objet la conservation et l'amélioration de l'immeuble ainsi que l'administration des parties communes » et qu'il « est responsable des dommages causés aux copropriétaires ou aux tiers ayant leur origine dans les parties communes ». Il n'a donc plus seulement à veiller à la bonne administration et à la bonne gestion des parties communes de l'immeuble. Il est aussi responsable dès lors que les désordres ont pour origine un vice de construction[2]. Par ailleurs, vu que le syndicat est qualifié de personne, il a la capacité d'ester en justice. La loi précise que « le syndicat a qualité pour agir en justice, tant en demandant qu'en défendant même contre certains des copropriétaires ; il peut notamment agir, conjointement ou non avec plusieurs de ces derniers, en vue de la sauvegarde des droits afférents à l'immeuble » (L. 1965, art. 15, al. 1er). Il exercera ses actions par l'intermédiaire du syndic qui est son représentant légal[3] et chaque copropriétaire perd le droit d'agir *in personam*[4]. En pratique, les actions les plus fréquentes tendent à recouvrer les charges de copropriété et à faire respecter le règlement de copropriété, en particulier dans ses dispositions décrivant la répartition et la destination des lots. La Cour de cassation a reconnu au syndicat des copropriétaires qualité pour agir en réparation des dommages ayant leur origine dans les parties communes et affectant les parties privatives d'un ou de plusieurs lots[5].

393 **Caractère assez transparent de la personnalité juridique du syndicat.** L'autonomie patrimoniale et la capacité d'ester en justice confirment l'existence d'une personnalité propre du syndicat. Néan-

1. Civ. 2e, 17 déc. 1997, *D.* 1998. IR 45. Arrêt discutable car les parties communes ne sont pas comprises dans le patrimoine du syndicat.
2. Civ. 3e, 23 janv. 2020, no 18-19.359, *D.* 2020. 1768, obs. N. Reboul-Maupin.
3. Pour les actes conservatoires, le syndic peut agir en justice sans y avoir été autorisé préalablement par le syndicat, Civ. 3e, 29 janv. 2003, *JCP N* 2003. 15-16.
4. Civ. 3e, 11 janv. 2012, no 10-24.413, *D.* 2012. 219, obs. Y. Rouquet, *RTD civ.* 2012. 135, obs. Th. Revet.
5. Civ. 3e, 23 juin 2004, *Bull. civ.* III, no 128, *JCP* 2005. I. 119. 7, obs. H. Périnet-Marquet.

moins, ses membres pourront être poursuivis directement en recouvrement d'une dette du groupement sur le fondement d'une action oblique[1]. Cette personnalité juridique assez transparente obligera le syndicat à exercer certaines de ses fonctions uniquement par l'intermédiaire de son organe délibératif, l'assemblée générale de copropriétaires.

b. L'assemblée générale des copropriétaires

• *Les règles de fonctionnement*

394 **Fonctionnement de l'assemblée générale soumis à un formalisme strict.** Le fonctionnement de l'assemblée générale est soumis à un formalisme très strict, afin de protéger au maximum les copropriétaires. Ces règles sont pour l'essentiel posées par le décret du 17 mars 1967 (modifié presque chaque année) qui décrit les modalités d'application de la loi de 1965. Aucune décision ne pourra être prise en dehors de ce cadre formel, même si elle est approuvée par l'unanimité des copropriétaires.

395 **Description des règles de fonctionnement des assemblées.** L'assemblée est convoquée par le syndic ou à défaut par le conseil syndical ou un quart des copropriétaires, pour éviter que le syndic détienne un pouvoir de blocage de tenue des assemblées. Tous les copropriétaires doivent être convoqués, sous peine de nullité de l'assemblée qui ne peut être demandée que par celui pas ou mal convoqué[2]. La convocation doit être adressée par lettre recommandée ou par télécopie en principe vingt et un jours (sauf urgence) avant l'assemblée et doit comporter l'ordre du jour, qui doit être établi, depuis le décret du 20 avril 2010, « en concertation avec le conseil syndical ». Elle doit comprendre une longue liste d'informations énumérées par l'article 11 du décret qui s'allonge chaque année au fur et à mesure des modifications du texte. L'assemblée ne pourra traiter que de questions précisément mises à l'ordre du jour ou annoncées par la formule « je souhaite que soient examinés les points suivants »[3]. Si la convocation ne pré-

---

1. Civ. 3e, 26 oct. 2005, *Bull. civ.* III, n° 205.
2. Civ. 3e, 14 nov. 2007, *JCP N* 2007. 48. Act. 779 ; *Loyers et copr.* 2008. 16, obs. G. Vigneron ; *D.* 2007. 3064, obs. Y. Rouquet.
3. Civ. 3e, 9 mars 2005, *JCP* 2005. I. 181, n° 9, obs. H. Périnet-Marquet.

voyait que de discuter du principe d'un ascenseur, l'assemblée ne pourra pas accepter les travaux nécessaires à sa construction[1]. En outre, chaque décision doit faire l'objet d'une acceptation expresse et des travaux non votés ne pourront être considérés comme implicitement approuvés par une approbation des comptes postérieure à leur réalisation[2]. Afin de faciliter la tenue de ces assemblées, la loi ALUR du 24 mars 2014 a modifié quelques aspects de leur tenant à leur convocation ou à leur tenue (admission des notifications par voie électronique, élargissement des impossibilités de recevoir un mandat de vote pour les proches des salariés du syndic, abaissement des conditions d'adoption de certaines décisions...).

Chaque copropriétaire dispose d'un nombre de voix correspondant à sa quote-part dans les parties communes (L. 1965, art. 22, I, al. 2). La réglementation des assemblées tente de favoriser la participation personnelle de chacun. Elle interdit toute disposition écartant un copropriétaire de l'assemblée et elle réglemente strictement les possibilités de se faire représenter pour éviter la « chasse aux pouvoirs ». Enfin, elle prévoit que si un copropriétaire possède une quote-part des parties communes supérieure à la moitié, le nombre de voix dont il dispose sera réduit à la somme des voix des autres copropriétaires, afin d'éviter la mainmise totale d'un éventuel majoritaire et le désintérêt des minoritaires.

396 **Réalité du fonctionnement des assemblées.** Contrairement aux assemblées d'actionnaires, les assemblées de copropriétaires sont souvent le lieu de débats longs et passionnés, car elles traitent de questions pratiques qui concernent directement la vie quotidienne des copropriétaires. La loi veille à ce que cela ne dégénère pas en paralysie. Ainsi, la loi n'impose aucun quorum pour la tenue des assemblées générales de copropriétaires. Cependant, certaines décisions ne peuvent être prises qu'à la majorité des voix de tous les copropriétaires, d'autres à la majorité des membres représentant les deux tiers des voix et d'autres enfin à l'unanimité.

---

1. Paris 22 mai 1998, *Loyers et copr.* 1998. 306.
2. Civ. 3e, 17 janv. 2007, *Bull. civ.* III, nº 3.

Afin de rendre la copropriété plus collective et faciliter son fonctionnement, la loi ALUR du 24 mars 2014 a schématiquement presque « abaissé d'un cran »[1] toutes les majorités.

• ***Les règles de majorité***

397 **Décisions soumises à une majorité simple.** En principe, dans les assemblées de copropriétaires, les décisions sont prises à la majorité simple. Selon l'article 24 de la loi de 1965, « les décisions de l'assemblée générale sont prises à la majorité des voix exprimées des copropriétaires présents ou représentés, s'il n'en est autrement ordonné par la loi ». Depuis la loi du 13 décembre 2000, seuls les votes exprimés sont pris en compte, ce qui signifie qu'on ne comptabilise plus les abstentionnistes, les votes bancs ou les votes nuls. À cette majorité seront approuvés le budget prévisionnel et les comptes, sera donné quitus au syndic, seront décidées les dépenses d'entretien et de réparation des parties communes ou l'autorisation d'occupation à titre précaire de parties communes[2]... Mais la loi a multiplié les cas où une majorité plus forte est exigée.

398 **Décisions soumises à une majorité absolue.** De nombreuses dispositions légales ou réglementaires décrivent des décisions qui ne pourront être prises par l'assemblée générale des copropriétaires qu'à la majorité absolue, les votes blancs, nuls et les abstentions étant comptabilisés en votes contre[3]. Avant la loi ALUR du 24 mars 2014, l'article 25 de la loi de 1965 énumérait quatorze décisions soumises à une majorité absolue. La loi du 23 novembre 2018, dite loi Elan, n'a apporté que des modifications très mineures. Désormais, ce sont plus de dix articles (art. 24 à 25-1) qui posent une liste beaucoup plus longue, impossible à exposer dans son intégralité, toujours aussi hétéroclite dont voici quelques exemples.

---

1. H. Périnet-Marquet, « Accès au logement et urbanisme rénové. Loi ALUR du 24 mars 2014 », *JCP* 2014. 441.

2. À distinguer de l'attribution de l'usage ou la jouissance de parties communes soumises à la majorité de l'article 26 b), v. ss 417 : Civ. 3e, n° 17-14.138, *JCP* 2019, n° 12, p. 1093, obs. H. Périnet-Marquet.

3. Décision de diagnostic des travaux de retrait de l'amiante, Décr. n° 96-97, 7 févr. 1996, décision de constituer des provisions spéciales en vue de travaux, L. 10 juill. 1965, art. 18, al. 1er.

– Des décisions concernant des travaux :

• art. 24, a) : les travaux nécessaires à la conservation de l'immeuble ainsi qu'à la préservation de la santé et de la sécurité physique des occupants

• art. 24, b) : les modalités de réalisation et d'exécution des travaux rendus obligatoires en vertu de dispositions législatives ou réglementaires ou d'un arrêté de police administrative relatif à la sécurité ou à la salubrité publique (assainissement, ravalement...)

• art. 25, b) : autorisation donnée à certains copropriétaires d'effectuer à leurs frais des travaux affectant les parties communes ou l'aspect extérieur de l'immeuble (ces autorisations visent en général à l'aménagement de vitrines, de balcons, de terrasses...) ;

• art. 25, f) : les travaux d'économies d'énergie ou de réduction des émissions de gaz à effet de serre. Ces travaux peuvent comprendre des travaux d'intérêt collectif réalisés sur les parties privatives et aux frais du copropriétaire du lot concerné, sauf dans le cas où ce dernier est en mesure de produire la preuve de la réalisation de travaux équivalents dans les dix années précédentes. Cet article, modifié par la loi dite Grenelle II du 12 juillet 2010, a créé un régime inexistant auparavant de « travaux d'intérêt collectif sur les parties privatives »[1] ;

• art. 25, g) : suppression du vide-ordures pour des motifs d'hygiène ;

• art. 25, h) : demande d'installation ou de modification d'une antenne collective ou d'un réseau de communications électroniques interne à l'immeuble ;

• art. 25, j) : demande d'installation ou de modification d'un réseau de distribution d'électricité public destiné à alimenter en courant électrique les emplacements de stationnement des véhicules, notamment pour permettre la charge des accumulateurs de véhicules électriques ou hybrides ;

1. J.-M. Talau, « La modification de la loi n° 65-557 du 10 juillet 1965 par la loi "Grenelle II" », *Loyers et copr.* 2010. Étude 11.

• art. 25, k) : demande d'installation de compteurs d'eau froide divisionnaires ;

• art. 25, l) : l'installation de compteurs d'énergie thermique ou de répartiteurs de frais de chauffage ;

• art. 25, m) : l'autorisation de transmettre aux services chargés du maintien de l'ordre les images réalisées en vue de la protection des parties communes.

– Des décisions concernant l'organisation de copropriété :

• art. 25, a) : toute délégation de pouvoir donnée au syndic, au conseil syndical ou à un mandataire ad hoc, pour accomplir des actes de gestion courante ;

• art. 25, c) : toute désignation ou révocation du ou des syndics et des membres du conseil syndical.

– Des décisions diverses :

• art. 25, e) : la décision de modifier la répartition des charges, rendue nécessaire par un changement de l'usage d'une ou plusieurs parties privatives (en l'absence de changement d'usage d'une partie privative, une nouvelle répartition des charges ne peut être décidée qu'à l'unanimité) ;

• art. 25, i) : la décision concernant l'autorisation permanente accordée à la police ou à la gendarmerie nationale de pénétrer dans les parties communes ;

• art. 25, d) : la détermination des conditions auxquelles sont réalisés les actes de disposition sur les parties communes ou sur les droits accessoires à ces parties communes, lorsque ces actes résultent d'obligations légales ou réglementaires (lorsque ces actes de disposition ne résultent pas d'une obligation légale, ils doivent être décidés à une double majorité des membres du syndicat et des deux tiers des voix[1]).

399 **Majorité requise pour un éventuel second vote en cas d'échec du premier.** Pour éviter que ces décisions soient bloquées par un fort absentéisme des copropriétaires, l'article 25-1 de la loi de 1965 prévoit que si une décision n'a pas pu être prise faute de majorité, mais que le projet de résolution a recueilli au moins le tiers des

1. V. ss 400.

voix de tous les copropriétaires, la même assemblée peut immédiatement procéder à un nouveau vote à la majorité simple. En revanche, si le projet n'a pas recueilli au moins le tiers des voix de tous les copropriétaires, la décision pourra être prise à la majorité simple par une nouvelle assemblée convoquée dans un délai maximal de trois mois.

400 **Décisions soumises à une double majorité.** Les articles 26 et suivants de la loi de 1965 donnent une liste de décisions soumises à une double majorité encore plus forte que la majorité absolue : majorité des membres du syndicat et des deux tiers des voix. Ces décisions concernent des questions graves. Elles dépassent les actes de gestion courante, mais contrairement à celles prévues par l'article 25, elles sont décidées tout à fait librement par les copropriétaires et ne sont imposées ni par une loi, ni par une contrainte de sécurité, ni par une nouvelle répartition des lots. Elles doivent donc être prises à une majorité plus forte. Depuis leur modification par la loi ALUR du 24 mars 2014, les articles 26, 26-3 et 30 visent six décisions.

– art. 26, a) : les actes d'acquisition immobilière et les actes de disposition qui ne sont pas imposés par une disposition légale ou réglementaire (décision d'aliéner des parties communes, servitudes...) ;

– art. 26, b) : la modification ou éventuellement l'établissement du règlement de copropriété dans la mesure où il concerne la jouissance, l'usage et l'administration des parties communes ;

– art. 26, c) : les modalités d'ouverture des portes et accès aux immeubles ;

– art. 26, d) : la suppression du poste de concierge ou de gardien et l'aliénation du logement affecté au concierge ou au gardien lorsqu'il appartient au syndicat ;

– art. 26-3 : les aliénations ou aménagements de parties communes imposés par la restructuration des espaces commerciaux ou artisanaux prévus par la loi du 14 novembre 1996 relative à la relance pour la ville ;

– art. 30 : toute amélioration, telle que transformation d'un ou plusieurs éléments d'équipement existants, l'adjonction d'éléments nouveaux, l'aménagement de locaux affectés à l'usage commun ou la création de tels locaux, dans la mesure où cette décision est conforme à la destination de l'immeuble.

401 **Décisions prises à l'unanimité des voix.** Lorsque l'unanimité des voix est exigée, tout copropriétaire a un droit de veto et pourra bloquer la décision en la refusant, en ne participant pas à l'assemblée ou en votant blanc. Toute décision portant atteinte à un droit privatif sera subordonnée à l'accord de celui qui subit la restriction de son droit. La règle de l'unanimité s'appliquera donc pour tout acte qui impose « à un copropriétaire une modification à la destination de ses parties privatives ou aux modalités de leur jouissance, telles qu'elles résultent du règlement de copropriété » (L. 1965, art. 26, al. 2). Le Conseil constitutionnel a invalidé l'article 19 de la loi ALUR du 24 mars 2014 qui insérait un art. L. 631-7-1B au CCH qui aurait permis de prendre cette décision à la majorité de l'article 25, c'est-à-dire absolue[1]. Elle a également été prévue par la loi du 22 mars 2012 pour « décider la souscription d'un emprunt bancaire au nom du syndicat des copropriétaires pour le financement » de travaux ou d'une acquisition, avec de nombreuses dérogations qui permettent de le décider à des majorités moins fortes (L. 1965, art. 26-4 à 26-8).

Par ailleurs, l'unanimité sera requise pour des décisions qui concernent les parties communes, lorsque les conséquences sont particulièrement lourdes. Ainsi, elle sera imposée pour « décider l'aliénation des parties communes dont la conservation est nécessaire au respect de la destination de l'immeuble » (L. 1965, art. 26, al. 3). Dans un immeuble destiné à l'habitation, la décision de vendre la loge de la concierge doit être prise à l'unanimité[2], sauf si les copropriétaires ont préalablement décidé de ne plus faire garder l'immeuble[3] et celle de supprimer le poste de concierge ne requiert un vote unanime que si le poste est prévu par le règlement de copropriété[4].

Enfin, devront être prises à l'unanimité d'autres décisions considérées comme primordiales pour la vie de la copropriété : le

1. Cons. const. 20 mars 2014, n° 2014-691.
2. Paris 17 janv. 1997, *Loyers et copr.* 1997. 153, *RDI* 1997. 619.
3. Civ. 3e, 30 mars 1994, *D.* 1996. Somm. 164, obs. Cl. Giverdon.
4. Civ. 3e, 24 sept. 2008, *Loyers et copr.* 2008. 257, obs. G. Vigneron.

changement de destination de l'immeuble, la création de locaux privatifs nouveaux par surélévation, la modification de la répartition des charges et la dissolution de la copropriété.

- ***Les suites des votes***

402 **Procès-verbal de l'assemblée générale.** À la fin de chaque assemblée générale, un procès-verbal doit être établi. Il doit mentionner les résultats de chaque vote en indiquant les noms des copropriétaires ayant émis un vote négatif, s'étant abstenu ou n'ayant pas pris part au vote. Ces indications seront précieuses si la décision est contestée, car l'article 42 de la loi de 1965 énonce que « les actions qui ont pour objet de contester les décisions des assemblées générales doivent, à peine de déchéance, être introduites par les copropriétaires opposants ou défaillant, dans un délai de deux mois à compter de l'assemblée générale ». Ce délai de deux mois est applicable à toutes les actions, y compris celles fondées sur une absence de convocation ou une convocation irrégulière à l'assemblée générale[1]. Les copropriétaires opposants sont ceux qui ont exprimé une opinion minoritaire en votant « pour » ce qui est refusé par le plus grand nombre ou « contre » ce qui est accepté par celui-ci[2], même si la décision n'avait pas été inscrite à l'ordre du jour, le vote couvrant alors cette irrégularité[3]. La qualité d'opposant peut être reconnue à un abstentionniste ayant émis des réserves[4]. Les copropriétaires défaillants seront ceux qui n'étaient ni présents, ni représentés lors de l'assemblée générale, mais pas ceux qui ont quitté discrètement la salle sans que leur départ ne soit mentionné[5]. Grâce au procès-verbal, il sera donc possible de déterminer chacune de ces catégories. Un décret 2015-1681 du 15 décembre 2015 a précisé les modalités d'information des occupants d'une copropriété sur les décisions prises par l'assemblée générale.

1. Civ. 3e, 12 oct. 2005, *JCP* 2006. I. 127, n° 8, obs. H. Périnet-Marquet, *D.* 2005. IR 2627 et Pan. 1859, obs. P. Capoulade et Ch. Atias.
2. Civ. 3e, 24 janv. 2001, *D.* 2002. Somm. 1523, obs. Cl. Giverdon.
3. Civ. 3e, 23 sept. 2009, n° 08-15.230.
4. Civ. 3e, 10 sept. 2008, *D.* 2008. AJ 2286, obs. Y. Rouquet, *AJDI* 2009. 459, note P. Capoulade.
5. Civ. 3e, 1er juill. 2009, *D.* 2009. 1898, obs. G. Forest, *JCP* 2009. Chron. 337, n° 11, obs. H. Périnet-Marquet.

403 Recours contre les décisions prises en assemblée générale. Les assemblées générales font l'objet de nombreux recours devant la justice. Plusieurs facteurs ont été avancés pour expliquer ce contentieux abondant et varié : complexité d'un formalisme protecteur, nécessaire mais sans doute excessif, absentéisme des copropriétaires, imprécision inéluctable de la délimitation des domaines de compétence et des règles de majorité correspondantes[1]. Soumise à un délai de forclusion de deux mois, la nullité des assemblées est demandée principalement sur trois fondements. En premier lieu, sont invoquées toutes les violations des dispositions légales ou réglementaires afférentes à l'organisation et à la tenue des assemblées. En deuxième lieu, sont soulevés les cas de dépassements de prérogatives accordées aux assemblées générales, qui ne doivent pas s'immiscer dans la gestion des parties privatives des lots de copropriété. Enfin, en troisième lieu, l'abus de majorité est souvent invoqué par les copropriétaires. Il est admis avec circonspection par les tribunaux, uniquement si le demandeur établit que la décision favorisait un groupe de copropriétaire au détriment des autres[2], qu'elle avait été prise dans l'optique de nuire à certains copropriétaires[3] ou même qu'elle ne repose sur aucun motif sérieux[4]. Les juges s'efforcent d'éviter que des petites difficultés de forme n'entraînent la nullité de ces assemblées[5] et ont même admis qu'une « décision d'assemblée générale existe dès lors qu'une question est soumise à l'ensemble des copropriétaires et est sanctionnée par un vote »[6], ce qui « ouvre la voie à la validation d'assemblées générales informelles »[7].

1. F. Terré, Ph. Simler, *Droit civil, les biens*, *op. cit.*, n° 680, p. 599.
2. Paris 19e ch. B, 2 avr. 1993, *D.* 1993. IR 143, Civ. 3e, 11 mai 2006, *JCP* 2006. I. 178, n° 11, obs. H. Périnet-Marquet, *D.* 2006. IR 1562.
3. Paris 6 juill. 1993, *Loyers et copr.* 1993. 407.
4. Paris 19e ch. A, 1er févr. 1994, *D.* 1994. Somm. 124, obs. Ch. Atias.
5. Pour une illustration de cette souplesse, v. Civ. 3e, 31 mai 2012, n° 11-12.774, *JCP* 2012. I. 1186, n° 7, obs. H. Périnet-Marquet.
6. Civ. 3e, 13 nov. 2013, n° 12-12.084, *JCP* 2014. 1187, n° 12, obs. H. Périnet-Marquet.
7. H. Périnet-Marquet, obs. sous Civ. 3e, 13 nov. 2013, préc.

2. Les organes exécutifs de la copropriété

404 **Pluralité des organes de gestion quotidienne.** L'assemblée générale des copropriétaires ne se réunit qu'épisodiquement. Elle ne peut pas assurer la gestion quotidienne, qui est donc confiée traditionnellement au syndic (**a**). Plus récemment, la loi a mis en place un autre organe, le conseil syndical, pour assister et surveiller le syndic (**b**).

a. Le syndic

405 **Statut du syndic.** Un syndic doit obligatoirement être désigné (L. 1965, art. 17, al. 1er). Il est nommé par l'assemblée générale, à la majorité absolue, car cette décision est citée sur la liste de l'article 25 de la loi de 1965[1]. Il négocie librement sa rémunération avec le syndicat des copropriétaires, en distinguant les honoraires concernant la gestion courante, généralement forfaitisés, et ceux liés à des prestations particulières, payés en plus. Des abus ont été constatés consistant à qualifier toute intervention de « prestation particulière », ce qui a poussé le législateur à intervenir une première fois pour affirmer que seuls les travaux votés en assemblée générale peuvent faire l'objet d'une tarification spécifique, nécessairement votée en même temps que les travaux (L. 25 mars 2009 insérant un art. 18-1A à la loi de 1965, art. 7). Par la suite, la loi ALUR du 24 mars 2014 a encadré leur rémunération. Elle a également prévu un contrat type, défini par décret, qui prévoira les modalités de sa désignation, de la cessation de ses fonctions... Ses fonctions prennent fin par l'arrivée du terme de son mandat, qui ne pourra excéder trois ans, le décret du 20 avril 2010 ayant imposé que cette durée soit fixée dans le mandat. En raison de sa qualité de mandataire désigné *intuitu personae*, il peut également être révoqué ad nutum par les copropriétaires. Il doit répondre personnellement de ses actes. Sa responsabilité est de nature contractuelle envers le syndicat qui lui a confié par un contrat de mandat la mission de remplir ses fonctions. Elle est délictuelle envers les copropriétaires, car il n'a aucun lien juridique direct avec eux. Cette responsabilité délictuelle pourra être

1. V. ss 398.

engagée pour toute faute du syndic et l'interprétation doctrinale majoritaire d'une jurisprudence ambiguë considère qu'il n'est pas nécessaire de prouver que la faute invoquée était détachable des fonctions[1]. Seul le syndicat peut se prévaloir du défaut de pouvoir de son représentant[2].

406 **Fonctions du syndic.** Les attributions du syndic sont décrites par l'article 18 de la loi de 1965. Elles peuvent être regroupées en deux fonctions.

– Organe exécutif du syndicat

À ce titre, le syndic est chargé d'assurer l'exécution des dispositions du règlement de copropriété et des délibérations de l'assemblée générale, c'est-à-dire procéder aux appels de fonds auprès des copropriétaires, passer les marchés décidés en assemblée générale... Il est également chargé de représenter le syndicat dans tous les actes civils et en particulier en justice. Cependant il ne pourra agir en justice qu'avec l'autorisation préalable et spéciale de l'assemblée, excepté pour agir en défense, exercer une voie de recours ou réaliser un acte conservatoire[3] ou s'il exerce une action en recouvrement contre un débiteur du syndicat, qu'il s'agisse d'un tiers ou d'un copropriétaire réticent à acquitter ses charges de copropriété (Décr. 17 mars 1967, art. 55, al. 2). La demande d'ouverture d'une procédure de redressement ou de liquidation judiciaire n'est pas une action en recouvrement et elle nécessite donc l'autorisation préalable de l'assemblée générale des copropriétaires[4]. Néanmoins, la Cour de cassation a admis le caractère non exhaustif de la liste des actions en justice non soumises à autorisation de l'assemblée générale et elle a donc autorisé le syndic à s'opposer seul à une saisie-attribution intentée contre le syndicat[5].

– Organe chargé de la gestion quotidienne de la copropriété

Le syndic est chargé « d'administrer l'immeuble, de pourvoir à sa conservation, à sa garde et à son entretien et, en cas d'urgence,

1. J.-L. Bergel, M. Bruschi, S. Cimamonti, *Traité de droit civil, les biens, op. cit.*, n° 607, p. 696 ; Ch. Atias, note ss Civ. 3e, 16 mai 2001, *D.* 2001. 2706.
2. Civ. 3e, 26 janv. 2017, n° 15-26.814, *JCP* 2017. Chron. 454, n° 10, obs. H. Périnet-Marquet.
3. V. ss 392.
4. Civ. 3e, 7 mars 2006, *JCP* 2006. I. 178. Act. 125, obs. H. Périnet-Marquet, *D.* 2006. IR 884.
5. Civ. 3e, 6 déc. 2006, *D.* 2007. 407, note Ch. Atias.

de faire procéder de sa propre initiative à l'exécution de tous travaux nécessaires à la sauvegarde de celui-ci » (L. 1965, art. 18, I, al. 3). La loi confie une mission lourde et très générale au syndic. Pour encadrer sa fonction et guider son travail, elle lui impose de réaliser certaines tâches. Ainsi, il doit établir un budget prévisionnel et tenir à jour un carnet d'entretien de l'immeuble, afin que l'état de l'immeuble puisse être vérifié à tout moment, en particulier par quelqu'un qui souhaiterait acquérir un lot de copropriété. Il doit également ouvrir un compte bancaire ou postal au nom du syndicat. Ce compte recevra toutes les sommes ou valeurs reçues au nom et pour le compte du syndicat. Enfin, la loi imposait au syndic, « de soumettre, lors de sa première désignation et au moins tous les trois ans, au vote de l'assemblée générale la décision de constituer des provisions spéciales en vue de faire face aux travaux d'entretien ou de conservation des parties communes et des éléments d'équipement commun » (L. 1965, art. 18, al. 14). Cette contrainte visait à obliger le syndic à avoir une vision à moyen terme, afin d'éviter aux copropriétaires d'avoir à faire face à de lourdes dépenses qui n'auraient pas été prévues et échelonnées. Cette obligation a été supprimée en 2017.

407 **Choix du syndic.** Ces attributions étendues, prenantes et techniques expliquent que les copropriétaires préfèrent souvent confier cette mission à un professionnel, même si la loi les autorise à choisir librement le syndic, qui peut être un professionnel ou non, un copropriétaire ou un tiers. Il peut sembler dangereux de confier la gestion à un professionnel extérieur, qui agit en vue d'une rémunération et non pour défendre ses propres intérêts ou ceux d'un groupement dont il est membre. Pour assister et surveiller le syndic, un autre organe a donc été mis en place, le conseil syndical.

b. Le conseil syndical

408 **Origine du conseil syndical.** Le conseil syndical a été créé par la pratique avant la loi de 1938 et il recevait alors des dénominations diverses. La loi de 1965 l'a consacré en lui conférant un caractère facultatif. Sa présence est devenue la règle dans la loi du

31 décembre 1985[1]. Désormais, « dans tout syndicat de copropriétaires, un conseil syndical assiste le syndic et contrôle sa gestion » (L. 1965, art. 21, al. 1er).

Les assemblées de copropriétaires sont soumises à un formalisme lourd. De ce fait, elles sont réunies rarement, ce qui les empêche d'exercer un rôle efficace. Pour éviter que le syndic soit totalement livré à lui-même et que les copropriétaires se sentent exclus de la gestion, il a paru nécessaire de créer une sorte d'interface entre ces deux organes. Les objectifs recherchés étaient d'améliorer la communication entre eux, de « créer un climat de confiance réciproque »[2], mais également de permettre aux copropriétaires de contrôler l'action du syndic. Ces finalités expliquent la composition et les attributions du conseil syndical.

409 **Composition du conseil syndical.** Les membres du conseil syndical sont choisis par l'assemblée générale parmi les copropriétaires ou certaines personnes énumérées par la loi pouvant être assimilées à cette catégorie : les associés de la société si cette personne morale est propriétaire d'un lot, les accédants ou acquéreurs à terme bénéficiant d'un contrat de location-accession, leurs conjoints ou leurs représentants légaux (L. 1965, art. 21, al. 9). En revanche, il est interdit au syndic et à tous ses proches (conjoints, ascendants, descendants, préposés) d'en être membre (L. 1965, art. 21, al. 10). Dans l'esprit des textes, ce conseil ne doit pas être composé de professionnels. Le décret en déduit logiquement que ces charges ne pourront donner lieu à aucune rémunération et la jurisprudence ne retient donc leur responsabilité que pour une faute au moins en partie intentionnelle[3].

410 **Attributions du conseil syndical.** Selon les termes de l'article 21 de la loi de 1965, le conseil syndical est chargé d'assister le syndic et de contrôler sa gestion.

Sa première fonction est consultative et lui permet de donner un avis « sur toutes les questions concernant le syndicat » (L. 1965, art. 21, al. 2). Il doit obligatoirement être consulté pour tous les

1. Si les copropriétaires ne souhaitent pas sa présence, ils doivent l'indiquer par une résolution spécifique de l'assemblée générale à la double majorité de l'article 26.
2. Travaux préparatoires de la loi du 31 déc. 1985, *Doc. AN* n° 2960, p. 16.
3. Civ. 3e, 29 nov. 2018, n° 17-27.766, P, *JCP* 2019, n° 10, p. 438, obs. H. Périnet-Marquet.

marchés dépassant un seuil qui doit être fixé par l'assemblée générale.

Sa seconde fonction est de contrôler et il doit en particulier examiner la « gestion du syndic notamment la comptabilité du syndicat, la répartition des dépenses, les conditions dans lesquelles sont passés et exécutés les marchés et tous les autres contrats ainsi que l'élaboration du budget prévisionnel dont il suit l'exécution » (Décr. 17 mars 1967, art. 26). Les textes imposent la transmission de nombreux documents au conseil syndical, afin de lui permettre d'exercer cette fonction de contrôle. La loi ALUR du 24 mars 2014 a augmenté les interventions du conseil syndical : obligation de mettre en concurrence des contrats de syndic, de participer aux procédures relatives aux syndicats en difficulté ou pré-difficulté... Elle a aussi conféré certaines prérogatives à son président (convocation de l'assemblée générale en cas d'empêchement du syndic, délégation conférant le pouvoir de représentation des membres d'un syndicat secondaire à l'assemblée du syndicat principal).

SECTION 2
LES DROITS ET OBLIGATIONS DES COPROPRIÉTAIRES

411 **Situation des copropriétaires.** Les copropriétaires ne sont pas seulement membres d'un groupement, ils sont également, à titre personnel, titulaires de prérogatives, qui se traduisent par des droits (**§ 1**) et par des charges (**§ 2**).

§ 1. Les droits des copropriétaires

412 **Droits des copropriétaires sur tous les éléments du lot de copropriété.** Le lot de copropriété, composé d'une partie privative et d'une partie commune a été posé comme la base du régime de la copro-

priété[1]. Chaque copropriétaire sera donc titulaire de droits sur chacun de ces éléments : sur les parties privatives (**A**), sur les parties communes (**B**) et sur le lot lui-même (**C**).

A. Droits sur les parties privatives

413 **Droit exclusif de propriété sur la partie privative.** Chaque copropriétaire a un droit de propriété exclusif sur sa partie privative. Les juges ont donc pu affirmer que « chaque copropriétaire dispose des parties privatives comprises dans son lot »[2]. En conséquence, ils l'ont autorisé à diviser sa partie privative, sans avoir à demander l'autorisation de l'assemblée générale[3]. La prérogative essentielle du copropriétaire sur sa partie privative est son droit d'usage et de jouissance. Selon l'article 9 de la loi de 1965, chaque copropriétaire jouit librement des parties privatives comprises dans son lot. Il peut donc réaliser tous les travaux d'aménagement de son choix, à condition qu'ils ne portent pas atteinte à la structure de l'immeuble qui est qualifiée de partie commune, mais également diviser son lot.

414 **Limites au droit exclusif de propriété sur la partie privative.** Cependant, la vie collective impose des limites aux droits de chaque copropriétaire sur sa partie privative. Certaines ne sont que l'application du droit commun comme l'interdiction d'abuser de son droit ou de troubler de manière anormale les voisins. D'autres sont plus spécifiques à l'existence d'une copropriété et elles s'expliquent par la proximité particulièrement étroite entre les copropriétaires et les obligations dues à l'existence de parties communes. Que ce soit en application du droit commun ou du droit spécial, le droit de jouissance ne peut être limité qu'à la condition que « le syndicat des copropriétaires à qui cette preuve incombe »[4] établisse que :

– soit la limitation est prévue par une disposition du règlement de copropriété. L'article 8 de la loi de 1965 énonce que le

1. V. ss 370 s.
2. Civ. 3e, 5 juill. 1989, *D.* 1990. Somm. 128.
3. Civ. 3e, 5 juill. 1989, préc.
4. Aix-en-Provence 4e ch. A, 29 avr. 1999, *D.* 1999. Somm. 318, obs. C. Atias.

règlement de copropriété détermine la destination des parties privatives, ainsi que les conditions de leur jouissance. Néanmoins, il précise que ce règlement « ne peut imposer aucune restriction aux droits des copropriétaires en dehors de celles qui seraient justifiées par la destination de l'immeuble ». La détermination de la destination possible de l'immeuble est une question délicate qui fait l'objet d'un abondant contentieux, à l'initiative de copropriétaires qui refusent de la respecter[1]. De la même façon, les tribunaux doivent fréquemment apprécier si les usages imposés par le règlement de copropriété pour les parties privatives sont véritablement justifiés par la destination de l'immeuble. Ils considèrent généralement qu'une clause d'habitation bourgeoise n'interdit pas l'exercice par les copropriétaires ou locataires d'une profession libérale[2], mais qu'elle prohibe au contraire, l'exercice d'une profession commerciale, industrielle ou artisanale[3] ;

– soit la limitation est imposée par une contrainte liée à l'existence des parties communes. L'article 9 de la loi de 1965 prévoit que « si les circonstances l'exigent et à condition que l'affectation, la consistance ou la jouissance des parties privatives comprises dans son lot n'en soient pas altérées de manière durable, aucun des copropriétaires ou de leurs ayants droit ne peut faire obstacle à l'exécution, même à l'intérieur de ses parties privatives, des travaux régulièrement et expressément décidés par l'assemblée générale en vertu des a et b du II de l'article 24, des f, g et o de l'article 25 et de l'article 30 ». Chacun de ces renvois concerne des situations tout à fait spécifiques[4] et, selon le principe de l'interprétation stricte des exceptions, cette liste revêt un caractère limitatif ;

– soit la limitation est la conséquence des règles de voisinage imposant une restriction des nuisances et un respect des règles de sécurité ;

– soit la limitation est justifiée par les droits des autres copropriétaires. Cependant, ceux qui souhaitent restreindre le droit de

1. V. ss 384.
2. Paris 18 mai et 14 juin 1979, *D.* 1980. IR 235, obs. Cl. Giverdon.
3. Paris 19e ch. B, 7 déc. 1995, préc. ss 384.
4. V. ss 398 et 400.

jouissance d'un copropriétaire sur sa partie locative doivent prouver l'atteinte à leurs droits. Ainsi des copropriétaires souhaitaient refuser que soit exercée dans l'immeuble toute activité de restauration et tout commerce de bouche. Les juges ont refusé une telle « résolution de l'assemblée générale, qui exclut des activités pouvant être exercées dans l'immeuble, non seulement toute activité entraînant des nuisances sonores ou odorantes, mais encore une liste d'activités déterminées parmi lesquelles la restauration et tout commerce de bouche, sans qu'il soit démontré que ces activités génèrent forcément des nuisances sonores ou odorantes »[1] ;

– soit la limitation est la conséquence de la création d'un droit réel de jouissance, par exemple au profit d'autres lots de copropriété. Ainsi, en application de sa jurisprudence affirmant désormais le caractère non limitatif de la liste des droits réels[2], la Cour de cassation a admis qu'un lot privatif puisse être tenu d'assumer les frais de fonctionnement d'une piscine obligatoirement ouverte pendant toutes les vacances scolaires et d'en autoriser l'accès gratuit aux titulaires d'autres lots de copropriété[3]. Elle a reconnu le caractère perpétuel de ce droit.

415 **Refus d'autres limites au droit de propriété sur une partie privative.** En dehors de cette liste précise de situations, il est impossible de porter atteinte au droit de jouissance d'un copropriétaire sur sa partie privative. Les juges ont décidé que « l'assemblée générale ne peut, à quelque majorité que ce soit, imposer à un copropriétaire une modification à la destination de ses parties privatives ou aux modalités de leur jouissance, telles qu'elles résultent du règlement de copropriété »[4]. Dans cet arrêt, ils ont refusé des travaux réalisés sur un passage commun, car ils avaient pour effet de réduire la largeur de ce passage et ils modifiaient ainsi le droit de jouissance des copropriétaires sur leurs parties privatives desservies par ce passage. Par ailleurs, les juges ont refusé d'appliquer les stipulations d'un règlement de copropriété, au motif qu'il avait pour effet d'instituer une restriction aux droits d'un copropriétaire

1. Paris 23e ch. B, 10 févr. 2000, *D.* 2000. Somm. 216, obs. C. Atias.
2. V. ss 62.
3. Civ. 3e, 7 juin 2018, no 17-17.240, préc.
4. Paris 23e ch. B, 8 déc. 1999, *D.* 2000. Somm. 213, obs. C. Atias.

sur sa partie privative[1]. En l'espèce, un lot aménagé en loge de concierge avait été vendu suite à la liquidation judiciaire du promoteur. Les juges ont ordonné l'expulsion de la concierge, en considérant que le droit de propriété privatif de l'acquéreur devait prévaloir sur la clause du règlement de copropriété qui retenait l'affectation des locaux à usage de conciergerie.

B. Droits sur les parties communes

416 **Utilisation collective des parties communes.** Les parties communes sont l'objet d'une propriété indivise entre l'ensemble des copropriétaires ou certains d'entre eux (L. 1965, art. 4). Chacun n'a de droit que sur une fraction de partie commune qui lui permet d'user et de jouir des choses dans leur ensemble, à condition de ne porter atteinte ni à la destination de l'immeuble, ni aux droits des autres copropriétaires. Un copropriétaire ne peut donc jamais accomplir des actes de disposition sur les parties communes, car ces actes ne pourront être accomplis que par la collectivité des copropriétaires. Il peut exercer une action en défense des parties communes, ce droit se rajoutant à celui reconnu au syndicat[2]. Sur cette question, la jurisprudence de la Cour de cassation est en « dents de scie »[3] et certains arrêts n'autorisent le copropriétaire à agir que s'il démontre l'existence d'un préjudice propre[4].

417 **Utilisation individuelle d'une partie commune.** Un copropriétaire pourra, à titre individuel, sur des parties communes, se faire octroyer un droit d'exercer une jouissance privative ou effectuer des travaux à condition de respecter des exigences précises. Dans un immeuble en copropriété, il est fréquent qu'un copropriétaire demande à pouvoir utiliser à son usage exclusif une partie commune qui complète agréablement sa partie privative. Modestement, des propriétaires de lots à usage commercial demandent à pouvoir poser une plaque ou une enseigne sur une partie com-

1. Civ. 3ᵉ, 4 nov. 2004, *JCP* 2005. I. 119, obs. H. Périnet-Marquet.
2. Civ. 3ᵉ, 26 nov. 2003, *JCP* 2004. I. 125, n° 9, p. 616, obs. H. Périnet-Marquet. Sur le pouvoir du syndicat, v. ss 392.
3. J. Lafond et B. Stemmer, *Code commenté de la copropriété*, Litec, 2004-2005, n° 455.
4. Civ. 3ᵉ, 22 sept. 2004, *JCP* 2005. I. 119, obs. H. Périnet-Marquet.

mune et, en général, les juges leur accordent ce droit[1]. Plus substantiellement, les propriétaires des appartements du rez-de-chaussée peuvent demander à utiliser un jardin à titre privatif, ceux qui possèdent le dernier étage souhaitent parfois aménager un toit-terrasse pour leur utilisation privée... La jurisprudence a décidé qu'il est possible d'autoriser un copropriétaire à exercer une jouissance privative sur une partie commune par « une décision de l'assemblée générale prise à la double majorité de l'article 26 de la loi n° 65-557 du 10 juillet 1965, à la condition que le droit concédé ne porte pas atteinte à la destination de l'immeuble, ce qui est le cas lorsque la petite surface concernée n'est en fait d'aucun usage pour les copropriétaires autres que ceux des lots concernés »[2]. Si le copropriétaire n'a pas demandé cette autorisation et qu'il exerce une possession personnelle et exclusive de la partie commune, il pourra acquérir un droit de jouissance exclusive sur ce fragment de parties communes par prescription trentenaire[3], mais la possession d'un acquéreur ne peut être jointe à celle de son vendeur[4]. Le droit de jouissance exclusive d'une partie commune est un droit réel perpétuel. Il peut donc être cédé, mais la cession doit être agréée par le syndicat des copropriétaires[5].

418 **Aménagement d'une partie commune utilisée à titre individuel.** Lorsqu'un copropriétaire obtient un droit de jouissance exclusive sur une partie commune, cette affectation particulière n'emporte pas un changement de qualification du bien qui demeure toujours partie commune. À ce titre, les travaux d'aménagement sont impossibles, ce qui contrarie souvent l'occupant qui, après avoir annexé à son profit exclusif une partie commune, souhaite l'aménager selon ses besoins. Pour pouvoir éventuellement contenter ce copropriétaire, tout en ménageant les intérêts de la collectivité,

1. Paris 23e ch. A, 8 avr. 1994, *D.* 1996. Somm. 93, obs. C. Atias.
2. Paris 23e ch. A, 21 déc. 1994, *D.* 1997. Somm. 244, obs. Cl. Giverdon.
3. Civ. 3e, 24 oct. 2007, *JCP N* 2007. 1328, comm. Y. Stemmer, *D.* 2008. 2462, obs. B. Mallet-Bricout et N. Reboul-Maupin. A condition néanmoins que leur droit ne soit pas conféré par le règlement de copropriété car ils prescriraient contre leur titre et seraient alors soumis à 2270, Civ. 3e, 11 juill. 2019, n° 18-17.771, *RLDC* n° 0174, obs. V. Perruchot-Triboulet.
4. Civ. 3e, 18 janv. 2018, n° 16-16.950, *D.* 2018. 1772, obs. N. Reboul-Maupin.
5. Civ. 3e, 17 déc. 2013, n° 12-23.670, *Bull. civ.* III, *RTD civ.* 2014. 402, note W. Dross.

les juges acceptent les travaux, à condition d'être autorisés par « décision explicite de l'assemblée générale des copropriétaires ne pouvant être prise qu'à la majorité de l'article 26 de la loi n° 65-557 du 10 juillet 1965, ladite autorisation impliquant une modification du règlement de copropriété existant »[1]. En revanche, les juges ont considéré que devait être réputée non écrite la clause d'un règlement de copropriété autorisant un copropriétaire à effectuer sans autorisation de l'assemblée générale des travaux, sur les parties communes de l'immeuble[2]. Logiquement, ils ont également refusé d'obliger le titulaire d'un droit de jouissance exclusive, dépourvu de la qualité de copropriétaire, à assumer une quote-part des charges sur les parties communes, et n'ont accepté que d'appliquer un règlement de copropriété qui lui imposait de prendre en charge les frais d'entretien et de réparation du lot sur lequel portait son droit de jouissance[3].

C. Droits sur le lot de copropriété

419 **Droits étendus du copropriétaire sur son lot de copropriété.** Chaque copropriétaire exerce sur son lot de copropriété des droits fort étendus. Il peut en jouir et en user, en particulier en le louant à un tiers. Il peut également en disposer librement, mais il sera alors tenu de respecter des mesures spécifiques de publicité et des obligations d'information. Le rattachement du lot à une copropriété impose d'indiquer dans l'acte de vente la superficie exacte du lot (avec une possibilité d'obtenir une réduction de prix si la superficie est inférieure de plus de 5 % de celle annoncée à l'acte, L. 1965, art. 46) et de fournir au cessionnaire les documents décrivant le groupement dans lequel il rentre : le règlement de copropriété, l'état descriptif de division et la quote-part du cédant dans les charges. Il convient également de prévenir le syndic de cette opération, pour qu'il puisse intégrer ce changement dans sa gestion future et recouvrer auprès du cédant les charges de copropriété dont il serait encore débiteur. L'acquéreur d'un lot de

1. Civ. 3e, 20 mars 2002, *D.* 2002. IR 1806, qui reprend une solution déjà affirmée.
2. Civ. 3e, 12 mars 1997, *D.* 1997. Somm. 326, obs. Ch. Atias.
3. Civ. 3e, 2 déc. 2009, n° 08-20.310, *D.* 2011. 205, note Ch. Atias.

copropriété se voit également d'avantage protégé depuis la loi ALUR du 24 mars 2014 (CCH, art. L. 721-1 à L. 721-3 créés ; L. n° 2014-366, art. 54). Les annonces immobilières devront comprendre de nouvelles mentions qui en rallongeront sérieusement le texte (soumission du bien au statut de la copropriété, nombre de lots, montant moyen annuel de la quote-part à la charge du vendeur, du budget prévisionnel correspondant aux dépenses courantes, éventuelles procédures de difficultés, de pré-difficultés ou de carence). Devront être annexés aux promesses de vente de lots de copropriété d'un immeuble à usage partiel d'habitation de nombreux documents, faute de quoi, le délai de rétractation de l'acquéreur ne courra pas.

420 **Limites aux droits du copropriétaire sur son lot de copropriété.** L'existence d'une copropriété provoque parfois des restrictions au droit de propriété de chaque copropriétaire sur son lot. Fréquemment, des dispositions sont introduites dans le règlement de copropriété pour limiter le droit de jouir ou de disposer des lots et l'usage ne peut être modifié que par une décision de l'assemblée générale[1]. Elles ne sont valables que si elles sont « justifiées par la destination de l'immeuble » (L. 1965, art. 8, al. 2). La jurisprudence apprécie au cas par cas le caractère nécessaire et donc acceptable de ces clauses[2].

§ 2. Les charges des copropriétaires

421 **Paiement des charges liées à la qualité de copropriétaire.** La qualité de membre d'un syndicat de copropriétaires entraîne l'obligation de s'acquitter des charges inhérentes à l'existence des parties communes et aux dépenses décidées par la collectivité. C'est « un des points névralgiques de l'institution, ce dont témoigne l'abondance du contentieux »[3] et une réglementation précise détermine la répartition (**A**) et les modes de recouvrement des charges (**B**).

1. Civ. 3e, 1er oct. 2014, n° 13-21.745, *JCP* 2015. Chron. 546, n° 8, obs. H. Périnet-Marquet.
2. V. ss 384.
3. F. Terré, Ph. Simler, *Droit civil, les biens*, *op. cit.*, n° 719, p. 644.

A. Répartition des charges

422 **Critères de répartition des charges.** La loi de 1965 a posé, dans son article 10, des règles impératives de répartition des charges, pour tenter de restreindre les conflits incessants entre copropriétaires. Les critères de répartition des charges sont décrits par la loi aux deux premiers alinéas de cet article et ils varient selon le type de charge :

– l'alinéa 1er précise que les charges entraînées par les services collectifs et les éléments d'équipement commun seront réparties en fonction de l'utilité de ces services pour chaque lot. Cette règle explique qu'en général les habitants du rez-de-chaussée ne participent pas aux charges d'ascenseur. La clause prévoyant une répartition par part égale des charges d'ascenseur entre des lots situés à des étages différents est réputée non écrite et le juge doit donc procéder à une nouvelle répartition des charges[1]. Ces charges dites « spéciales » comprennent notamment les dépenses concernant les installations de chauffage central, les appareils de production et de distribution d'eau chaude et froide, les interphones, les vide-ordures, les ascenseurs... ;

– l'alinéa 2 énonce que les charges relatives à la conservation, à l'entretien et à l'administration des parties communes sont réparties proportionnellement aux valeurs relatives des parties privatives de chaque lot, établies au jour de l'établissement de la copropriété. La rénovation d'un toit sera plus payée par le propriétaire d'une belle boutique au rez-de-chaussée dans une rue commerçante que par les occupants du cinquième étage, surtout si l'immeuble est sans ascenseur. Cette catégorie de charges comprend les frais d'entretien des espaces verts, de réfection du gros œuvre des bâtiments, le ravalement...

La distinction entre ces deux catégories de charge est souvent délicate. Elle suscite un abondant contentieux et donne lieu à des décisions parfois surprenantes. Ainsi, ont été qualifiées de charges générales, c'est-à-dire relevant de la seconde catégorie, le surcoût de prime d'assurance dû à la présence d'une discothèque dans la

1. Civ. 3e, 9 mai 2019, n° 18-17.334, *JCP* 2019, Chron. 1133, n° 13, obs. H. Périnet-Marquet.

propriété ainsi que les honoraires d'un administrateur à la sécurité de la galerie marchande et la piscine d'un immeuble[1]. Par un arrêt de principe synthétisant les solutions antérieures, la Cour de cassation a décidé en 2016 que tout copropriétaire peut, à tout moment, faire constater l'absence de conformité aux dispositions de l'article 10 de la clause de répartition des charges telle qu'elle résulte du règlement de copropriété, d'un acte modificatif ultérieur ou d'une décision d'assemblée générale et faire établir une nouvelle répartition conforme à ces dispositions[2].

423 **Répartition des charges modifiées au cours de la copropriété.** Pour éviter que ce sujet fortement conflictuel soit constamment débattu, la loi a restreint les possibilités de modifier la répartition des charges lors du fonctionnement de la copropriété. En principe, « la répartition des charges ne peut être modifiée qu'à l'unanimité des copropriétaires » (L. 1965, art. 11, al. 1er). Mais cette règle est assortie de plusieurs assouplissements. La répartition des charges peut être modifiée à la majorité :

– lorsqu'elle fait suite à des travaux. L'assemblée générale qui a décidé les travaux peut, dans la même résolution et avec les mêmes règles de majorité, modifier la répartition des charges (L. 1965, art. 11, al. 1er). Une assemblée générale peut ainsi décider une extension ou une surélévation de l'immeuble qui créeront de nouveaux locaux. Elle décidera alors de modifier la répartition des charges en incluant les nouveaux lots ;

– en cas d'aliénation séparée d'une ou plusieurs fractions d'un lot. Si un lot est divisé, les charges devront être réparties entre les nouvelles fractions, ce qui oblige à modifier la répartition, mais cette modification est mineure et elle pourra être décidée à la majorité simple (L. 1965, art. 11, al. 2) ;

– en cas de changement d'usage d'une partie privative. Les charges spéciales sont réparties en fonction de l'utilité pour chaque lot. Leur répartition doit donc être modifiée en cas de changement d'usage (art. 25, e) de la loi de 1965).

1. Civ. 3e, 4 juin 2009, n° 08-14.889.
2. Civ. 3e, 28 janv. 2016, n° 14-26.921, *JCP* 2016. Chron. 446, n° 9, obs. H. Périnet-Marquet.

Dans ces trois situations, à défaut de décision de l'assemblée générale modifiant les bases de répartition des charges, tout copropriétaire pourra saisir le tribunal de grande instance de la situation de l'immeuble pour faire procéder à la nouvelle répartition (L. 1965, art. 11, al. 3).

Le juge pourra également intervenir si la répartition des charges apparaît lésionnaire et qu'il est saisi par un copropriétaire dans les cinq ans de la publication du règlement de copropriété ou dans les deux ans qui suivent la première cession de lot après la publication d'un nouveau règlement de copropriété (L. 1965, art. 12). Pour éviter la multiplication des recours de tous les copropriétaires qui s'estiment lésés, cette action ne peut être exercée qu'en apportant la preuve que les charges payées pour son lot sont supérieures de plus du quart à celles qui sont payées pour un autre lot identique.

Enfin, le juge pourra également être saisi par un copropriétaire si la répartition des charges figurant dans le règlement de copropriété ne respecte pas les règles légales de répartition, afin que la clause soit réputée non écrite. L'action en nullité est distincte de l'action en révision et ne sera donc pas soumise aux contraintes de délais de l'article 12.

B. Recouvrement des charges

424 **Obligation au paiement des charges.** Tous les copropriétaires sont personnellement tenus de payer les charges qui ont été décidées régulièrement par l'assemblée générale[1], à condition qu'ils aient été autorisés à prendre part à cette assemblée[2]. Le règlement de copropriété ne peut prévoir aucune dispense.

Les charges acquittées par les copropriétaires sont les seules ressources du syndicat. Pour faire face à ses besoins de trésorerie et par dérogation au droit commun, le syndic pourra réclamer aux copropriétaires le paiement de charges pour des dettes qui n'auraient pas encore été payées par le syndicat. En outre, il

1. Même les lots qualifiés de transitoires, c'est-à-dire correspondant à des parties non encore bâties doivent payer. Civ. 3e, 14 nov. 1991, *D.* 1992. 277, rapp. P. Capoulade, note D. Tomassin.
2. Civ. 3e, 8 juill. 2015, no 14-12.995, *JCP* 2015. 1221, chron. no 11, obs. H. Périnet-Marquet.

pourra réclamer des avances de trésorerie, des provisions pour travaux votés et une provision du quart du budget prévisionnel (L. 1965, art. 14-1).

425 **Dispositions facilitant le recouvrement des charges.** Toutes ces charges sont souvent difficiles à recouvrer, les copropriétaires étant de mauvais payeurs. De nombreuses dispositions ont été mises en place pour rendre le recouvrement plus facile et plus efficace.

Le syndic agit en recouvrement des créances du syndicat à l'encontre des copropriétaires et par exception aux règles habituelles, il pourra saisir la justice sans avoir à demander l'autorisation préalable de l'assemblée. Il pourra réclamer non seulement le paiement des charges dues, mais également le remboursement des frais de recouvrement[1]. Parfois, le règlement de copropriété comprend une clause appelée « clause d'aggravation des charges » qui vise à réparer le préjudice subi par le syndicat en raison d'une faute commise par un copropriétaire. La jurisprudence a considéré qu'est fautif « le copropriétaire qui refuse, pour des motifs reconnus judiciairement infondés, le paiement des charges de copropriété et qui oblige le syndicat à engager des poursuites qui entraînent des frais liés à l'instance judiciaire, à ses suites et à ses conséquences »[2]. Si le règlement de copropriété comprend une clause d'aggravation des charges, les juges imposent donc au copropriétaire qui refuse le paiement de charges, de payer une indemnité supplémentaire, à condition que la créance ait été constatée par une décision judiciaire[3].

Le recouvrement de ces sommes sera assuré grâce aux procédures de droit commun (saisie attribution, saisie immobilière, référé-provision) qui ont été complétées par trois garanties particulières :

– une hypothèque légale a été consentie au syndicat pour garantir les créances de toute nature à l'encontre de chaque copropriétaire (L. 1965, art. 19, al. 1er). Cette garantie devra être

1. Civ. 3e, 16 mai 2001, *D.* 2001. IR 1772.
2. Paris 6e ch. A, 23 mai 1995, *D.* 1996. 90, note Cl. Giverdon.
3. Civ. 3e, 26 janv. 2000, *D.* 2000. Somm. 214, obs. Ch. Atlas.

prise par inscription après une mise en demeure restée infructueuse, excepté les créances de plus de cinq ans qui ne nécessiteront aucune inscription ;

– le privilège mobilier prévu pour le bailleur et décrit par l'article 2332-1° du Code civil, a été accordé au syndicat. Ce privilège porte sur tout ce qui garnit les lieux, sauf si ces derniers font l'objet d'une location non meublée (L. 1965, art. 19, al. 5). Dans ce dernier cas, il est reporté sur les loyers dus par le locataire (L. 1965, art. 19, al. 6). Ce privilège ne requiert aucune inscription particulière ;

– un privilège immobilier spécial, décrit par l'article 2374-1° *bis* du Code civil, a été accordé au syndicat (L. 1965, art. 19-1) qui ne pourra s'exercer qu'en cas de vente du lot de copropriété.

Le décret du 27 mai 2004, pris en application de la loi SRU du 13 décembre 2000 a rajouté des dispositions permettant de faciliter le recouvrement des charges. Lors de la cession d'un lot de copropriété, le syndic doit adresser au notaire chargé de recevoir l'acte un état des sommes restant dues au titre de la copropriété ainsi que des sommes qui devraient incomber au nouveau copropriétaire pour le lot considéré (Décr. 17 mars 1967, nouv. art. 5). À l'occasion de la vente du lot, le vendeur doit payer une provision exigible du budget provisionnel et le trop ou moins perçu sur les provisions, révélé par l'approbation ultérieure des comptes, sera porté au crédit ou au débit du compte de celui qui est copropriétaire lors de l'approbation des comptes (Décr. 17 mars 1967, nouv. art. 6-2). Dès le premier arrêt rendu en application du texte, la Cour de cassation a précisé que cette procédure ne pouvait permettre d'obtenir une condamnation globale d'un copropriétaire pour le paiement de toutes les charges arriérées et des provisions en cours[1].

Ces mesures destinées à faciliter et à rendre plus efficace le recouvrement ont été qualifiées d'« arsenal impressionnant »[2]. Néanmoins, en pratique, les charges de copropriété subissent un taux d'impayés particulièrement élevé.

1. Civ. 3e, 22 sept. 2010, n° 09-16.678, *D.* 2012. 2418, obs. P. Capoulade.
2. J.-L. Bergel, M. Bruschi, S. Cimamonti, *Traité de droit civil, les biens, op. cit.*, n° 581, p. 649.

À son tour, la loi ALUR s'est attaquée directement au problème des copropriétés en difficulté. Elle essaie, d'abord, d'éviter que l'on arrive à cette situation en prévoyant, notamment, la création d'un fonds de travaux, révolutionnaire à certains égards, dans la mesure où les sommes qui l'abonderont resteront la propriété du syndicat et ne seront pas récupérées par les copropriétaires (L. n° 65-557, art. 10, al. 2 mod ; L. n° 2014-366, art. 58). De même, la loi vient obliger les notaires à vérifier que les acquéreurs qui achètent un lot dans leur copropriété sont bien à jour de leurs charges (L. n° 65-557, art. 20, II créé ; L. n° 2014-366, art. 55). Une réforme profonde du régime des copropriétés en difficulté ainsi que de l'état de carence est également une entreprise qui paraît extraordinairement compliquée (L. n° 2014-366, art. 63 à 73). Elle comporte certaines innovations audacieuses comme la possibilité d'exproprier les seules parties communes d'une copropriété et d'octroyer une simple servitude de passage sur celle-ci, assortie de l'obligation de payer une redevance d'entretien (CCH art L 615-10).

TITRE 3

LA MITOYENNETÉ

426 **Fonction croissante de la mitoyenneté.** La mitoyenneté permet de partager entre deux voisins la propriété d'une clôture, matérialisée par un mur ou une haie. La clôture mitoyenne doit être distinguée de la clôture privative qui appartient entièrement au propriétaire de l'immeuble clos, parce qu'elle a été édifiée à ses frais exclusifs, sur son propre terrain et que les propriétaires des immeubles contigus n'ont pas demandé à en acquérir la copropriété.

La mitoyenneté a une fonction croissante dans notre monde, devenu plus urbain et non plus exclusivement rural, où les voisins sont plus proches et où les nombreuses contraintes d'urbanisme rendent plus difficiles les constructions. Elle met parfois en jeu des intérêts pécuniaires importants, lorsque toute la prise en charge de toute la reconstruction du mur est en cause.

427 **Nature juridique de la mitoyenneté.** Pour la doctrine majoritaire, la mitoyenneté est un régime de copropriété forcée et perpétuelle. Cette nature juridique n'est pas confirmée par la Cour de cassation qui la définit comme « le droit de propriété dont deux personnes jouissent en commun »[1], analyse qualifiée de très personnaliste[2]. Le Code civil place le régime de la mitoyenneté dans le chapitre

1. Civ. 3e, 20 juill. 1989, *D.* 1989. IR 245, *RTD civ.* 1990. 686, note F. Zenati.
2. J. Carbonnier, *Droit civil*, t. 3, *Les biens*, *op. cit.*, n° 142, p. 243.

II consacré aux servitudes établies par la loi, mais cette qualification est unanimement écartée, un auteur essayant de concilier toutes ces propositions en parlant de « copropriété de chacun au service de la copropriété de l'autre »[1]. La portée de cette question reste faible. Le Code civil et les nombreuses décisions de jurisprudence qui sont générées par les incessants conflits entre voisins ont élaboré avec précision des règles fixant, d'une part l'établissement et la preuve de la mitoyenneté (CHAPITRE 1) et d'autre part son régime (CHAPITRE 2).

1. J. Carbonnier, *Droit civil*, t. 3, *Les biens*, *op.* et *loc. cit.*

CHAPITRE 1

Établissement et preuve de la mitoyenneté

428 **Nombreux avantages de la mitoyenneté.** La mitoyenneté offre de nombreux avantages : économie d'espace, spécialement dans les villes, partage des frais d'édification, possibilité pour les deux copropriétaires d'appuyer leurs constructions sur le même mur... Le droit positif a donc posé des règles favorisant son établissement (SECTION 1) et sa preuve (SECTION 2).

SECTION 1

ÉTABLISSEMENT DE LA MITOYENNETÉ

429 **Plan.** Seront successivement exposées l'acquisition (**§ 1**) puis l'extinction de la mitoyenneté (**§ 2**).

§ 1. Acquisition de la mitoyenneté

430 **Mitoyenneté établie par convention ou prescription acquisitive.** La mitoyenneté peut être établie selon les modes de droit commun, par convention ou par prescription acquisitive.

Deux voisins peuvent décider ensemble de construire une clôture séparant leurs deux fonds et de s'en répartir les frais. La mitoyenneté est alors établie par convention.

Un propriétaire exerce une possession de mitoyenneté s'il adosse sa construction contre un mur qui appartient privativement à son voisin, mais qui est établi à la limite des deux fonds. Si cette situation se prolonge pendant trente ans, sans interruption, suspension ni réaction du voisin, la mitoyenneté est acquise par prescription acquisitive.

431 **Mitoyenneté établie par contrainte.** La mitoyenneté peut également être établie par des modes propres à ce régime grâce à une décision judiciaire, qui contraint son voisin, soit à construire un mur mitoyen, soit à céder la mitoyenneté d'un mur déjà construit.

Selon l'article 663 du Code civil : « chacun peut contraindre son voisin, dans les villes et faubourgs, à contribuer aux constructions et réparations de la clôture faisant séparation de leurs maisons, cours et jardins assis ès dites villes et faubourgs ». Il est donc possible d'obliger le propriétaire mitoyen à payer pour moitié, soit la construction d'un mur à condition d'indiquer ses intentions à son voisin avant de commencer à construire[1], soit la réparation d'un mur à condition qu'il soit à cheval sur la limite divisoire des deux héritages[2].

L'article 661 du Code civil autorise tout propriétaire à rendre mitoyen, pour tout ou partie, un mur délimitant son fonds, « en remboursant au maître du mur la moitié de la dépense qu'il a coûté, ou la moitié de la dépense qu'a coûtée la portion du mur qu'il veut rendre mitoyenne et la moitié de la valeur du sol sur lequel le mur est bâti ». Il n'est pas nécessaire de justifier sa volonté pour pouvoir acquérir la mitoyenneté du mur jointif de son propre fonds[3]. Peu de droits ont un caractère discrétionnaire affirmé avec si peu d'ambiguïté et autant de constance, par la

1. Les juges refusent donc d'appliquer l'article 663 si le mur est déjà construit. Civ. 3e, 30 juin 1992, *D.* 1992. IR 211.

2. Les juges refusent donc d'appliquer l'article 663 à un mur pignon. Civ. 3e, 15 mars 1968, *Bull. civ.* III, n° 120, et considèrent qu'un mur existant n'est pas un obstacle s'il n'est pas à la ligne séparative des fonds, Civ. 3e, 19 mars 2008, n° 07-10.287.

3. Civ. 5 mars 1850, *DP* 1850. 1. 78.

Cour de cassation[1]. La seule condition est d'en payer le prix, selon les indications données par l'article 661 du Code civil. Ces caractéristiques particulières expliquent que cet article a fait l'objet de l'une des premières QPC du droit des biens. Il a néanmoins été validé par le Conseil constitutionnel qui l'a qualifié de restriction répondant à un « motif d'intérêt général », et non d'atteinte à la propriété prévu par les articles 2 et 17 de la Déclaration des droits de l'homme et du citoyen[2]. En pratique, il est rare que le propriétaire souhaite acquérir la mitoyenneté de l'intégralité du mur. Le plus souvent, il n'exigera la cession que de la partie du mur dont il a besoin pour appuyer une construction. La jurisprudence décide que le transfert de propriété a lieu à la date de la demande et non pas au jour de l'acte ou du jugement qui le constate. Dès le jour de la demande, l'acquéreur peut donc commencer ses travaux ou demander la suppression des ouvrages établis antérieurement et qui rendraient impossible l'exercice de sa mitoyenneté (cheminées, jours de souffrance...). Néanmoins, en cas d'empiétement, ni l'empiéteur, ni l'empiété ne peuvent demander l'acquisition forcée de la mitoyenneté[3].

§ 2. Extinction de la mitoyenneté

432 **Possibilité d'abandonner la mitoyenneté.** En principe, chaque copropriétaire d'un mur mitoyen a la faculté d'abandonner la mitoyenneté, en renonçant unilatéralement à sa part dans la propriété du mur et du sol. Il exercera cette faculté d'abandon s'il ne souhaite plus avoir à assumer les charges et coûts de la copropriété. L'abandon pourra porter sur la totalité ou seulement une partie de la clôture mitoyenne. Il doit être constaté par acte notarié pour pouvoir être publié à la publicité foncière.

433 **Cas d'exclusions de la possibilité d'abandonner la mitoyenneté.** Cette faculté d'abandon est exclue dans certains cas :

1. D. Roets, « Les droits discrétionnaires : une catégorie juridique en voie de disparition ? », *D.* 1997. Chron. 92.
2. Cons. const. 12 nov. 2010, n° 2010-60 QPC.
3. Pour une demande de l'empiéteur, Civ. 3e, 19 sept. 2007, *Bull. civ.* III, n° 147 ; pour une demande de l'empiété, Civ. 3e, 19 févr. 2014, *Bull. civ.* III, n° 25, *RTD civ.* 2014. 410, obs. W. Dross.

– la mitoyenneté ne peut être abandonnée par l'un des propriétaires lorsqu'il retire du mur litigieux un avantage particulier, pour éviter qu'il puisse continuer à profiter de cet avantage, en s'exonérant des charges. Ainsi, un mur de soutien ne pourra pas être abandonné, s'il maintient un bâtiment (C. civ., art. 656) ou un terrain[1] ;

– la mitoyenneté ne peut pas non plus être abandonnée si la clôture est un fossé mitoyen servant habituellement à l'écoulement des eaux, car, là encore, elle profite aux deux copropriétaires et ils doivent donc tous deux assumer les frais d'entretien ;

– enfin, la mitoyenneté ne peut être abandonnée si les travaux de réparation ou de reconstruction de la clôture sont imputables à la faute ou au fait du propriétaire qui voudrait y renoncer. La jurisprudence a posé cette règle, qui permet d'imposer au propriétaire fautif d'effectuer les réparations avant d'abandonner[2].

SECTION 2
PREUVE DE LA MITOYENNETÉ

434 **Hiérarchie des modes de preuve de la mitoyenneté.** Dans notre société, que ce soit en zone rurale ou urbaine, la plupart des propriétés sont clôturées. Lorsqu'un nouveau propriétaire acquiert une parcelle déjà entourée par une clôture, il faut déterminer les moyens qui lui permettront de connaître le caractère mitoyen ou privatif de ce mur ou de cette haie. Cette preuve pourra être établie par titre, par prescription ou par présomptions légales, selon une hiérarchie établie par le Code civil.

435 **Preuve établie par un titre.** Le titre constitue une preuve péremptoire, soit de la mitoyenneté, soit de la non-mitoyenneté d'un mur (C. civ., art. 653 et 666, al. 1er). Mais il n'aura cette valeur que s'il émane des deux propriétaires en conflit[3]. Un titre qui serait

1. Civ. 3e, 25 sept. 2002, *D.* 2002. IR 2988.
2. Civ. 1re, 4 nov. 1963, *Bull. civ.* I, n° 473.
3. *Contra,* F. Terré, Ph. Simler, *Droit civil, les biens, op. cit.*, n° 754, p. 679, qui considèrent que la jurisprudence n'exige pas que le titre soit l'œuvre commune des parties. Cette circonstance ne permet que de conférer une valeur plus grande à ce document, qui sera toujours soumis à l'appréciation des juges.

particulier à l'un d'eux, par exemple l'acte d'achat de l'une des deux propriétés qui indiquerait le caractère mitoyen de tel mur, ne constituerait qu'une présomption simple.

436 **Preuve établie par prescription acquisitive.** À défaut de titre, soit qu'il ait été perdu, soit qu'il n'ait jamais existé, le caractère mitoyen ou non mitoyen peut être établi par prescription acquisitive. Le mur est réputé mitoyen si pendant trente ans, les deux voisins se sont comportés comme des copropriétaires du mur, s'en servant ostensiblement, contribuant en commun à son entretien... Ainsi, la prescription n'est pas seulement un mode d'acquisition de la mitoyenneté[1], elle est également un moyen pour prouver cette situation.

437 **Preuve établie par des marques.** S'il n'existe pas de titre et que les conditions d'application de la prescription acquisitive ne sont pas remplies, le Code civil indique que des marques pourront indiquer la qualification du mur. Ces marques de non-mitoyenneté sont définies par l'article 654 et elles sont toujours susceptibles d'être combattues par un titre ou une prescription acquisitive. Elles sont des détails de construction qui seraient des indices que le mur a été élevé par un seul des deux voisins, car, selon l'usage, un mur privatif n'est pas construit de la même manière qu'un mur mitoyen. Ainsi, un propriétaire prend souvent la précaution, lorsqu'il fait construire un mur, de mettre en place des aménagements, afin d'éviter que l'eau ne s'écoule le long de son mur et abîme le revêtement. De même, lors de la construction d'un mur, il est recommandé de poser des saillies qui permettront de supporter les poutres d'un bâtiment futur que l'on serait amené à adosser au mur. En général, si le mur est privatif, ces éléments canalisant l'écoulement et favorisant les constructions n'existeront que du côté de celui qui a financé cette construction[2], car il n'aura pas pris la peine de les mettre en place pour son voisin.

1. V. ss 430.
2. Pour ces explications et le schéma, J. Carbonnier, *Droit civil*, t. 3, *Les biens*, *op. cit.*, n° 139, p. 237 s.

438

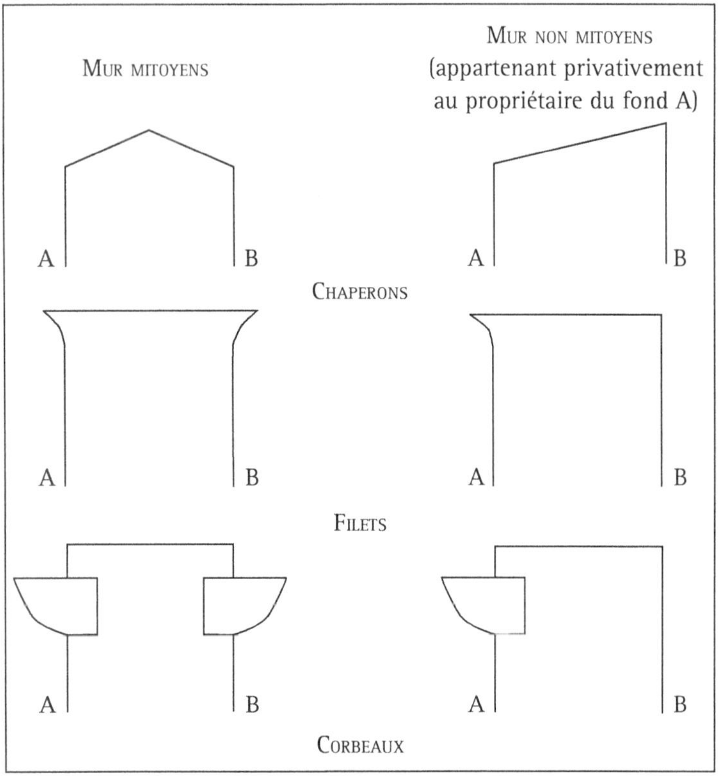

439 **Preuve établie par une présomption légale.** En l'absence de tout titre, prescription ou marque, le législateur a posé une présomption légale de mitoyenneté, afin de faciliter la tâche du juge chargé de déterminer le caractère mitoyen ou non d'une clôture. Toute clôture est donc présumée mitoyenne sauf :

– s'il s'agit d'un mur de bâtiment jouxtant une cour ou un jardin, c'est-à-dire un mur servant d'un côté à adosser un bâtiment et donnant de l'autre directement sur une cour ou un jardin (C. civ., art. 653) ;

– s'il s'agit d'un mur de soutènement[1].

1. Civ. 3e, 4 janv. 1995, *D.* 1995. Somm. 193, obs. A. Robert, qui reprend une jurisprudence antérieure.

CHAPITRE 2

Régime de la mitoyenneté

440 **Enjeu important de la détermination de la mitoyenneté.** Le régime applicable à une clôture mitoyenne se distinguera sur de nombreux points de celui applicable à une clôture non mitoyenne, ce qui donne un enjeu important à la détermination de la mitoyenneté. Le propriétaire mitoyen a des droits (SECTION 1) et des obligations particuliers (SECTION 2).

SECTION 1

DROITS DES PROPRIÉTAIRES MITOYENS

441 **Droits spécifiques du propriétaire mitoyen.** Un propriétaire mitoyen a deux droits, qui ne lui seront pas reconnus si le mur est privatif : d'une part, un droit d'usage de la clôture (**§ 1**), d'autre part, un droit d'exhaussement s'il s'agit d'un mur (**§ 2**).

§ 1. Droit d'usage

442 **Usage différent pour un mur et pour une haie.** Chacun des copropriétaires à l'usage exclusif de la face du mur mitoyen qui est

de son côté. Ce droit très général lui permet d'exercer quelques prérogatives précises qui varieront suivant la nature de la clôture, car les possibilités d'usage diffèrent :

– s'il s'agit d'un mur mitoyen :

• chacun peut apposer contre le mur des espaliers (C. civ., art. 671, al. 2) ;

• chacun peut appuyer contre le mur des constructions (C. civ., art. 657), à condition d'obtenir l'accord du voisin. À défaut d'autorisation, il doit faire régler par des experts les moyens nécessaires pour que ce nouvel ouvrage ne soit pas nuisible aux droits de l'autre (C. civ., art. 662). La jurisprudence a appliqué ce régime aux constructions édifiées à l'occasion d'une surélévation d'un mur mitoyen en écartant alors les règles de la mitoyenneté[1]. Néanmoins, de façon générale, elle a considéré que cette autorisation n'était nécessaire que si les travaux étaient d'une certaine importance qu'ils causaient des inconvénients au voisin[2] ;

• chacun peut placer dans l'épaisseur du mur des poutres ou solives sur lesquelles ses constructions pourront prendre appui (C. civ., art. 657) ;

– s'il s'agit d'une haie mitoyenne :

• chacun peut récolter la moitié des éventuels fruits ou produits, si la haie est constituée par des arbres (C. civ., art. 669 et 670) ;

• chacun peut détruire la haie jusqu'à la limite de sa propriété, à condition de reconstruire un mur sur cette limite (C. civ., art. 668, al. 2).

§ 2. Droit d'exhaussement

443 **Possibilité de faire rehausser un mur mitoyen.** Chaque copropriétaire peut librement et unilatéralement faire rehausser un mur mitoyen.

1. Civ. 5 sept. 2012, n° 11-21.771, *RDI* 2012. 558, obs. L. Tranchant. Sur le régime de l'exhaussement d'un mur mitoyen, v. ss 443.
2. Civ. 3ᵉ, 25 oct. 1972, *Bull. civ.* III, n° 559.

Il n'est nullement obligé d'obtenir au préalable l'autorisation de son voisin[1]. Il ne subit que deux contraintes :

– il doit payer seul la dépense de l'exhaussement, les frais d'entretien pour la partie du mur qu'il a fait construire et les réparations sur la partie mitoyenne causées par la nouvelle charge imposée au mur (C. civ., art. 658) ;

– si le mur mitoyen n'est pas en état de supporter l'exhaussement, celui qui veut l'exhausser doit le faire reconstruire en entier à ses frais (C. civ., art. 659).

444 **Statut du mur exhaussé.** La partie exhaussée sera privative au constructeur, alors que le mur d'origine restera mitoyen. En pratique, la coexistence de ces deux statuts posera parfois des problèmes, pour déterminer la répartition exacte des frais de réparation et d'entretien.

SECTION 2
OBLIGATIONS DES PROPRIÉTAIRES MITOYENS

445 **Lourdeur des obligations du propriétaire mitoyen.** Les obligations du propriétaire mitoyen sont lourdes et c'est en général pour échapper à ces contraintes que la mitoyenneté sera abandonnée. Elles interdisent de pratiquer des ouvertures (**§ 1**) et imposent d'entretenir et de conserver la clôture (**§ 2**).

§ 1. Interdiction de pratiquer des ouvertures sur la clôture

446 **Interdiction totale de pratiquer des ouvertures dans le mur.** Une clôture mitoyenne a pour but de clore deux propriétés, de les séparer l'une de l'autre. Dès lors, il est logique qu'il soit interdit de la percer par des portes, « fenêtres ou ouvertures, en quelque manière

1. Req. 18 avr. 1866, *DP* 1866. 1. 336.

que ce soit, même à verre dormant[1] » (C. civ., art. 675). Si des ouvertures ont été pratiquées dans un mur privatif, elles doivent être supprimées dès que le voisin acquiert la mitoyenneté, à moins qu'il n'y ait servitude de vue acquise par convention ou par prescription[2]. C'est d'ailleurs souvent pour obtenir la suppression d'ouvertures gênantes que le voisin acquiert la mitoyenneté[3].

§ 2. Obligation d'entretien et de conservation de la clôture

447 **Obligation pour chacun de prendre en charge la moitié des frais.** Chacun des deux copropriétaires mitoyens doit assumer la moitié des frais d'entretien (C. civ., art. 667), de réparation et de reconstruction (C. civ., art. 655) de la clôture. Il ne peut échapper à cette obligation qu'en abandonnant la mitoyenneté[4]. Si l'un des deux paye seul le coût de la réfection, il ne pourra s'en faire rembourser la moitié par l'autre que s'il établit qu'il avait son accord ou que les travaux étaient urgents[5].

448 **Obligation pour un seul des copropriétaires de prendre en charge les frais.** Parfois, ce principe de répartition des charges et la possibilité d'y échapper connaissent des atténuations dans certaines situations. Le propriétaire d'un mur mitoyen doit supporter seul les frais de reconstruction d'un mur, lorsque les travaux sont causés par son fait[6]. Ainsi, le copropriétaire, qui a lui-même endommagé le mur au cours de travaux de démolition[7] ou qui n'a pas pris assez de précautions pour éviter les dégâts[8], doit supporter seul les frais de réparation.

1. Sur la notion de verre dormant, v. ss 291.
2. Civ. 3e, 10 avr. 1975, *Bull. civ.* III, n° 117.
3. F. Terré, Ph. Simler, *Droit civil, les biens, op. cit.*, n° 762, p. 686.
4. Sur l'abandon de la mitoyenneté, v. ss 432 s.
5. Civ. 3e, 14 juin 2006, *JCP* 2006. IV. 2508.
6. Civ. 3e, 17 juill. 1991, *D.* 1991. IR 219.
7. Versailles 1re ch., 14 nov. 1994, *D.* 1996. Somm. 55, obs. A. Robert.
8. Civ. 3e, 4 janv. 1990, *D.* 1991. Somm. 19, obs. A. Robert.

Bibliographie

Ch. Atias, *Droit civil, les biens*, 12e éd., Litec, 2014.

J.-L. Bergel, M. Bruschi, S. Cimamonti, *Traité de droit civil. Les biens*, 3e éd., LGDJ, 2019.

J. Carbonnier, *Droit civil*, t. 3, *Les biens*, 19e éd., 2000, ou coffret 2004.

G. Cornu, *Droit civil. Introduction. Les personnes, les biens*, 13e éd., Montchrestien, coll. « Domat droit privé », 2007.

W. Dross, *Droit des biens*, 5e éd., Montchrestien, coll. « Domat droit privé », 2021.

C. Grimaldi, *Droit des biens*, 3e éd., LGDJ, coll. « Manuel », 2021.

Ch. Larroumet et B. Mallet-Bricout, *Traité de droit civil, t. 2, Les biens, droits réels principaux*, 6e éd., Economica, 2019.

Ph. Malaurie, L. Aynès, *Droit civil, les biens*, 8e éd., Defrénois, 2019.

G. Mémeteau, *Droit des biens*, 13e éd., Paradigme, 2021.

N. Reboul-Maupin, *Droit des biens*, 8e éd., Dalloz, coll. « Hypercours », 2020.

J.-B. Seube, *Droit des biens*, 8e éd., Lexis nexis, coll. « Objectif Droit », 2020.

Y. Stickler, *Droit des biens*, 1re éd., LGDJ, coll. « Cours », 2017.

F. Terré, Y. Lequette, *Grands arrêts de la jurisprudence civile*, t. 1, 13e éd., Dalloz, 2015.

F. Terré, Ph. Simler, *Droit civil, les biens*, 10e éd., Dalloz, 2018.

Index alphabétique

Les chiffres renvoient aux numéros de paragraphes.

A

C

D

E

J

L

P

T

U

V

Table des matières

PHOTOCOMPOSITION NORD COMPO
59650 VILLENEUVE D'ASCQ

FSC
www.fsc.org
MIXTE
Papier issu
de sources
responsables
FSC® C108412

720644 – (I) – OSB – P 60 – NOR – HCH
Achevé d'imprimer en septembre 2021 par CPI Bussière
18200 Saint-Amand-Montrond
N° imprimeur : 2060360
Dépôt légal : octobre 2021

Imprimé en France